조선 왕비 사사건건

조선 왕비 사사건건

지은이 박영규

1판 1쇄 인쇄 2025년 1월 14일
1판 1쇄 발행 2025년 1월 24일

발행처 ㈜옥당북스
발행인 신은영

등록번호 제2018-000080호
등록일자 2018년 5월 4일

주소 경기도 고양시 일산동구 위시티1로 7, 507-303
전화 (070) 8224-5900 **팩스** (031) 8010-1066

블로그 blog.naver.com/coolsey2
이메일 coolsey2@naver.com

값은 표지에 있습니다.
ISBN 979-11-89936-52-5 (03910)

조선왕비 사사건건

박영규 지음

조선 왕비 40인의
일생과 운명을 바꾼
결정적 순간들

옥당

왕비의 삶을 통해 다시 읽는 조선사

동서양을 막론하고 왕이란 왕조시대에 입법권, 사법권, 행정권을 모두 행사하는 절대 권력자였다. 그런 까닭에 그 나라에 속한 모든 사람은 왕의 명령에 절대 복종해야 했다. 하지만 단 한 사람, 예외적인 존재가 있었다. 바로 왕의 아내이자 정치적 동반자인 왕비였다.

흔히 왕비도 왕의 신하로 간주하는 경우가 있다. 하지만 이는 잘못 안 것이다. 왕비는 왕과 대등한 관계였다. 다만 그 역할의 차이가 있을 뿐이었다.

왕조시대의 권력 집단은 크게 보면 두 부류로 나뉜다. 하나는 왕을 위시한 왕실 집단이고, 다른 하나는 관직을 장악하고 있는 관료 집단, 즉 신하 집단이다. 이 두 집단은 불가분의 관계에 있으며, 하나이면서 둘이고, 둘이면서 하나이다. 국가가 유지되기 위해서는 이 두 집단이 하나로 결합되어 있어야 했고, 동시에 명령을 내리고 명령을 받든다는 측면에서는 둘로 나뉘어야만 했기 때문이다.

왕과 왕비는 동지이면서 동시에 적이었다

왕과 왕비는 이 두 집단을 대표하는 존재였다. 왕실을 대표하는 존재가 왕이라면 관료 집단, 즉 신하를 대표하는 존재가 곧 왕비였다. 따라서 왕과 왕비는 둘이면서 하나이고, 하나이면서 둘이었다. 왕과 왕비가 결합하여 새로운 왕을 탄생시키는 부부라는 측면에서는 하나요, 각자 왕실과 관료 집단의 이익을 대변한다는 측면에서는 둘인 것이다.

이렇듯 왕과 왕비의 관계는 가장 친밀한 관계이면서 동시에 가장 적대적인 관계, 즉 동지이면서도 동시에 적이었던 셈이다.

그들은 서로의 이익에 부합하면 동지 관계를 유지하며 평화롭게 지냈지만, 서로의 이익이 상충되면 목숨을 걸고 대립했다. 비록 그들은 형식적으로는 자식과 사랑을 매개로 한 부부이자 연인 관계였지만, 본질적으로 이익과 권력을 매개로 한 계약자이자 대립 관계였기 때문이다.

인륜과 예의를 생명으로 여기는 유학의 나라 조선왕조라고 예외일 순 없었다. 조선왕조에서도 왕과 왕비의 관계는 근본적으로 신권과 왕권의 조화를 매개로 한 계약 관계였다. 조선의 왕과 왕비도 동지이면서 동시에 적대적 관계라는 본질적 한계에서 자유로울 수 없었다.

비록 왕과 왕비가 대등한 관계라 해도 왕은 모든 권력을 실질적으로 행사하는 존재였기 때문에 왕권과 신권이 대립하면 그 피해는 고스란히 왕비의 몫이 되곤 했다. 누가 이기든 왕비는 늘 피해자였다. 더구나 왕과 왕비가 직접적으로 부딪치면 대개 왕비에겐 승산이 없었다. 그런 의미에서 보자면 왕과 왕비는 형식적으론 대등한 관계였지만, 실질적으론 상하관계일 수밖에 없었다.

왕비의 삶은 시대를 반영하는 거울

조선 500년의 역사가 진행되는 동안 왕권과 신권은 늘 대립과 조화를 반복했다. 물론 조화보다는 대립의 역사가 더 많았다. 그리고 대립의 승자도 그때그때 달랐고, 그 결과에 따라 신권의 상징이었던 왕비의 입지도, 처지도 바뀌었다. 따라서 어떤 형태로든 왕비도 그 싸움에 가담할 수밖에 없었다. 때론 직접 나서서 싸움의 선봉에 서기도 했고, 때론 눈치를 보며 줄타기를 하기도 했으며, 때론 무력하게 결과를 지켜보기도 했다.

이렇듯 왕비는 자기 의사와 무관하게 늘 권력 다툼의 한가운데 서 있어야 했다. 왕비는 사랑을 하는 것도, 아이를 낳는 것도, 감정을 드러내는 것도, 남편과 자식들을 대하는 것도 모두 전쟁의 일부였다. 물론 그 전쟁은 스스로 시작한 것도 아니었다. 또한 스스로 끝낼 수 있는 것도 아니었다. 그저 왕비가 되었다는 사실 자체가 곧 전쟁을 의미하는 것이었다. 따라서 왕비의 삶에는 전쟁의 결과가 고스란히 반영될 수밖에 없었다. 자신이 원했든 원하지 않았든 왕비의 삶은 시대를 반영할 수밖에 없었다. 그런 의미에서 왕비의 삶은 곧 시대의 거울이라 할 수 있다.

왕비의 삶이 시대를 반영한다는 것은 시대의 변화와 특징에 따라 왕비의 위상과 존재 가치도 달라졌다는 의미다. 조선시대를 권력 집단을 중심으로 구분하자면 훈척시대와 붕당시대, 그리고 외척시대로 나눌 수 있는데, 이러한 권력 집단의 변화는 왕비의 배출과 위상에도 상당한 변화를 초래했다.

훈척·붕당·외척 시대, 왕비들의 선택과 운명

우선 훈척시대의 왕비는 대개 훈척 세력에서 배출되었다. 훈척이란 공훈 세력과 왕실의 인척 세력을 합친 개념인데, 공훈 세력은 조선 개국이나 조선 초의 왕자의 난, 세조의 계유정난, 중종반정 등의 정치적 격변기에 공을 세워 권력의 중심에 선 세력을 일컫는다. 이들은 대개 왕실과 혼인을 맺어 인척관계를 형성하게 되는데, 이 때문에 공훈 세력과 인척 세력을 동일시하는 경향이 있었다. 그래서 이 두 세력을 합쳐서 훈척이라고 한 것이다.

조선사에서 훈척시대는 제1대 태조에서 13대 명종 대까지 이어진다. 이 시기의 왕비들은 친정이 대부분 공신 집안이었기 때문에 대개 왕과 대등한 힘을 가지고 있었다. 이는 역설적으로 왕과 왕비의 대립이 심화될 소지를 안고 있었고, 그 때문에 왕비나 그 가문의 피해가 막대한 경우가 많았다. 조선의 첫 왕비 신덕왕후 강씨부터 명종의 왕비 인순왕후 심씨까지 모두 18명의 왕비가 이 시대를 살아낸 왕비들이었는데, 이들 대다수가 엄청난 정쟁의 소용돌이 속에서 숱한 싸움과 희생, 그리고 고통을 겪어야 했다.

예컨대 태조의 왕비 신덕왕후는 생전엔 엄청난 권력을 누렸으나 죽은 뒤엔 자식들이 살해되거나 처참한 지경에 이르렀으며, 태종의 비 원경왕후는 자신은 유폐나 다름없는 삶을 살았고 친정 또한 처참하게 몰락했으며, 세종의 비 소헌왕후는 아버지가 역적으로 몰려 죽고, 어머니와 형제들은 노비의 신세로 전락하기도 했다. 심지어 성종의 왕비는 쫓겨나 죽임을 당하고, 연산군이나 중종의 왕비는 역적의 누이나 딸이라 하여 역시 폐출되는 비극을 겪었다. 물론 왕비들 중에는 세조의 왕비 정희왕후나 중종의 왕비 문정왕후처럼 섭정이 되어 왕처럼 군림한 이도 있었으나 그들 역시 처절한 정쟁의 소용돌이 속에서 목숨을 건 싸움을 지속해야 했다.

명종시대를 끝으로 훈척시대는 종결되고 사림이 조정을 장악함으로써 붕당시대가 시작되었다. 이후 왕비의 배출은 붕당의 영향력에 따라 결정되었다. 붕당시대는 가문 중심이 아니라 당파 중심으로 세력이 형성되었고, 당파는 권력의 향배에 따라 지속적으로 분파를 이루며 갈라져 권력 투쟁을 지속했다.

이 시대의 왕비는 가문의 대표자가 아니라 붕당의 대표자로서 역시 권력투쟁의 중심에 서 있었다. 그 때문에 이 시대에도 왕비는 쫓겨나거나 뒷방으로 밀려나 귀신처럼 살거나 때로는 투쟁의 선봉에 서서 목숨을 걸고 싸워야만 했다.

이런 붕당시대는 22대 정조를 끝으로 종결되었다. 정조가 죽고, 어린 순조가 왕위에 오르면서 안동 김씨와 풍양 조씨, 여흥 민씨로 대표되는 외척이 권력을 독점하는 외척시대가 열렸다.

외척시대는 왕은 힘이 없고 왕비와 왕비의 가문이 권력을 독점했다. 따라서 훈척시대나 붕당시대에 비하면 외척시대는 왕비에게는 한결 평화로운 시절이었다. 이 시기에는 쫓겨나는 왕비도 없었고, 정쟁에 패배하여 목숨을 잃은 왕비도 없었다. 대신 왕은 허수아비로 전락하였고, 관청은 부정부패의 온상이 되었으며, 나라는 망국을 향해 치달았다. 왕비들은 그 몰락의 세월 속에서 어떤 이는 권력과 영화에 취하였고, 어떤 이는 죽은 듯이 뒷방에서 늙어가야 했고, 어떤 이는 발을 동동 구르며 망국의 상황을 지켜만 봐야 했다.

이렇듯 왕비는 시대마다 위상과 처지가 달랐지만 그들의 삶은 여전했다. 늘 정쟁의 중심에 서 있었고, 원하지 않는 전쟁을 치러야 했으며, 희생의 삶을 살아야 했던 것이다.

이 책은 조선왕조 500년 동안 정쟁의 한가운데에서 때론 주역으로, 때론 희생양으로, 때론 방관자로 살았던 왕비 40명의 일생을 담았다. 특히 그들의 운명을 바꾼 결정적인 사건들을 새로운 시각으로 조명하는 데 역점을 두었다.

부디, 독자 대중이 조선사를 새롭게 바라보는 또 하나의 단초가 되길 바란다.

2025년 새해 벽두에
일산 우거에서
박영규

차례

제1부

훈척시대의 왕비들

- 제1대 태조에서 13대 명종까지 -

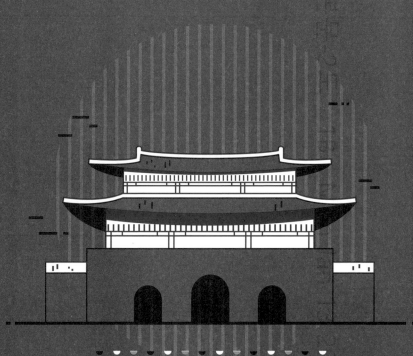

왕이 왕실을 대표하는 존재라면, 왕비는 신하들을 대표하는 존재라 할 수 있다. 당시 신하들의 성향에 따라 왕비의 출신 가문이 결정되었고, 왕비들은 그 출신 성향에 따라 행동반경이 정해졌다. 따라서 왕비가 어떤 성향의 가문 출신인가 하는 것은 왕비의 정치적 행보와 삶을 이해하는 데 매우 중요한 요소이다.

조선 전기의 왕비들은 모두 훈척勳戚 가문 출신이었다. 훈척이란 공훈 세력과 인척 세력을 합친 개념으로, 공훈 세력은 조선 개국, 이방원에 의한 왕자의 난, 세조의 계유정난, 중종반정 등의 정치적 격변 상황에서 공을 세워 권력을 장악한 세력을 일컫는다. 이 공훈 세력은 대개 왕실과 혼인을 통해 인척관계를 맺어 권력의 안정을 도모했기 때문에 공훈 세력과 인척 세력은 동일시되는 경향이 있었다. 그래서 이들 두 세력을 합쳐 훈척이라 불렀다.

조선사에서 훈척시대는 제1대 태조로부터 13대 명종대까지 이어진다. 따라서 이 시대의 왕비들, 즉 조선의 첫 왕비 신덕왕후 강씨로부터 명종의 왕비 인순왕후 심씨에 이르는 18명의 왕비는 모두 훈척 가문 출신이었다.

훈척시대 왕비들에게 가장 중요한 소임은 가문을 지키고 일으키는 것이었다. 많은 왕자들을 낳아 자신의 입지를 다지는 일 또한 가문의 위상과 연결되어 있었다. 왕비의 위상과 처지에 따라 가문의 성장과 몰락이 결정되었기 때문이다.

이렇듯 훈척시대 왕비의 삶은 출신 가문의 흥망과 불가분의 관계에 있었기에, 왕비들이 겪는 모든 사건은 곧 가문의 구성원들이 겪는 사건들의 연장선상에 놓일 수밖에 없었다.

조선의 왕과 왕비

순서	왕	왕비
제1대	태조	신덕왕후 강씨
제2대	정종	정안왕후 김씨 (순덕왕태비)
제3대	태종	원경왕후 민씨 (후덕왕태비)
제4대	세종	소헌왕후 심씨
제5대	문종	현덕왕후 권씨
제6대	단종	정순왕후 송씨 (의덕왕대비)
제7대	세조	정희왕후 윤씨 (자성왕대비)
제8대	예종	장순왕후 한씨 ┃ 안순왕후 한씨 (인혜왕대비)
제9대	성종	공혜왕후 한씨 ┃ 폐비 윤씨 ┃ 정현왕후 윤씨 (자순왕대비)
제10대	연산군	폐비 신씨
제11대	중종	단경왕후 신씨 ┃ 장경왕후 윤씨 ┃ 문정왕후 윤씨 (성렬왕대비)
제12대	인종	인성왕후 박씨 (공의왕대비)
제13대	명종	인순왕후 심씨 (의성왕대비)
제14대	선조	의인왕후 박씨 ┃ 인목왕후 김씨 (소성왕대비)
제15대	광해군	폐비 류씨
제16대	인조	인열왕후 한씨 ┃ 장렬왕후 조씨 (자의왕대비)
제17대	효종	인선왕후 장씨 (효숙왕대비)
제18대	현종	명성왕후 김씨 (현렬왕대비)
제19대	숙종	인경왕후 김씨 ┃ 인현왕후 민씨 ┃ 인원왕후 김씨 (혜순왕대비)
제20대	경종	단의왕후 심씨 ┃ 선의왕후 어씨 (경순왕대비)
제21대	영조	정성왕후 서씨 ┃ 정순왕후 김씨 (예순왕대비)
제22대	정조	효의왕후 김씨 (왕대비 김씨)
제23대	순조	순원왕후 김씨 (명경왕대비)
제24대	헌종	효현왕후 김씨 ┃ 효정왕후 홍씨 (명헌왕대비)
제25대	철종	철인왕후 김씨 (명순대비)
제26대	고종	명성황후 민씨
제27대	순종	순명효황후 민씨 ┃ 순정효황후 윤씨

신덕왕후 강씨,
역성혁명을 실행한 조선의 첫 왕비

1356~1396년

조선을 개국한 인물은 이성계였지만, 그 창업을 실질적으로 주도한 인물은 따로 있었다. 바로 조선의 첫 왕비, 신덕왕후 강씨다. 흔히 정도전을 조선의 설계자라고 부르지만, 정도전이 국가 체제를 설계한 것은 맞아도 이성계를 개국의 길로 이끈 인물은 아니었다. 이성계에게 왕이 될 것을 가장 강력히 부추긴 인물은 바로 신덕왕후였다. 그런 의미에서 그녀는 이성계의 역성혁명을 성공으로 이끈 일등공신이라 할 수 있다.

본래 이성계는 전쟁터를 누비던 장수로서 국가에 대한 충성심이 강하고 사람에 대한 의리를 중시하던 인물이었다. 임금을 배반하고 반역을 도모할 사람이 아니었다. 그는 그저 담백한 성품의 무장으로서 음모와 계략이 난무하는 정치판을 주도할 수 있는 인물이 아니었다. 그런데 이런 그를 반역을 도모하고 역성혁명을 일으켜 조선 왕조를 창업한 혁명가로 만든 이들이 있었다. 그들은 크게 두 부류로 나뉘는데, 하나는 부인 강씨와 아들 이방원으로 대표되는 가족, 다른 하나는 정도전·남은·조준 등 혁명 성향의 성리학자들이었다.

이성계를 무장에서 혁명가로 만든 인물들 가운데 이성계가 가장 신뢰하고 의지한 사람은 다름 아닌 그의 둘째 부인이자 조선의 첫 왕비인 신덕왕후 강씨였다. 그렇다면 강씨는 어떤 여인이었기에 이성계가 그토록 그녀에게 의지하고 신뢰했을까?

아내밖에 몰랐던 이성계

이성계가 십 대 중반의 소녀였던 강씨를 처음 만난 것은 그가 삼십 대 중반이던 때였다. 이때 이성계에게는 이미 부인과 자식이 있었다. 첫 부인 한씨는 이성계가 결혼 후 20년 동안 한눈팔지 않고 사랑한 여인이었고, 그녀 사이에서 여덟 명의 자녀까지 두고 있었다. 그런데 어느 날 이성계는 갑자기 아내를 한 명 더 맞겠다고 공언했다. 그것도 첩이 아닌 정식 부인을 두겠다는 것이었다.

이성계는 그때까지 오직 한씨만을 바라보는 순정남이었다. 한씨는 안변의 호족인 한경의 딸이었다. 한경은 고려 말에 밀직부사를 지냈던 인물이었는데, 밀직부사는 조선시대 승정원 승지에 해당하는 벼슬이다. 변방 지역 함경도 출신으로 그런 요직에 올랐다면 그의 가문은 함경도에서는 모르는 사람이 없을 정도로 대단한 명문가였을 것이다.

이성계 또한 함흥의 명문가 자제였으니, 함경도 명문가 자녀들끼리 결혼한 셈이다. 이들의 결혼은 가문의 결탁 차원에서 이뤄진 일이었으므로 정략결혼이라 할 수 있었다. 하지만 정략결혼이라고 해서 반드시 사랑 없이 사는 것은 아니었다. 집안 간의 정략 인연이지만 금실이 좋은 경우도 있었다. 이성계와 한씨가 바로 그런 부부였다.

이성계가 한씨와 결혼한 것이 1352년쯤인데, 이때 그의 나이 열여덟 살이었으니 혈기방장한 시절이다. 이성계는 두 살 아래 앳된 소녀였던 한씨를 무척 좋아했던 모양이다. 고려 말 당시 방귀깨나 뀐다는 남성들은 결혼 이후에도 첩을 거느리는 것이 당연지사였다. 하지만 이성계는 결혼 후 20년 동안 다른 여인에게 한눈을 팔지 않았고, 또한 6남 2녀의 자녀를 얻었다. 당시 영아 사망률이 매우 높았던 것을 고려한다면 아마도 한씨는 열 명 이상의 아이를 낳았을 것이다.

전쟁이 지속되던 20년 동안 이성계는 장수로 활약하며 원나라 군대와 왜군, 홍건적을 상대로 숱한 전장을 누볐고, 가는 곳마다 승리한 덕분에 벼슬도 높이 뛰었다. 그는 스무 살도 되기 전에 이미 청년 장수로 유명했고, 스물일곱 살 때 동북면병마사가 되었다. 이후로 고려의 대표적인 무장으로 성장하여 중앙 관직을 제수받았다.

그가 전장에서 맹위를 떨치는 동안 부인 한씨는 묵묵히 집안을 지키며 자녀들을 양육하고 가솔을 이끌었다. 그리고 전장에서 지쳐 돌아온 이성계의 안식처가 되어 주었다. 그때까지 그녀는 그야말로 고난을 함께한 조강지처이자, 이성계의 유일한 연인이었다.

20년 순정을 버리다

그런데 이성계가 중앙 정계에 진출하면서 부부 사이에 변수가 생긴다. 벼슬이 올라가고 왕의 비서기관인 밀직사의 부사가 되면서 이성계는 일 년 중 많은 기간을 개성에서 머물러야 했고, 결과적으로 두 집 살림을 해야 하는 상황이 되었다.

그렇다고 부인 한씨가 개성으로 올라갈 수 있는 처지도 아니었다. 여전히 이성계의 군사적 기반은 함흥에 있었고, 그 기반을 지켜줄 사람은 한씨밖에 없었기 때문이다. 그래서 고민 끝에 이성계가 내린 결론은 한 번 더 결혼하여 개성에도 아내를 둬야겠다는 것이었다(원나라 지배기의 고려에서는 '중처제도'라는 것이 있어서 정식 부인을 여럿 둘 수 있었다).

물론 이것은 두 집 살림에 대한 이성계 입장에서의 변명에 불과하다. 사실, 이성계가 두 번째 부인을 맞이하려는 이유는 따로 있었다.

이성계가 이런 이유로 또 한 번 결혼하겠다고 했을 때, 게다가 첩을 들이는 것도 아니고 정식 혼례를 올리고 부인을 한 명 더 맞이하겠다고 했을 때 과연 본처인 한씨가 찬성했겠는가? 제아무리 남편에 대한 믿음이 강한 여자라고 해도 쉽지 않은 일이다.

사실, 고려 말에도 부인이 버젓이 있는데 새로운 여자를 부인으로 맞아들이는 경우는 극히 드물었다. 부인이 먼저 죽어 재혼하는 경우는 흔히 있는 일이었지만, 부인이 눈을 시퍼렇게 뜨고 있는데, 정식 결혼한다는 것은 비상한 상황이 아니고서는 용납되지 않는 일이었다. 그런데 비상한 상황이라는 것이 고작 개성에 자주 머물러야 한다는 것이었으니, 설득력이 없었다.

부인이 중병을 앓고 있는 상황도 아니고, 아이를 낳지 못한 것도 아니고, 집안이 역적으로 몰린 것도 아니었다. 더구나 부인 한씨의 집안이 한미한 가문도 아니고, 안변에서 떵떵거리는 집안인데, 어느 간 큰 남자가 감히 이런 짓을 하겠는가? 그런데 전쟁 영웅 이성계는 그 간 큰 짓을 감행했다. 필시 부인 한씨는 만류하거나 강하게 반대했겠지만, 이성계는 전혀 물러설 생각이 없었던 모양이다. 20년 동안의 순정을 하루아침에 내팽개친 격이었다. 도대체 왜 이성계는 이런 일을 감행했을까?

이성계를 사로잡은 한 소녀

놀랍게도 이성계가 마음을 송두리째 빼앗긴 여인이 있었으니, 강씨 성을 쓰는 십 대 소녀였다. 사는 곳은 황해도 곡산이었는데 곡산은 함경도에서 도읍인 개경으로 가는 길목에 있었다. 이성계가 고향에서 개성을 오가다 도중에 인연을 맺은 여인이 곧 강씨 소녀였던 것이다.

이성계가 강씨 소녀를 언제 만났는지는 분명하게 기록되어 있지 않다. 대략 1370년 초반에 만난 것으로 추측되는데, 그때 이성계는 삼십 대 중반이었고, 강씨는 열여섯 소녀였다. 당시 열여섯이라면 혼기가 찬 나이였지만 이성계는 강씨보다 스물한 살이나 많았다. 더구나 아내와 여덟 명의 자식까지 둔 유부남이었다. 도대체 무엇이 이런 결혼을 가능하게 했을까?

두 사람의 만남에 대해서 잘 알려진 일화가 하나 있다. 어느날 이성계가 사냥하다가 목이 말라 우물을 찾았는데, 마침 우물가에 있던 소녀가 바가지에 물을 떠주면서 버들잎을 띄워서 건넸다. 그러자 목이 무척 말랐던 이성계는 버들잎 때문에 물을 벌컥거리며 마실 수 없게 되자 버럭 화를 냈다.

"이게 무슨 짓이냐?"

그러자 소녀가 웃으면서 대답했다.

"급히 냉수를 마시면 탈이 날까 봐 버들잎을 띄웠어요. 버들잎을 불어가며 천천히 드세요."

이 말을 듣고 이성계는 소녀의 지혜에 감탄하여 좋아하게 됐다는 것이다.

이 소녀가 곡산 강씨 윤성의 딸이었다. 그런데 강씨 소녀와 이성계의 인연은 정말 우연히 이뤄진 것일까? 이성계는 생판 모르는 여인을 우물가에서 만나 사랑에 빠진 것일까?

사실, 강씨 집안과 이성계 집안이 전혀 모르는 사이는 아니었다. 소녀의 삼촌 강윤충은 이성계의 큰아버지 이자흥의 사위였다. 강윤충은 세 명의 부인을 뒀는데, 그중 하나가 이자흥의 딸이자 이성계의 사촌 누나였다. 또 강윤성의 동생 강윤휘의 아들 강우도 이자흥의 사위였다. 이성계의 사촌 누나 둘이 모두 강씨 집안에 시집간 것이다. 이런 사실로 볼 때, 이성계와 강씨 소녀의 만남은 우연한 일이 아닐지도 모른다.

비록 두 사람의 결혼이 의도된 것이라 할지라도 이성계가 첫눈에 강씨에게 매료된 것은 분명한 것 같다. 그렇다면 도대체 강씨의 어떤 면이 이성계의 마음을 사로잡았을까? 우물가 일화에서는 강씨의 지혜에 매료됐다고 하지만, 그것이 전부였을까?

사실, 강윤성 집안사람들은 인물이 좋았다. 강윤성의 동생 강윤충은 개경에 소문이 날 정도로 미남이었다. 심지어 충혜왕의 왕비 이렌첸빤[亦憐眞班](역련진반, 덕녕공주)도 강윤충의 외모에 반하여 사랑에 빠지기도 했다. 또 강씨의 언니도 개경에서 고관대작들과 여러 차례 스캔들을 일으킬 정도로 외모가 출중했다. 이런 사실에 비춰볼 때, 아마 강씨도 꽤 미인이었을 것이다. 강씨 소녀는 미모와 지성을 겸비한 아리따운 처녀였고, 이성계는 그런 그녀에게 빠진 것이다. 이렇게 이성계를 한순간에 사로잡은 여인이 바로 훗날 조선의 첫 왕비가 되는 신덕왕후 강씨였다.

십 대 소녀가 아버지뻘 이성계를 선택한 이유

첫눈에 반했다고 해서 혼인이 성사되는 것은 아니었다. 상대방이 호응하고, 그 상대방 집안이 허락해야 성사되는 법이다. 그런데 놀랍게도 소녀는 이성계를 택했고, 소녀의 집안도 이성계와의 결혼을 허락했다. 아니, 아주 적극적으로 이성계와의 혼사를 원했다고 하는 편이 맞을 것이다. 이성계는 아버지뻘 나이이고, 부인이 있으며, 자식도 여덟 명이나 있는 유부남이었다. 그런 남자에게 젊고, 예쁘고, 머리까지 좋은 처녀가 시집을 간다는 것은 상식적으로 이해할 수 없는 부분이다.

그렇다면 어떤 사연이 있었을까? 지금까지 역사가들은 강씨 집안을 개경에서 제법 내로라하는 가문이라고 해석해왔다. 하지만 그런 가문에서 이런 결혼을 허락할 리가 없다. 본인이 아무리 원했어도 집안 반대에 부딪혀 실현될 수 없었을 것이다.

당시 소녀의 집안을 들여다보면, 할아버지는 강서康庶라는 인물로 원나라 지배기 때 충혜왕에게 아첨하여 벼슬을 얻었다. 충혜왕은 조선의 연산군보다 더 패륜을 일삼은 왕이었다. 강서는 그 패류 행각에 동조하여 충혜왕의 호감을 산 덕분에 잠시 영화를 누렸으나 충숙왕이 복위하면서 순군옥巡軍獄(고려 때 도적이나 난을 일으킨 사람을 잡아 가두기 위해 만든 감옥)에 갇혔다는 기록이 나온다. 강서에 관한 기록은 이것이 전부다.

《고려사》에 더 많은 기록을 남긴 것은 강서의 아들들이다. 강서에겐 여섯 아들이 있었는데, 윤귀를 시작으로 윤성, 윤충, 윤의, 윤휘, 윤부 순이다. 이들 중에 둘째 윤성이 소녀의 아버지이고, 사서에 가장 많이 등장하는 인물은 셋째 윤충이었다. 이들이 부귀영화를 누린 시절은 충혜왕, 충목왕, 충정왕 3대였다. 특히 충혜왕이 죽은 후에 강윤충은 대비였던 원나라 공주 이렌첸빤과 부부처럼 지냈기 때문에 대단한 권력과 부를 누렸다.

하지만 그들의 부귀영화도 공민왕이 즉위하면서 막을 내렸다. 공민왕은 원나라 세력을 몰아내면서 친원파였던 강윤성과 강윤충도 역도로 지목하여 몰락시켰다. 강윤성뿐 아니라 그의 자녀들도 모두 친원 세력으로 몰려 역적이 되었다. 강윤성에게는 득룡, 순룡, 유권, 계권 등 아들 넷과 딸 둘이 있었는데, 막내딸이 강씨 소녀였다. 아들 중 득룡은 재상급 벼슬을 지냈고, 둘째 순룡은 원나라 숭문감 소감 벼슬에 있었다. 또 큰딸은 신귀에게 시집갔는데, 신귀는 왕의 권력을 능가하던 신예(고려 후기의 간신)의 동생이었다(신예가 왕권을 초월하는 권력을 누린 것은 원나라 황실의 신임을 등에 업고 고려 조정을 손안에 넣고 주무른 환관 고용보의 처남이었기 때문이다).

그런 집안이 공민왕의 배원정책이 실시된 이후로 일순간에 몰락한 것이다. 강윤성과 강윤충, 신귀는 모두 역모죄로 사형당했고, 강씨의 오빠 중에는 강순룡만 가까스로 살아남았다. 이에 강씨 집안은 개성에 살지 못하고 고향 곡산으로 쫓겨 가야 했다.

강윤성의 집안이 몰락한 것은 강씨 소녀가 태어난 직후였다. 따라서 그녀가 이성계를 만난 십 대엔 아버지와 삼촌, 오빠, 형부가 모두 역적으로 몰려 죽고, 집안은 풍비박산이 나서 가난하게 살던 때였다. 역적 집안이라 손을 내미는 사람도 없었을 것이고, 가산은 기울어 괜찮은 집안에 시집갈 여지도 없던 터라 잘나가던 전쟁 영웅 이성계를 선택했을 수 있다. 이성계는 몰락한 그녀의 집안을 일으켜 세울 유일한 희망이었고 가난에서 벗어나게 해줄 든든한 동아줄이었을 것이다.

궁지에 몰린 이성계를 구하다

어쨌든 두 사람은 결혼하고 개성에 신접살림을 차렸다. 이후로 이성계는 단순히 승전을 거듭한 전쟁 영웅이 아니라 원대한 포부를 가진 정치가로 거듭난다. 물론 이성계를 변모시킨 인물은 강씨였다. 강씨는 훗날 조선 개국 후 조선의 첫 국모가 되는데, 이는 단순히 이성계의 사랑에 의지하여 얻은 자리가 아니었다. 오히려 이성계를 조선의 국조가 되게 한 주역이었다. 그렇다면 강씨가 조선 개국 과정에서 어떤 활약을 펼쳤는지 살펴보자.

이성계는 개성으로 올라와 정계에 발을 들였지만 쉽게 자리를 잡지 못했다. 전쟁 영웅이라는 입지 덕분에 정몽주나 정도전 등의 신진 세력이 관심을 보이고 다가왔지만 그것이 오히려 상황을 더욱 어렵게 만들었다. 전장에서는 이름이 높으면 적장이 미리 겁을 먹고 달아나기 바쁘고 휘하에 군대가 많으면 적군이 미리 꼬리를 내리는 것이 보통이었다.

하지만 정치판에선 이름이 높을수록 비난의 강도가 더 높아졌고, 세력이 늘어날수록 정적도 함께 늘어났다. 전장에서는 그칠 것이 없는 그였지만 흉계와 음모와 협잡이 판치는 정치판에서는 이제 갓 걸음마를 뗀 초년생에 불과했기에 매일같이 살얼음판을 걸었다. 그래서 어릴 때부터 무장으로만 살아온 그에게는 생리적으로 정치판이 맞지 않았고 쉽게 적응도 되지 않았다. 이 때문에 여러 차례 다시 함흥으로 돌아가려 했지만, 그때마다 강씨가 만류하며 그에게 용기를 주고 타개책을 마련해줬다.

당시 이성계를 제거하기 위해 혈안이 됐던 대표적인 인물은 우왕을 왕위에 앉히는 데 결정적인 역할을 한 권신 이인임이었다. 이인임은 이성계가 전쟁 영웅의 입지를 바탕으로 반란을 일으킬지도 모르는 위험한 인물이라고 판단했다. 더구나 정몽주나 정도전 같은 다소 과격한 신유학자들이 이성계와 친분을 쌓고 있었다. 그 때문에 이성계는 둘째 아들 이방과를 이인임에게 보내 자신에게는 역심이 없음을 보이려 했지만, 이인임은 오히려 이방과를 앞에 앉혀 놓고 "나라가 장차 이씨에게 돌아갈 것이다"라고 말하기까지 했다.

물론 이씨는 전쟁 영웅 이성계를 지칭한 것이다. 당시 시중이었던 이인임의 입에서 이런 말이 나왔으니 이성계가 역적으로 몰릴 상황이었다. 그나마 다행스럽게도 우왕의 신임이 두터웠던 최영이 이성계를 신뢰하고 있었다. 최영은 신흥대국 명나라와 왜구, 원나라 잔당들이 위협하는 전시 상황에서 이성계는 꼭 필요한 인물이라고 보았다. 그래서 이인임의 공격이 있을 때마다 이성계의 방패막이가 되어 주었다. 하지만 이인임은 간계에 능할 뿐 아니라 온갖 풍상을 다 겪은 노련한 정치인이었다. 그가 일단 이성계를 역적으로 몰려고 마음먹었다면 이성계가 역적 신세로 전락하는 것은 한순간이었다.

이런 위기 상황에서 이성계를 구한 사람은 다름 아닌 부인 강씨였다. 강씨는 이인임의 칼날을 피하기 위해서는 이인임을 안심시킬 필요가 있다고 판단했다. 이를 위해 가장 좋은 방책은 역시 그와 같은 편이 되는 것이고, 같은 편임을 증명하는 가장 확실한 방도는 결혼을 통해 인척 관계를 맺는 것이었다. 당시 왕실은 물론이고 권력가들이 서로 결탁하는 방도로 가장 좋은 것이 정략결혼이었던 까닭이다.

강씨는 이인임과 인척 관계를 맺기 위해 주변 인척들을 십분 활용했다. 강씨의 형부는 신귀라는 인물이었는데 신귀의 형인 신예는 이인임의 여동생 남편, 즉 매제였다. 따라서 강씨의 언니와 이인임의 여동생은 동서지간이었다. 강씨는 이 관계를 적극적으로 활용했다. 목표는 이성계와 자신의 딸(훗날의 경순공주)을 이인임의 동생인 이인립의 장남과 결혼시키는 것이었다. 그리고 마침내 강씨는 1386년(우왕 12년)에 이인립의 장남 이제를 사위로 맞아들이는 데 성공했다. 이성계와 이인임을 인척 관계로 만드는 데 성공한 것이다. 덕분에 이성계는 이인임의 공세에서 벗어날 수 있었다.

정몽주 척살을 지시한 진짜 주범

조선 건국 과정에서 강씨의 결정적인 활약은 정몽주를 제거한 일이었다. 대개 정몽주 격살 사건을 이방원이 주도한 것으로 알고 있지만, 실상은 다르다.

1392년 3월에 이성계가 중국을 다녀와 세자와 사냥을 나갔다가 낙마하여 중상을 입자, 정몽주는 공양왕과 합세하여 이성계의 핵심 세력인 조준을 유배 보내고, 나주에 유배되어 있던 정도전을 감옥에 가뒀으며, 남은과 윤소종, 남제, 조박 등의 잔여 세력도 모두 벼슬을 떼고 유배 보내버렸다. 즉, 이성계의 팔다리를 모두 잘라버린 것이었다.

이런 상황에서 강씨는 사위 이제를 급히 이방원에게 보냈다. 당시 이방원은 모친상을 당해 시묘살이 중이었다. 이제에게 상황이 급박하다는 소식을 들은 이방원은 급히 해주로 달려가 이성계를 가마에 태우고 개경으로 돌아왔다.

그러자 대담하게도 정몽주는 이성계를 병문안하기 위해 찾아왔다. 하지만 그것은 정몽주의 실수였다. 강씨는 이 기회를 놓치지 않고 이방원에게 정몽주를 격살하라고 지시했다. 물론 이 사실을 이성계는 몰랐다. 또한, 이성계와 의형제를 맺은 이지란도 반대했다. 그런데도 이방원은 조영규를 비롯한 수하들을 시켜 정몽주를 격살했다.

정몽주의 격살에 강씨가 간여한 사실은 다음의《태조실록》총서에 잘 나타나 있다.

> (이방원이 사람을 시켜 정몽주를 죽였다는 소식을 듣고) 태조는 크게 노하여 병을 참고 일어나서 전하(이방원)에게 소리쳤다.
> "우리 집안은 본디 충효忠孝로써 세상에 알려졌는데, 너희들이 마음대로 대신大臣을 죽였으니 나라 사람들이 내가 이 일을 몰랐다고 여기겠는가? 부모가 자식에게 경서經書를 가르친 것은 그 자식이 충성하고 효도하기를 원한 것인데, 네가 감히 불효不孝한 짓을 이렇게 하니 내가 사약을 마시고 죽고 싶은 심정이다."
> 이에 전하가 대답했다.
> "몽주 등이 장차 우리 집을 모함하려고 하는데, 어찌 앉아서 망하기를 기다리는 것이 합하겠습니까? 몽주를 살해한 이것이 곧 효도가 되는 까닭입니다."
> 태조가 성난 기색이 한창 성한데, 강비康妃가 곁에 있으면서 감히 말하지 못하는지라 전하가 말하였다.

"어머니께서는 어찌 변명해주지 않습니까?"

강비가 노기를 띠고 고하였다.

"공은 항상 대장군으로 자처하였는데, 어찌 놀라고 두려워함이 이 같은 지경에 이릅니까?"

이 내용을 보면, 이방원과 강씨는 정몽주를 죽이기로 이미 합의했음을 알 수 있다. 그들은 정몽주를 죽이지 않으면 이성계를 포함한 자기 집안이 몰락할 수 있다고 판단했다. 그런 까닭에 정몽주를 죽인 것에 대해 이성계가 무섭게 화를 내자 이방원은 강씨에게 편을 들어 달라고 노골적으로 말할 수 있었던 것이다. 이방원이 정몽주를 죽이는 과정에서 이성계를 제쳐두고 강씨와 모의했음을 엿볼 수 있는 대목이다.

이렇듯 강씨가 이방원 편을 들자 이성계는 노기를 누그러뜨리고 더는 방원을 몰아세우지 않았다. 이 대목에서 확인할 수 있는 것은 정몽주의 척살은 이방원의 단독 결정이 아니라 강씨의 지시에 따라 이방원이 결행한 일이라는 사실이다. 따라서 정몽주 척살의 주범은 이방원이 아니라 강씨라고 할 수 있을 것이다.

죽이 잘 맞는 혁명동지, 강씨와 이방원

정몽주 척살 과정에서 보았듯이 강씨와 이방원의 관계는 계모와 아들 관계를 넘어선 일종의 정치적 동지 관계였다.

사실, 강씨와 이방원은 죽이 잘 맞는 동지였다. 비록 이방원이 강씨의 친아들은 아니었지만, 강씨는 이방원을 매우 총애했다. 소년 시절 이후 이방원을 실질적으로 양육한 사람도 바로 그녀였다.

강씨는 방원의 큰 형 방우보다 두 살 어렸고, 방원보다 열한 살 많았다. 큰형보다 어린 계모, 어찌 보면 누나 같은 계모였다. 그 계모 강씨는 명민하고 똑똑한 방원을 좋아했다. 그래서 강씨는 방원을 향해 이런 말을 했다고 한다.

"어찌 내 몸에서 나지 아니하였는가?"

강씨는 함흥이 아닌 개성에서 이성계와 함께 생활했는데, 당시 방원은 성균관에 들어가기 위해 공부하고 있었다. 소년 시절을 강씨 슬하에서 보낸 것이다. 강씨는 이방원이 친아들이 아닌 것을 안타까워할 정도로 방원을 총애했다. 방원이 영민하고 공부도 잘할 뿐 아니라 자신을 잘 따랐기 때문이다. 사실, 이방원은 아버지 이성계보다도 강씨와 죽이 더 잘 맞았다. 그리고 성격도 비슷했다. 아버지보다 계모의 성격을 더 닮았던 것이다. 강씨는 성격이 대담하고 상황 판단력이 뛰어났다. 거기다 필요에 따라서는 잔인하고 냉정한 구석도 있었으며, 영악하고 사람을 거느리는 능력도 있었다. 방원 역시 그녀와 흡사한 성격이었는데, 이 때문에 그들은 통하는 것이 많았다.

이방원이 가장 무서워한 정적

1392년 7월 17일 드디어 조선이 개국했다. 이성계가 공양왕을 내쫓고 왕위를 차지한 것이다. 이성계가 왕이 되자, 왕비 자리는 강씨 차지였다. 이성계의 본처 한씨가 1년 전에 위장병으로 사망한 덕분에 그녀는 당당히 그 자리를 꿰찰 수 있었다.

이성계는 본처 한씨를 절비로 추존하였지만, 왕후라는 칭호를 올리지는 않았다. 첫 왕비는 강씨였고, 강씨가 있는 한 한씨를 왕후로 추존할 수 없었다. 이에 한씨는 훗날 정종이 왕위에 오른 뒤에야 왕후로 추존되어 신의왕후라 불릴 수 있게 되었다.

조선이 개국 되자, 강씨와 이방원의 동지적 관계는 끝났다. 그들의 관계를 악화시킨 것은 세자 책봉 문제였다. 조선 개국 직후인 1392년 8월, 태조 이성계는 강씨의 막내아들 방석을 세자로 책봉했다. 당시 개국 공신인 배극렴 등은 이방원을 세자로 삼을 것을 요청했지만, 태조는 왕비 강씨의 주장에 밀려 방석을 세자로 책봉했다. 이후 방원은 강씨를 정적으로 간주했지만, 겉으로 드러내지는 않았다. 자칫 강씨에 대한 서운한 감정을 드러냈다가는 무사하지 못할 것이란 사실을 알았기 때문이다.

사실, 이방원이 가장 무서워하던 정적은 계모 강씨였다. 그녀는 정도전, 남은, 심효생 등의 개국 공신들은 물론이고 태조마저도 자기 뜻대로 움직였다. 이방원은 어릴 때부터 강씨와 함께 살아서 그녀의 성정을 잘 알고 있었다. 정몽주 척살 과정에서 알 수 있듯 강씨는 과감하고 냉정했으며, 영악한 인물이었다. 비록 본처의 자식이라도 영리하고 뛰어나면 기꺼이 품어주며 자기편으로 만들 줄 아는 여인이었고, 정적이라고 판단되면 가차 없이 죽여 버릴 만큼 잔인한 구석도 있었다.

또 방석을 세자로 책봉하게 만드는 과정에서 보듯 주장이 강하고 야망도 컸다. 그런 그녀였기에 이방원은 몹시 몸을 사리며 세자 책봉에 대한 어떤 불만도 드러내지 않았고, 정치적 야심을 드러내지도 않았다. 오히려 그는 그녀가 장악하고 있던 조정에 철저히 협조했다. 심지어 명나라 황제 주원장이 이성계의 친아들을 명나라 조정에 입조시키라고 할 때도 주저 없이 명나라로 갔다. 당시 중국을 다녀오는 일은 몹시 고달프고 힘든 일이었다. 게다가 이성계에 대한 악감정을 품고 있던 명 태조 주원장의 심기를 잘못 건드리면 볼모로 잡히거나 곤욕을 치를 수도 있는 그런 길이었다. 그런데도 방원은 거부하지 않았다. 목적은 단 하나, 강씨에게 자신의 속내를 들키지 않고 야심을 숨기기 위해서였다.

이방원은 그렇듯 음흉한 구석이 있는 인물이었다. 기회를 잡을 때까지는 속내를 드러내지 않고 기다릴 줄 알았다. 하지만 기회가 오면 놓치지 않고 행동으로 옮겼다. 또 적을 공격할 때는 다시는 일어나지 못하도록 무참히 죽이는 잔인한 구석도 있었다. 정몽주를 척살한 사건에서 알 수 있듯, 그는 적이라고 판단하면 반드시 목숨을 끊어놓아야 직성이 풀렸다.

하지만 이방원은 때가 될 때까지는 절대 속내를 드러내지 않았다. 그때란, 곧 계모와 아버지가 동시에 힘을 잃는 순간이었다. 다행히 하늘은 그의 편이었다. 그의 최대 정적인 강씨가 자주 앓아눕기 시작했다. 강씨가 처음으로 드러누운 때는 개국하고 불과 7개월 후인 1393년 2월이었다. 방원이 명나라를 다녀온 1394년 11월에는 강씨의 병이 더욱 악화하였다. 그리고 이듬해 7월, 강씨는 아예 병상에서 생활하는 신세가 되었다. 그리고 1396년 8월, 강씨는 마침내 저승의 문턱을 넘어 북망산으로 떠났다.

그녀가 죽자, 이방원은 서서히 본색을 드러내기 시작했다. 이제 이성계가 병으로 눕기만을 기다렸다. 그렇게 기회를 엿보던 그는 1398년 마침내 무인정사(제1차 왕자의 난)를 감행하여 이성계를 밀어내고 권력을 잡는 데 성공한다. 강씨가 없는 세상에서 그가 두려워할 존재는 더는 없었다.

동지를 잃은 태조의 절망

강씨가 죽자, 이성계의 상심은 몹시 컸다. 그는 장수 시절부터 그녀에게 많이 의존했다. 왕이 된 뒤에도 마찬가지였다. 그녀가 죽은 날인 1396년 8월 13일에 이성계는 슬픔을 감추지 못하고 측근 권근에게 강씨의 역할을 고백했다. 그 내용이 《동문선》에 실린 '정릉원당 조계종본사 흥천사 조성기貞陵願堂曹溪宗本社興天寺造成記'에 남아 있다.

"내가 잠저에 있을 때, 개경과 지방에서 고생이 많았다. 그렇게 고생하면서 나라를 세우던 날까지 오직 신덕왕후의 내조가 극진하였다. 내가 왕위에 올라 만기를 살필 때도 또한 왕후의 도움이 컸다. 그런데 갑자기 세상을 떠나 더는 좋은 말을 들을 수 없게 되었으니, 마치 좋은 보좌를 잃은 듯하다. 나는 너무나 슬프다."

이성계의 회한 섞인 이 말에서 알 수 있듯이, 강씨는 단순히 이성계의 사랑스러운 아내 정도가 아니었다. 이성계의 말처럼 그녀는 뛰어난 보좌관, 즉 그가 가장 믿고 의지할 수 있는 책사였고 혁명 동지였다.

그런 존재를 잃었으니 이성계가 절망하는 것은 당연했다. 그리고 그 절망은 마음의 병이 되었고, 마음의 병은 다시 육신의 병이 되었다. 이성계는 그녀가 죽은 뒤 시름시름 앓기 시작해 그녀의 삼년상이 끝날 무렵인 1398년 8월에 이르러서는 의식마저 온전치 않은 상태가 되었다.

최대의 정적 강씨가 죽고 없는 상황에서 이성계마저 사경을 헤매게 되자, 이방원은 숨기고 있던 역심을 반란으로 표출했다. 1398년 8월 6일 밤, 이방원은 신덕왕후 강씨와 친밀했던 정도전과 심효생을 제거하고 이성계를 왕위에서 밀어냈다. 신덕왕후 강씨가 없는 세상에서 태조 이성계는 제대로 저항 한 번 못해 보고 아들에게 쫓겨나는 신세가 되었다. 신덕왕후의 빈자리가 얼마나 컸는지 보여주는 장면이라 하겠다.

정안왕후 김씨,
가시방석 위의 왕비

1355~1412년

정종의 왕비 정안왕후는 1398년, 44세의 나이에 왕비에 올랐다가 불과 2년 뒤인 1400년 11월에 대비가 되어 뒷전으로 물러났다. 그녀가 왕비로 재위한 기간이 2년에 불과했던 이유는 정종이 태종에게 왕위를 물려주고 상왕으로 물러났기 때문이다.

대개 조선의 2대 왕 정종을 이야기할 때 가장 먼저 언급되는 말은 '허수아비 왕'이다. 실제로 그는 왕으로서 동생 이방원의 허수아비 역할을 했으며, 정치적 역량에서도 이방원에게 크게 뒤처졌다. 정종이 왕위에 오른 것도 이방원에게 즉위 명분을 주기 위한 형식적 행위에 불과했으니, 실권이 없었던 것은 당연한 일이었다.

그가 실권이 없었으니 그의 왕비였던 정안왕후 역시 왕비의 자리가 가시방석이었을 것이 분명하다. 더욱이 그녀는 아이를 생산하지 못한 처지라 아내로서의 입지마저 좁았을 것이다.

정안왕후가 아이를 낳지 못하자 정종은 왕위에 오르기 전부터 많은 첩을 두었으며, 왕위에 오른 뒤에도 여러 첩을 더 들였다. 그의 재위 기간은 불과 2년 2개월에 지나지 않았지만, 후궁의 수는 무려 10명이 넘었다. 그 여인들에게서 얻은 자녀는 25명으로, 자식 수만 놓고 보면 조선 왕들 중 28남매를 둔 성종에 이어 두 번째로 많았다.

이렇듯 많은 첩과 자녀를 둔 남편과 함께 살아야 했던 정안왕후의 속마음이 얼마나 복잡했을지는 쉽게 짐작할 수 있다. 그러나 그녀는 아이를 낳지 못한 자신의 처지에도 남편에게 불만을 품거나 첩들에게 질투를 표하지 않았다. 또한 왕비의 자리에 연연하지 않았으며, 오히려 남편 정종에게 왕위를 태종에게 넘길 것을 건의했다고 전해진다.

그 결과 정종은 상왕으로 물러난 뒤 아우 태종과 우애를 유지하며 19년을 더 살았고, 정안왕후 또한 천수를 누리며 생을 마감했다. 이러한 과정을 볼 때 정안왕후는 자신의 위치를 명확히 이해하고, 주어진 환경에서 최선을 다한 분수를 아는 현명한 여인으로 평가할 수 있다.

남편의 두 번째 결혼을 지켜보다

정안왕후 김씨는 경주 김씨 출신으로, 아버지는 김천서, 어머니는 이예의 딸이다. 그녀는 1355년 음력 1월 9일, 김천서 부부의 3남 4녀 중 장녀로 태어났다.

그녀의 본가는 고려 왕조 때부터 고관대작을 지낸 명문가였다. 고조부 김태서는 고려에서 평장사 벼슬을 지냈으며, 증조부 김경손은 추밀부사를 지냈다. 또한 조부 김신은 밀직사의 우승지로 봉직했고, 아버지 김천서는 예빈시 판사를 지냈다.

정안왕후는 공민왕 재위 시절인 1373년경, 이성계의 아들 이방과와 혼인했다. 당시 그녀는 열아홉 살이었고, 이방과는 열일곱 살로 두 살 어렸다. 당시 풍습으로는 여자의 나이가 약간 많은 결혼이 흔했는데, 이는 조기에 자손을 보기 위해서였다.

하지만 그녀는 자식을 낳지 못했다. 그래서 이방과는 두 번째 결혼을 했다. 이방과가 두 번째 부인으로 선택한 여인은 유분의 셋째 딸이었다. 유분은 당시 제법 이름 있는 인물이었다. 관직도 낮지 않고, 학문도 한 사람이었다. 그런데도 그는 선뜻 셋째 딸을 본처가 있는 자리에 시집보냈다. 그에게는 그럴만한 사연이 있었다.

유분의 셋째 딸은 원래 반복해라는 인물에게 시집갔었다. 반복해는 우왕의 의붓아들이 되어 왕씨 성을 받고 왕복해라고 불리기도 했다. 그래서 왕자 행세를 하며 대단한 권세를 누리던 인물이다. 또한 그는 당시 권신이던 임견미의 사위이기도 했다. 그는 여러 번 결혼해 부인이 여럿이었다. 유씨는 그중 한 명이었다. 말하자면 이미 그녀는 본처가 있는 사람에게 시집간 적 있는 여인이었다.

당시 권세가 중에는 향처와 경처를 함께 둔 사람이 제법 있었다. 고향에는 본처를 머물게 하고, 서울(개성)에는 또 다른 처를 두고 두 집이나 세 집 살림하는 경우였다. 물론 일부 세도가에 한정되는 일이었다. 유씨도 그런 인물인 반복해의 경처 중 하나였다.

그런데 그녀의 결혼생활은 평탄하지 않았다. 남편 반복해가 1388년에 임견미와 함께 이성계 세력에 의해 살해된 것이다. 이후, 반복해의 아내였던 유씨는 이방과의 아내가 되어 남편을 죽인 이성계 집안으로 들어왔다. 말하자면 남편의 원수 집안에 재가한 셈이었다.

어쩌면 그녀가 이방과에게 시집오게 된 것은 그녀의 의도와는 전혀 관계없는 일이었는지도 모른다. 고려 말 당시 역적으로 몰려 죽은 자의 부인이나 첩 중에 인물이 뛰어난 여인들은 권신들에게 배분되는 일이 흔했다. 아마 그녀도 반복해가 죽고 강제로 권신들의 집안에 첩으로 배분되었을 것이다. 만약 그렇다면 그녀는 인물이 출중했을 가능성이 크다.

어쨌든 이방과는 유씨를 두 번째 부인으로 맞아들였다. 이 과정에서 본부인이었던 정안왕후는 자식을 낳지 못한 죄책감을 안은 채, 남편이 눈앞에서 또 다른 혼례를 올리는 모습을 지켜볼 수밖에 없었다.

얼떨결에 왕비가 되다

비록 남편 이방과가 새 장가를 갔지만, 이방과와 김씨의 관계
는 크게 나쁘지 않았다. 더욱이 둘째 부인으로 들어온 유씨는 시
집온 지 몇 년 되지 않아 이방과와 헤어졌다. 헤어진 이유에 대해
서는 자세한 기록이 없지만 유씨가 낳은 아들 불노와 관련이 있는
것으로 보인다. 유씨는 이방과와 혼인한 후 아들을 낳았는데, 출
생 시기가 좀 빨랐다. 이 때문에 그 아이가 이방과의 아들이 아니
라, 전남편 반복해의 아들이라는 의심을 받았던 것으로 추정된다.
이런 의심이 이유였는지 유씨는 아들을 데리고 이방과의 집을 떠
났다.

유씨가 떠난 이후, 이방과는 훗날 성빈 지씨와 숙의 지씨로 알
려진 지윤池奫(고려 말 문하찬성사를 지냄)의 두 딸을 비롯해 여러 첩
을 들였고, 그들로부터 많은 자녀를 얻었다. 그러나 본부인 김씨는
끝내 자녀를 낳지 못했다. 그럼에도 그녀는 본부인으로서의 입지
를 잃지 않았다.

그런 가운데 이성계는 역성혁명에 성공해 조선을 건국하고 태
조로 즉위했다. 이에 따라 이방과는 왕자의 신분으로 영안군에 봉
해졌고, 김씨는 군부인이 되었다.

1398년, 이방원이 제1차 왕자의 난을 일으켜 정도전과 세자
방석을 제거하고 이성계를 상왕으로 물러나게 한 뒤, 이방과를 세
자로 책봉하면서 김씨는 세자빈이 되었다. 이후 그해 9월 5일, 이

방과가 정종으로 즉위하면서 그녀는 왕비로 책봉되어 덕비로 불리게 되었다. 그야말로 그녀는 얼떨결에 왕비가 되어 중전의 자리에 오르게 된 셈이었다.

조선 최초의 대비

정안왕후 김씨는 예상치 못하게 왕비의 자리에 올랐지만, 머지않아 그 자리를 동서인 이방원의 처 민씨에게 내줄 운명임을 이미 알고 있었던 듯하다. 정종이 왕위에 오른 지 2년이 되던 1400년, 이성계의 넷째 아들 방간이 제2차 왕자의 난을 일으켜 이방원을 제거하려다 실패하는 사건이 발생했다. 이 사건으로 인해 이방원이 세자로 책봉되었다.

그러자 왕비 김씨는 남편 정종을 설득하여 왕위를 이방원에게 넘겨줄 것을 요청했다. 정종은 어차피 왕위에 있어봤자 허수아비 노릇이나 하고 있던 처지였고, 왕위를 유지하려다 되레 쫓겨날 위험이 있는 상황이었다. 왕비 김씨는 이런 현실을 정확히 파악하고, 남편 정종이 자발적으로 왕위를 물려주도록 설득한 것이다.

그렇게 44세에 왕비에 올랐던 그녀는 46세 되던 1400년 11월 11일, 정종이 상왕으로 물러나자 함께 왕비의 자리를 내주고 대비가 되었다. 얼떨결에 왕비가 되었던 그녀는 스스로 대비가 되는 길을 선택한 셈이다. 이후 왕위에 오른 태종 이방원은 그녀에게 순덕왕대비라는 칭호를 내렸다.

그녀는 그렇게 스스로 왕비의 자리에서 물러나 대비로 살다가 1412년 6월 25일에 인덕궁에서 승하했다.

실록은 그녀에 대해 "부드럽고 여유로운 덕이 있고, 투기하는 마음이 없어 내조가 대단히 많았다"고 평가하고 있다. 그만큼 그녀는 자신의 처지와 현실을 직시하고 분수를 아는 현명한 여인이었다는 의미였다.

원경왕후 민씨, 남편을 왕 만들어 스스로 왕비가 되다

1365~1420년

조선 역사에서 태종 이방원만큼 정치 감각이 뛰어난 인물을 찾기란 쉽지 않다. 하지만 그의 정치적 감각은 단순히 타고난 것이 아니었다. 이방원의 뛰어난 정치적 감각 형성에는 두 여인의 지대한 영향이 있었다. 한 사람은 조선 최초의 왕비인 신덕왕후 강씨였고, 또 다른 사람은 이방원의 조강지처인 원경왕후 민씨였다.

단언컨대, 원경왕후가 없었다면 이방원이 왕위에 오르기는 어려웠을 것이다. 그녀는 이방원이 제왕의 자리에 오르는 데 결정적인 역할을 했다.

사실 민씨를 만나기 전의 이방원은 그저 시골 출신의 서생에 불과했다. 그러다 민씨와 결혼을 하면서 완전히 달라졌다. 이는 민씨가 그의 삶에 큰 영향을 미쳤기 때문이다.

무장 집안과 학자 집안의 혼사

그렇다면, 시골 출신의 촌놈 이방원이 민씨처럼 뛰어난 여인을 만나는 행운을 어떻게 얻을 수 있었을까? 먼저 그들의 결혼 내막부터 살펴보자.

태종 이방원은 함경도 함흥에서 태어나 열 살 때 개성으로 유학 갔다. 서울로 와 보니 함흥에서는 명문가 자제였는데 여기서는 한낱 시골 촌놈에 불과했다. 더구나 그의 가문은 무장 집안이었다. 아버지 이성계는 무장으로 이름을 날리며 전쟁 영웅 소리를 듣긴 했지만, 학문과는 거리가 멀었다. 이성계 자신도 이것을 콤플렉스로 여겼다. 그래서인지 이성계는 늘 유학을 공부하는 사람과 친분을 쌓았고, 그들을 존중했다. 그런 덕분에 이색, 정몽주 등의 당대 학자들과도 친분이 있었다.

이성계는 자신의 아들은 모두 문관이 되길 바랐다. 다행히 큰아들 방우가 공부를 잘했고, 과거에 합격하여 문관 벼슬을 얻었다. 늦게 얻은 다섯째 방원 또한 영특했다. 이성계는 방원이 열 살이 되자, 개성에 머물고 있던 둘째 부인 강씨에게 맡겨 유학시켰다.

방원은 개성에서도 두각을 나타냈다. 함께 학당을 다니는 아이들이 대부분 누대에 걸쳐 문관을 배출한 명문가 출신이었는데, 방원은 그들 속에서도 명민하다는 소리를 들었다. 이성계는 그 점을 큰 자랑거리로 여겼다. 그래서 툭하면 사람들을 집으로 초대하여 방원의 뛰어난 학문을 선보이곤 했다. 그만큼 방원에게 거는 기대가 컸다.

방원은 아버지의 기대에 어긋나지 않았다. 열여섯 살에 당당히 성균관에 입학했다. 이성계의 아들 중에 성균관에 입학한 이는 방원이 처음이었다. 이성계는 기뻐서 어쩔 줄 몰라 했다. 그리고 즉시, 방원의 신붓감을 찾았다. 이제 어엿한 성균관 학생이니 개성에서 학문으로 이름깨나 난 가문과 혼인시켜 방원의 뒷배를 든든하게 만들 요량이었다.

방원의 결혼에 중매쟁이로 나선 사람은 이성계의 둘째 부인 강씨였다. 강씨는 개성의 사정에 밝고, 명문 가문도 훤히 꿰뚫고 있었다. 그런 그녀가 선택한 집안은 학자 집안으로 유명한 여흥 민씨 가문이었다. 게다가 다른 사람도 아닌 성균관 대사성 민제의 사위 자리였다.

여흥 민씨 집안과 이성계 집안은 이미 인연이 있었다. 이성계의 넷째아들 방간이 여흥 민씨 집안으로 장가든 상태였다. 방간은 방원의 바로 위로 방원보다 세 살 많았다.

방간을 여흥 민씨 집안의 사위가 되게 주선한 것도 강씨였다. 강씨는 진주 강씨인데, 민제의 부인 송씨의 외가도 진주 강씨였다. 이성계의 부인과 민제의 외가가 같은 집안이고, 그 인연으로 여흥 민씨와 이성계 집안은 사돈지간이 된 것이다. 하지만 민제의 부인 송씨는 이방간에게 자기 딸을 내주지는 않았다. 당시 민제와 송씨 사이에서 태어난 둘째 딸이 이미 혼기가 찼는데, 송씨는 방간이 사윗감으로 마땅치 않았는지 그저 시가의 여식 중 하나를 소개하여 방간에게 시집보냈다.

함경도 촌놈 이방원과 결혼하다

그런데 방간이 아니라 방원이 신랑감이 되자, 송씨와 민제는 선뜻 자신의 딸을 내줬다. 당시 민제의 둘째 딸은 1365년 7월 11일 생으로 열여덟 살이었다. 당시 처녀들이 열다섯 살이면 시집을 가던 시절이었으니 혼기를 한참 넘긴 처녀였다. 명문가에다 현직 성균관 대사성의 딸이 혼기가 넘도록 시집가지 않고 있었던 내막은 분명치 않지만, 어쩌면 집안에서 사윗감을 고르고 고르다 늦어진 것일 수도 있을 것 같다.

사실, 민제와 송씨는 둘째 딸을 매우 귀하게 여겼다. 송씨는 첫 아이로 딸을 낳았는데, 이후에는 십여 년간 자식을 생산하지 못했다. 민제 부부는 둘째를 얻지 못해 애를 태웠다. 그러다 첫아이 이후 십 년이 훌쩍 지나 태어난 아이가 바로 이 딸이었다. 그러니 얼마나 어여뻤겠는가. 게다가 신기하게도 둘째 딸이 태어난 이후 그 아래로 동생 넷은 모두 아들이었다. 이럴 경우, 대개 그 딸은 아들을 안겨다 준 복덩이라 하여 더 예쁨을 받았다.

그런데 그런 복덩이가 인물도 출중하고 머리도 뛰어났다. 하긴 부모 집안이 모두 인물이 뛰어나고 머리가 좋았으니, 그 유전자가 어디 갔을까. 사실, 민제와 부인 송씨 집안은 모두 인물 좋기로 유명했다. 송씨 부인의 본관은 여산인데, 여산 송씨 집안은 대대로 미인이 많이 배출된 가문이었다. 송씨 부인은 송선의 딸인데, 송선에겐 송씨 부인 말고도 딸이 하나 더 있었다. 송씨 부인의 동생이자 이방원의 부인 민씨의 이모인데, 그녀는 인물이 출중하여 원나라 황제의 후궁으로 뽑혀갈 정도였다. 또 송선의 형 송염의 딸, 즉 송씨 부인의 사촌 동생도 《고려사》에 대단한 미인이었다는 기록이 있다.

민제의 집안도 외모에서는 여산 송씨에게 뒤지지 않았다. 민제의 조부 민적은 "풍채가 비범했다"고 《고려사》에 기록되어 있다. 거기다 민제 집안은 3대에 걸쳐 학관을 배출한 머리 좋은 집안이었고, 민제 또한 총명하여 어떤 책이든 한 번 보기만 하면 잊어버리지 않았다고 한다.

민제와 송씨의 딸들은 그런 부모의 유전자를 받아 외모가 출중하고 머리가 좋았다. 그래서 큰 딸은 명문가인 평양 조씨 집안의 며느리로 들어갔다. 그녀의 남편은 조박이라는 인물이었는데, 조박 또한 성균관 출신으로 과거에 급제하여 출세 가도를 달리고 있었다. 그리고 둘째 딸의 남편감으로 이방원이 선택된 것이다. 성균관에서 이방원의 총명함과 출중한 능력을 간파한 민제가 기꺼이 사위로 받아들인 것이다.

이방원이 민제와 송씨의 둘째 딸 민씨(훗날의 원경왕후)와 결혼할 당시 나이 열여섯 살이었고, 민씨는 열여덟 살이었다. 민씨는 학문도 뛰어났는데, 변계량이 쓴 《헌릉지》에는 민씨가 "맑고 아름다웠으며, 총명하고 지혜로웠다"고 평가하고 있다.

이렇듯 시골 촌놈 이방원은 지성과 미모를 겸비한 도시 여인 민씨와 결혼했고, 그녀를 무척 좋아했다.

처가살이하는 남편

민제의 둘째 딸에게 장가든 이방원은 처가살이를 시작했다. 몇 년간 지속된 처가살이 동안 그에게는 좋은 일만 생겼다. 우선 결혼 이듬해인 1383년엔 문과에 급제했다. 비록 장원은 아니었지만 33명 중 10등으로 성적이 나쁘지 않았다. 급제와 동시에 한 아이의 아비가 되었다. 첫딸 정순공주가 태어난 것이다.

이후에도 그는 처가에서 살았다. 급제는 했지만, 관직이 날 때까지는 백수 신세였기 때문이다. 그래도 그는 장인과 장모, 아내로부터 극진한 사랑을 받았다. 태종은 훗날 "내가 어렸을 때, 민씨에게 자라서 은혜와 사랑을 많이 받았다"고 그 시절을 회고했다.

그때부터 민제는 사위 이방원을 '선달'이라고 불렀다. 선달은 과거에 합격하여 벼슬자리를 기다리는 사람을 일컫는 말이다. 관

직이 보장된 사람을 부르는 별칭이었는데, 민제는 사위를 부르는
애칭으로 사용했다. 민제는 훗날 이방원이 왕이 된 뒤에도 분위기
가 좋으면 그를 선달이라고 부르곤 했다.

이방원은 장인 민제를 '사부'라고 불렀다. 이방원이 성균관 학
생이었을 때, 민제가 부총장 격인 대사성이었으니 스승인 셈이었
다. 태종은 왕위에 오른 뒤에도 장인 민제를 사부라고 부르곤 했다.

어쨌든 처가와 아내의 사랑을 받으며 한량처럼 지내던 이방원
은 마침내 관직에 나갔고, 승승장구하여 스물두 살 어린 나이에
전리사 정랑 자리에 올랐다. 전리사란 조선시대 이조에 해당하는
관서로 문관의 인사 관리를 담당하는 부서인데, 정랑은 곧 행정
실무책임자였다.

그가 전리사 정랑으로 있던 1388년, 이성계가 위화도에서 회
군했다. 이후로 이성계는 조정의 실권자가 되었고, 이방원은 변방
출신의 전쟁 영웅이 아닌, 조정 실권자의 아들이 되어 세간의 주
목을 받기 시작했다.

남편과 함께 역성혁명을 꿈꾸다

그 무렵, 이방원도 처가살이에서 벗어났다. 개성의 중심부에
살림집을 마련하고 뜻 맞는 인물들과 어울려 새로운 세상을 꿈꾸
기 시작한 것도 바로 이때였다. 어쩌면 이때부터 그는 역성혁명을

꿈꾸었는지 모른다.

물론 그 꿈을 부인 민씨도 함께 꾸고 있었다. 민씨는 여느 부인들과 달리 세상 돌아가는 이치에 밝았고, 정치적 수완도 좋았다. 흡사 이성계의 둘째 부인 강씨 같은 구석이 있었다. 그런 까닭에 이방원은 민씨에게 여러모로 의지했고, 그들의 사랑도 돈독했다.

그런 가운데, 정말 역성혁명은 현실로 닥쳤다. 그 과정에서 이방원은 최대 정적 정몽주를 격살하는 과감한 선택을 하기도 했다. 덕분에 그는 조선 개국의 최대 공신으로 불리었다.

하지만 정작 꿈에 그리던 조선이 개국되자, 이방원은 찬밥 신세가 되었다. 권력의 중심엔 아버지의 둘째 부인 강씨가 있었고, 조정은 강씨가 원하는 판으로 만들어졌다. 세자 자리까지 그녀의 아들 방석이 차지했다. 그러니 이방원은 개국 공신이 아니라 세자를 위협하는 인물로 떠올랐다. 언제 세자 방석의 추종 세력에게 죽임을 당할지 알 수 없는 처지에 놓이게 된 것이다. 조정에선 국가의 안위와 안정을 위한다는 명목으로 개국의 수단이 되었던 사병을 혁파하기 시작했고, 이방원 또한 속수무책으로 자신의 병력을 국가에 헌납해야 했다. 그 일을 주도한 인물은 정도전이었고, 그 배후에는 왕비가 된 강씨와 세자 방석의 세력이 버티고 있었다.

그런 위기 상황에서도 부인 민씨는 냉철하게 훗날을 준비하고 있었다. 그리고 마침내 반전의 기회가 마련되고 있었다. 조정을 틀어쥐었던 왕비 강씨는 1396년에 병으로 죽었고, 2년 뒤엔 이성계가 몸져누웠다. 민씨는 이때를 놓치지 않고 이방원을 독려하여 제

1차 왕자의 난을 일으켰다.

　난을 일으킬 당시 그녀는 가장 핵심적인 역할을 했다. 이는 당시의 상황을 살펴보면 쉽게 알 수 있다.

　1398년 8월 26일, 왕자와 종친들이 걱정스러운 얼굴로 경복궁 근정문 밖 서쪽 행랑에 모여 있었다. 이성계의 병세가 심상치 않았기 때문이다. 이방원 역시 그들 속에 있었다. 그런데 오후 4시쯤, 이방원의 사가에서 종 소근이 급히 대궐로 찾아왔다. 소근은 방원을 만나 여러 종친들이 듣는 자리에서 다급하게 말했다.

　"군부인께서 갑자기 가슴과 배가 몹시 아프다며 쓰러지셨습니다."

　"뭐라? 이게 갑자기 무슨 일이란 말이냐?"

　옆에서 듣고 있던 의안군 이화는 청심환과 소합환을 내밀며 어서 집으로 가볼 것을 권했다.

　"이 약을 챙겨 가서 빨리 치료하게나."

　그 길로 방원은 말을 타고 집으로 내달렸다. 집에서는 처남 민무구와 부인 민씨가 그를 기다리고 있었다. 민씨가 꾀병을 부려 이방원을 대궐에서 불러낸 것은 사전에 계획된 일이었다.

　세 사람은 날이 어두워질 때까지 이야기를 나눈 뒤, 어둠이 내리자 이방원과 민무구가 집을 나섰다. 지게문으로 몰래 나서는 이방원과 처남 민무구에게 민씨는 여러 차례 조심할 것을 당부했다. 또한 그녀는 시위패가 폐지될 때 집안에 몰래 숨겨두었던 병장기를 이방원에게 내주었다.

마침내 중궁을 차지하다

아내와 처가의 전폭적인 지원 속에 단행된 이방원의 거사는 성공적이었다. 정적 정도전과 세자 방석을 제거하고 순식간에 조정을 장악한 것이다. 그러나 그가 곧바로 왕위를 차지할 수는 없었다. 부왕 태조가 병석에서 회복된 까닭이었다. 결국 이방원은 세자 자리를 둘째 형 방과에게 양보하며 다시 기회를 기다려야 했다. 이 결정에는 부인 민씨의 신중한 조언도 크게 작용했다. 그녀는 남편 못지않게 정치적 감각이 뛰어나고 신중한 인물이었다.

그렇게 2년을 기다린 끝에, 이방원은 정종의 선위를 받아 1400년 11월에 마침내 왕위에 올랐다. 이 과정에서 넷째 형 방간의 반발이 있었지만, 이미 방원은 방간을 제압할 만큼 강력한 정치적 기반을 다져놓고 있었다.

이방원이 왕이 되자, 부인 민씨 역시 당연히 왕비로 책봉되었다. 그녀가 왕비의 자리를 얻기 위해 치열하게 노력한 시간은 무려 18년에 달했다.

그 18년 동안 이방원은 정치에 모든 열정을 쏟으며 다른 일에 한눈팔지 않았다. 민씨는 남편의 유일한 연인이자 가장 믿고 의지하는 정치적 동지였다. 그 긴 세월 동안 그녀는 남편과 함께하며 조선 왕조의 기틀을 다지는 데 큰 역할을 한 여인이었다.

남편의 축첩, 인내하는 아내

하지만 막상 왕이 된 뒤, 이방원의 태도는 180도 달라진다. 달콤하고 열정적이었던 그들의 동지 관계는 그들이 궁궐에 들어간 순간 끝장나고 말았다.

1400년, 왕위 계승권자로 확정되어 궁궐에 들어간 이방원은 다른 여인에게 눈을 돌렸다. 그것도 다른 여자도 아닌 원경왕후 민씨의 시녀였다. 이 일로 민씨는 화가 몹시 났다. 사실, 이방원이 다른 여자에게 눈을 돌린 것이 처음은 아니었다. 이미 왕자 시절에 다른 여인과 동침하여 아들까지 얻은 바 있었다. 상대는 민씨의 몸종. 그 여인은 훗날 이방원이 왕위에 오른 뒤, 후궁에 책봉되었다(효빈 김씨. 그녀가 낳은 아들은 경녕군이다).

남편이 첩을 들인 것도 화나는 일이겠지만, 하필 자신이 가장 아끼는 몸종을 품었으니 민씨의 배신감이 클 법도 했다. 하지만 민씨는 이를 문제 삼지 않았다. 양반가에서 첩을 한둘 두는 것은 예사인 시절이었다. 차라리 첩을 들일 바에야 자신이 잘 아는 아이가 나을지 모른다고 생각했을 수 있다. 김씨를 첩으로 들인 뒤에도 이방원과 민씨의 관계는 좋았다.

그런데 이방원은 김씨에게 만족하지 않았다. 눈에 띄는 미색의 궁녀들을 취하기 시작했던 것이다. 이방원이 처음으로 취한 궁녀는 훗날 신빈으로 책봉된 여인이었다. 그런데 그녀는 다른 곳도 아닌 중궁전의 본방나인이었다. 본방나인이란 왕비가 사가에서 데

려온 여종을 일컫는다. 효빈 김씨와 마찬가지로 신씨 역시 민씨를 보필하던 비서였던 셈인데, 또다시 왕비의 측근을 취한 것이다.

이방원은 단번에 신씨에게 매료되었다. 그녀에 대한 애정은 신씨가 낳은 자녀수만 봐도 확인된다. 태종은 왕비 민씨에게서 4남 4녀를 얻었다. 물론 민씨가 낳은 아들이 셋 더 있었지만 일찍 죽었다. 그런데 신씨에게서는 본처보다 더 많은 3남 7녀를 얻었으니, 태종이 신씨를 얼마나 총애했는지 알 만하다. 태종은 왕비 민씨보다도 신씨를 더 사랑했고 그녀에 대한 신뢰도 깊었다. 그래서 나중에 왕비 민씨가 죽은 뒤에는 내명부의 통솔 권한을 그녀에게 주었다. 이후 태종을 만나려면 신씨를 통해야만 할 정도가 되었다.

민씨는 태종이 신씨를 무척 총애하는 것까지는 참았다. 그런데 후궁 신씨가 임신 중일 때, 태종이 또 몇 명의 궁녀들과 동침하자, 민씨는 격분하여 왕과 동침한 궁녀들을 중궁전으로 불러들여 다그쳤다.

그러자 그 소식을 접한 태종도 가만히 있지 않았다. 태종은 중궁전에서 일하는 시녀와 환관 20여 명을 내쫓아버렸다. 중전의 손발을 다 잘라버린 것이다. 이 사태가 벌어진 1401년 6월 18일부터 태종과 민씨의 관계는 악화일로를 걸었다. 이후 태종은 보란 듯이 계속 후궁을 늘렸다. 그리고 1402년 3월 7일에 악공 권홍의 딸(의빈 권씨)을 후궁으로 삼으려 하자, 마침내 그녀는 폭발했다.

민씨는 태종의 옷을 붙잡고 울면서 이렇게 따지고 들었다.

"상감께서는 어찌하여 예전의 뜻을 잊으셨습니까? 제가 상감

과 더불어 어려움을 지키고 같이 화란을 겪어 국가를 차지하였사
온데, 이제 나를 잊음이 어찌 여기에 이르셨습니까?"

민씨는 대전으로 쳐들어가 따지며 울음을 그치지 않았다. 또
한 식음을 전폐하고 분을 삭이지 못했는데, 이 때문에 태종은 권
씨를 맞으려고 마련했던 가례색을 파하고 환관과 시녀 몇 명만 앞
세워 권씨를 별궁에 들여야 했다. 이 일이 있고 난 뒤, 왕비 민씨는
우울증에 시달렸고, 태종은 며칠 동안 정사를 보지 않았다.

가까스로 봉합된 부부싸움

부부 싸움이 이렇듯 한 치 양보도 없이 전개되고 있을 때, 장
인 민제는 차마 딸의 고통을 더는 지켜보지 못하고 분통을 터뜨
렸다. 그는 간관 이지직과 전가식을 은밀히 불러 왕의 축첩을 비
판하는 상소를 올리게 했다. 이에 태종은 즉시 이지직과 전가식을
옥에 가두고 국문했고, 그러자 그들은 이렇게 직언하였다.

"신이 가만히 《춘추전》을 보건대, '제후가 한번 장가드는 데
아홉 여자를 데려오는 것은 계승할 자손을 넓히려는 까닭이요, 데
려올 때 반드시 동시에 데려오는 것은 근본을 어지럽히는 것을 막
기 위함이다'라고 하였습니다. 전하께서는 정실의 자손이 번성한
데도 또 권씨를 맞이하시니, 이것은 전하께서 호색의 마음을 가지
셨기 때문입니다. 데려오되 동시에 데려오지 아니하셨으니, 어찌

뒷날에 구실을 삼아 말하는 자가 잉첩으로 여기지 아니하고 적실로 삼을지 알겠습니까? 이것은 일찍 도모하지 않을 수 없는 것입니다."

태종은 그들이 누구의 사주를 받고 그런 상소를 올렸는지 캐물었고, 결국 그들은 이렇게 말했다.

"어느 날 스승 여흥부원군의 집에 가서 이 일을 고하였더니, 대답하기를, '네 말이 옳다'고 하였습니다."

여흥부흥군이란 곧 태종의 장인 민제였다. 태종은 민제에 대해 분노했지만, 스승이자 장인인 그를 어떻게 할 수 없었다. 그래서 일단 이지직과 전가식을 풀어줬다. 그리고 민씨를 다독이기 위해 장인 민제의 집에 거둥하여 잔치를 베푸는 등 화해의 제스처를 취했다. 덕분에 부부는 가까스로 화해했다. 그런 가운데 1404년 8월 6일에 민씨의 장남 제(양녕대군)가 세자에 책봉되었다. 그리고 이듬해엔 막내 성녕대군도 태어났다. 그렇게 두 사람의 관계는 회복되는 듯했다.

완전히 돌아선 부부

하지만 그 후에도 태종은 몇 명의 후궁을 더 맞아들였다. 어느덧 후궁 수가 아홉 명에 이르렀다. 태종은 후궁을 많이 두는 것은 왕실의 자손을 융성하게 하기 위함이라고 둘러댔지만, 민씨는 수

긍하지 않았다. 이미 얻은 후궁에게서 십여 명의 자식을 둔 상태였기 때문이다. 후궁을 들일 때마다 태종과 민씨의 관계는 악화하였고, 급기야 태종은 신하들 앞에서 민씨가 투기가 심하다고 지적하는 사태까지 벌어졌다. 이에 민씨는 태종이 초심을 잃고 후궁에게 눈이 팔려 정사는 뒷전이라고 비판하였다. 그러자 태종은 아예 민씨 처소를 찾지도 않았다.

태종은 민씨가 그렇듯 오만한 태도를 보이는 것은 모두 민씨의 동생들이 권력을 쥐고 있기 때문이라고 생각하고 하륜, 이숙번, 이화 등과 짜고 민무구, 민무질 등의 처남들을 유배 보내버렸다.

그나마 그들을 죽이지 않고 유배 보낸 것도 장인 민제 때문이었다. 그대로 두면 자식들이 모두 처형될 것이라고 판단한 민제가 무질과 무구를 유배 보내달라고 자청한 것이다. 그대로 뒀다간 유배형이 아니라 극형에 처해질 것을 염려한 고육책이었다.

병든 몸으로 친정의 몰락을 지켜보다

하지만 민씨 형제의 일은 그쯤에서 끝나지 않았다. 만약 민무구 형제가 살아남은 가운데 태종이 죽고 세자 제(양녕대군)가 즉위한다면, 그 뒷감당이 만만치 않았기 때문이다. 세자는 어린 시절 외가에서 자랐기 때문에 외숙들과 친밀하였다. 그러니 세자가 왕위에 오르게 되면 민씨 형제가 권력을 장악할 것은 불을 보듯 뻔했다. 그리되면 민씨 형제는 복수할 것이고, 그들을 탄핵한 중신들은 대거 숙청당할 우려가 있었다. 그 점을 모르지 않는 하륜, 이숙번, 이화 등은 대간들을 통해 지속적으로 그들 형제를 극형에 처하라고 요청했다.

그런 가운데 민씨 형제 편에 서 있던 이무, 조희민, 강사덕 등은 자구책을 강구하기 위해 은밀히 민씨 형제와 연락을 취했는데, 이 일이 발각되어 사건은 걷잡을 수 없이 확대되었다.

결국 1409년에 정사공신 이무가 사형을 당하였고, 민씨 형제는 제주도로 유배지를 옮겼다. 그러자 이번에는 종친들과 세자의 장인인 김한로, 심지어 세자까지 민씨 형제를 죽여야 한다고 상소했다. 그리고 이듬해인 1410년(태종 10년) 태종은 마침내 민씨 형제에게 자진 명령을 내렸다. 장인이자 스승인 민제가 이미 죽고 없었기 때문에 더는 눈치 볼 것도 없었다.

민씨 집안에 대한 응징은 그것으로도 종결되지 않았다. 태종은 6년 뒤인 1416년에 그들의 두 아우인 무휼과 무회에게도 자진 명령을 내리고 그들의 처자도 모두 변방으로 내쫓았다. 자신이 죽은 뒤에 있을 환란의 싹을 자른다는 차원이었다.

태종은 왕비 민씨의 집안을 처참하게 몰락시켰다. 그렇게 부부의 전쟁은 민씨가 죽은 1420년까지 지속되었으니, 두 사람의 애증이 얼마나 대단했는지 알 만하다. 부부의 전쟁은 칼자루를 쥔 남편 태종의 일방적인 승리로 종결된 셈이다.

소헌왕후 심씨,
가문을 지켜낸 눈물의 왕비

1395~1446년

조선왕조사에서 역적의 딸이 된 뒤에도 왕비 자리에서 쫓겨나
지 않은 여인은 딱 한 사람뿐이다. 바로 세종의 왕비 소헌왕후다.
세종은 우리 역사상 가장 위대한 성군으로 추앙받는 인물이지만
그의 왕비 소헌왕후는 가장 불운했던 왕비 중 하나였다. 왕비가
되자마자 아버지 심온이 역적으로 몰려 죽고, 어머니와 형제들은
노비 신분이 되었으며, 집안은 그야말로 쑥대밭이 되었다. 그 때문
에 그녀는 식음을 전폐하며 눈물로 보낸 날들이 하루 이틀이 아니
었다. 그런 상황에서도 그녀는 용케 왕비 자리에서 쫓겨나지 않았
고, 덕분에 어머니와 형제들은 신분이 회복되었으며, 훗날 아버지

도 신원되어 집안이 다시 일어났다. 그런 의미에서 그녀를 가문의 수호자라고 불러도 과언은 아닐 것이다.

그렇다면 그녀는 왜 그렇듯 살얼음판 위를 걷듯이 살아야 했을까? 정말 아버지 심온은 역적이었을까? 그 불운의 씨앗은 정말 아버지 심온이 뿌렸을까?

단란했던 10년 결혼생활

소헌왕후 심씨는 1395년 9월 28일에 청송이 본관인 심온과 순흥 안씨의 3남 6녀 중 장녀로 태어났다. 아버지 심온은 조선 건국 공신 1등에 오른 심덕부의 아들이다. 심덕부는 태조 이성계와 사돈 관계를 맺을 정도로 조선 사회에서 입지가 탄탄한 인물이었다. 그는 일곱 명의 아들을 뒀는데, 6남 심종이 태조의 딸 경선공주와 결혼하여 부마가 된 상황에서 5남 심온의 장녀가 태종의 3남 충녕군과 결혼했으니 조선 왕가와는 겹사돈 관계였다.

거기다 심온은 태종 이방원과 사돈 관계를 맺을 뿐 아니라 이방원의 처남 민무휼과도 사돈지간이었다. 심온은 큰딸을 충녕군에게 시집보낸 뒤, 장남 심준을 민무휼의 아들과 혼인시킨 것이다. 민무휼은 태종의 왕비인 원경왕후의 남동생이었고, 태종에 의해 죽임을 당한 인물이었다.

이렇듯 심온 집안과 조선 왕가는 혼인 관계로 이중 삼중으로 얽혀 있는 사이였다. 물론 그 중심에 소헌왕후가 있었다.

소헌왕후 심씨가 태종의 3남 충녕군 이도와 결혼한 것은 1408
년인데, 이때 그녀의 나이는 열네 살이었고, 충녕군의 나이는 두
살 어린 열두 살이었다. 당시 혼인이 대개 여자가 두 살 많은 것이
일반적이었으나, 충녕군이 왕자 신분이라 여느 양반가의 혼사보다
는 이른 나이에 치른 것이었다. 이렇게 어린 나이에 혼사를 치르면
훗날 다시 합혼례라는 의식을 한 번 더 치른다. 합혼례는 부부가
합방하는 의식인데, 대개 부부 중 한 사람이 열다섯 살이 될 때 이
뤄진다. 따라서 이들 충녕군과 심씨 부부의 합혼례는 결혼 이듬해
인 1409년에 있었을 것으로 보인다.

어쨌든 열네 살, 열두 살로 결혼한 이들 소년소녀 부부에겐 합
혼례 후 2년 만인 1411년에 첫아기가 잉태된다. 그리고 1412년 3월
에 당시 군부인으로서 경숙옹주로 불리던 심씨는 열여덟 살의 나
이로 장녀 정소공주를 낳는다. 이후 이들 부부는 1414년에 장남
향(문종)을, 1415년에는 차녀 정의공주, 1417년에는 차남 유(세조),
1418년에는 3남 용을 얻었다.

심씨는 3남 용을 잉태하고 있던 1418년 6월에 남편 충녕군이
세자에 책봉됨에 따라 세자빈이 되었고, 이어 8월에 충녕군이 왕
위에 오르면 왕비에 책봉될 예정이었다. 하지만 만삭의 몸이었던
그녀는 이때부터 엄청난 시련에 부딪치게 됨으로써 결혼 10년 만
에 단란하고 행복한 생활은 끝을 맺는다. 남편이 왕위에 오르자마
자 아버지 심온은 역적의 누명을 쓰고 죽고, 어머니와 형제들은 모

두 노비 신세가 되어 전국 각지에 흩어지게 되기 때문이다. 이후로 그녀의 삶은 눈물과 가슴앓이로 점철된다.

친정아버지에게 역적 누명 씌운 시아버지

심씨의 불행이 시작된 것은 아버지 심온의 역적 누명이었다. 그녀의 아버지를 역적으로 몬 것은 시아버지 태종이었다. 그것도 음모와 조작에 의한 것이었다. 즉, 그녀에게 불운을 안겨다 준 장본인이 바로 태종이었다. 도대체 왜 태종은 이런 일을 벌였을까? 아무 죄도 없는 사람을 역적으로 몰아 죽이고, 그 집안을 풍비박산 내는 파렴치한 행동을 왜 했을까?

그 이유는 불안과 두려움 때문이었다. 태종은 그 일을 벌이기 전에 이미 자기 처가를 먼저 몰락시켰다. 외척의 발호를 막겠다는 명분으로 온갖 죄를 뒤집어씌워 자신의 처남 네 명을 모두 죽음으로 내몰았다. 그 처남들의 권력이 왕권을 능가할까 봐 불안했다. 외척의 권력 독식을 막겠다며 자기 행동을 정당화했지만, 실제로는 그들이 자신의 권력을 위협할까 봐 두려웠던 것이다.

그 불안과 두려움은 소헌왕후의 아버지에게도 그대로 적용되었다. 이에 대한 이야기는 이렇다.

태종은 세자인 양녕대군을 내쫓고 충녕대군 도(세종)를 세자에 책봉한 뒤, 1418년 7월 6일에 전격적으로 왕위를 세자에게 넘겼다. 하지만 왕위를 넘기면서도 권력의 핵심이라고 할 수 있는 군권은 넘겨주지 않는 반 토막짜리 전위였다. 군권까지 넘겨주면 자기를 뒷방 늙은이 취급을 할까 봐 두려웠던 것이다.

세종을 왕위에 앉힌 뒤 태종은 세종의 장인 심온을 영의정으로 추천했다. 당시 세종의 조정 대신들은 모두 태종이 지명한 자들로 채워졌기 때문에 태종의 추천은 곧 임명이나 다를 바 없었다. 그런데 영의정이 된 심온이 명나라 사신으로 가는 날 그를 배웅하기 위해 나온 사람들이 하도 많아 그들이 타고 온 수레로 온 도성이 뒤덮일 정도였다는 말을 전해 듣고 태종은 느닷없이 심온 제거 작업에 착수했다. 태종은 심온을 제거할 방도를 모색하다가 일전에 벌어졌던 '강상인의 옥'에 엮어 넣기로 작정했다.

'강상인의 옥'이란 세종 즉위년인 1418년 8월에 병조참판으로 있던 강상인이 군권과 관련한 보고를 세종에게만 하고 태종에게는 하지 않았다가 병조 관원들이 대거 처벌된 사건이었다. 그런데 태종은 심온을 제거하기 위해 강상인 사건을 다시 들춰냈다. 태종은 강상인이 군권과 관계된 업무를 세종에게만 보고한 것이 단순히 개인의 판단이 아니라 조직적인 음모에 의한 것이라고 규정했다. 그리고 그 음모의 중심에 심온이 있다고 단정했다.

하지만 강상인 사건을 아무리 살펴봐도 심온과 연관된 흔적은 없었다. 당시 심온의 아우 심정이 군부의 일을 보았는데, 태종은 강상인과 심정이 함께 모의했고, 심정은 다시 심온의 지시를 받았다는 식으로 몰아붙였다. 그리고 심온이 모든 일을 주도한 주범이라고 결론지었다. 한마디로 말도 되지 않는 설정이었지만, 태종은 주변 신하들을 동원하여 심온을 대역 죄인으로 몰아세웠다.

그런데 역적으로 몰리고 있던 심온은 정작 자신이 역적이 된 사실조차 몰랐다. 심온은 아무것도 모르고 사신의 임무를 마치고 명나라에서 돌아왔고, 의주에 도착하자마자 체포되었다. 그리고 큰 칼을 목에 찬 채 의금부로 압송되었고, 그제서야 자신이 대역 죄인이라는 사실을 통보받았다. 그때 심온은 자신을 주모자라고 지목한 강상인 등과 대질신문을 시켜달라고 요청했지만 거절당했다. 강상인은 이미 참형을 당하고 없었다. 혹 강상인이 심온과의 대질 신문에서 다른 말이라도 할까 봐 미리 죽였던 것이다.

그렇게 되자 심온도 모든 것이 태종의 머리에서 나온 것임을 직감하고, 체념한 뒤 모든 혐의를 인정했다. 그리고 사약을 받고 죽었다. 이후 심온의 아내, 즉 세종의 장모와 그 자녀들은 노비 신세로 전락했다.

가슴 조이며 견딘 4년

아버지와 숙부가 역적으로 몰리고 친정어머니를 비롯한 형제들이 모두 노비가 될 것이라는 소식을 들은 소헌왕후 심씨는 곡기를 끊고 드러누웠다. 그런 상황에서 조정 대신들이 왕비를 폐위하라고 연일 상소를 올렸다. 아버지가 역적으로 죽고, 그 가솔들이 모두 노비가 된 마당에 딸이 왕비의 자리에 있다는 것은 있을 수 없는 일이라는 주장이었다. 태종도 그 주장을 받아들여 심씨를 폐위할 생각이 있었다. 그래서 가례색을 설치하고 비빈을 맞이할 준비를 하라고 이르기까지 했다.

하지만 세종이 이에 동조하지 않았다. 세종은 무언의 항변으로 부왕 태종에게 아무 말도 하지 않았다. 그저 죽을 결심으로 누운 아내 곁에 앉아 있을 뿐이었다. 그러자 태종도 마음을 바꾸고 소헌왕후를 찾아와 말했다.

"왕비를 폐하는 일은 없을 것이니 염려 말고 일어나 밥을 먹도록 하라."

세종이 소헌왕후의 폐출에 동조하지 않은 결정적인 이유는 소헌왕후가 임신하고 있었기 때문이다. 아무리 장인이 역적으로 몰려 죽었다손 치더라도 임신한 아내를 내쫓을 순 없는 노릇이었다. 비록 그것이 아버지의 뜻이라고 해도 마찬가지였다. 이런 세종의 태도 때문에 태종은 소헌왕후를 내쫓지 못했다. 당시 소헌왕후가 잉태하고 있던 아이는 안평대군 이용이었다. 안평대군이 어머니를 살린 것이다.

그렇듯 그녀가 가까스로 왕비 자리를 지키는 동안 어느덧 4년의 세월이 흘렀다. 그리고 1422년 5월 10일, 시아버지 태종이 죽었다. 친정아버지를 죽이고, 가문을 몰락시킨 그의 죽음은 소헌왕후에겐 천만다행이었다. 언제 또 돌변하여 자신을 내쫓자고 덤빌지 몰라서 가슴 졸이며 견딘 세월이었다. 그가 살아있는 동안 누구도 소헌왕후의 어머니와 형제들을 노비 신분에서 해방시켜주자고 간하는 자가 없었다. 소헌왕후의 어머니 안씨와 형제들은 모두 노비 신분이었고, 그 때문에 소헌왕후는 고통의 세월을 보냈다.

야속한 남편, 원망하지 않는 아내

태종이 죽고 삼년상이 끝나자 조정에서도 소헌왕후의 어머니 안씨를 노비 신분에서 풀어줘야 한다는 말이 돌았다. 그리고 마침내 세종 8년(1426년) 5월 18일에 이 문제가 결정됐다.

이날 좌의정 이직 이하 의정부와 육조의 참판 이상의 관원들이 대궐에 나아가 세종에게 말했다.

"어제 신 등이 소를 올렸는데, 다만 천안에 제명하는 것만 명하셨으니 신 등의 마음에 미안함이 있습니다. 바라옵건대 윤허하시고 시행하소서."

이는 신하들이 소헌왕후의 어머니 안씨의 신분을 회복해주자고 세종에게 청했는데, 세종은 단지 노비 신분에서 해방시켜 평민으로 삼으라고 했다. 장모의 신분을 완전히 회복시켜 줄 순 없다는 말이었다. 그래서 신하들이 다시 한번 안씨의 신분을 완전히 회복시켜 달라고 청한 것이다.

그러자 세종이 이렇게 말했다.

"태종께서 시행한 일은 내가 변경할 수 없고 또 그 천안을 삭제하였다면 안씨는 이미 왕비의 어머니가 되니 비록 봉작이 없다고 하더라도 무엇이 문제겠는가?"

이에 이직이 이렇게 말했다.

"천안에서만 삭제하면 서인이 될 뿐인데, 국모의 어머니로서 어찌 서인이 되겠습니까?"

그러자 세종은 신하들의 의견을 따르겠다며 장모 안씨의 신분을 회복시켰다. 하지만 장인 심온의 신분은 회복시켜주지 않았다. 아버지의 역적을 아들이 풀어줄 수 없다는 논리였다. 그 때문에 소헌왕후의 남동생들은 관직에 진출할 수 없었다. 양반 가문에서 관직에 나갈 수 없다면 그것은 곧 몰락을 의미하는 일이었다. 이 일로 소헌왕후는 여전히 무거운 마음을 안고 살아야 했다.

죽을 때까지 역적의 딸로 남다

그런데도 세종은 1446년에 그녀가 죽을 때까지 심온의 신분을 회복시키지 않았다. 신하들이 여러 차례에 걸쳐 심온을 사면해줄 것을 요청했지만, 세종은 그때마다 받아들이지 않았다. 물론 그녀가 죽은 뒤에도 마찬가지였다. 세종은 자신이 죽을 때까지도 장인 심온의 직첩을 돌려주지 않았다.

심온이 사면된 것은 그녀의 장남 문종이 왕위에 오른 뒤였다. 문종이 즉위하자 곧 조정 대신들과 의논한 뒤 심온을 사면하고 신분을 회복시켰다. 또한 심온의 아들들에게도 벼슬을 내려 조정에 나오도록 했다.

소헌왕후의 동생 심회와 심결은 7품 벼슬을 받고 관직에 진출한 뒤 고위직을 두루 거치며 정승 자리에 올랐다. 이후로 심온의 집안은 대대로 조선의 명문가로 이름을 날렸으니 이는 소헌왕후가 고통 속에서도 왕비 자리를 굳건히 지켜낸 덕분이었다.

현덕왕후 권씨, 귀신 되어서라도 아들을 지킬 수 있다면

1418~1441년

문종은 왕위에 오른 뒤부터 죽을 때까지 왕비 없이 살았던 유일한 조선의 왕이다. 조선 왕들 중 재위 기간 동안 왕비 없이 지낸 왕은 문종뿐이다.

사실 문종은 왕위에 오를 당시 세자빈조차 없었다. 세자 시절 세 명의 세자빈과 혼례를 올렸으나, 모두 문종이 왕위에 오르기 전에 내쫓기거나 사망했다. 1427년, 세자 시절 문종은 휘빈 김씨를 세자빈으로 맞이했으나, 그녀가 세자의 사랑을 얻기 위해 주술을 사용하다 발각되어 쫓겨났다. 이후 1429년 순빈 봉씨를 두 번째 세자빈으로 맞이했지만, 그녀는 궁녀들과 동성애를 즐기다 1436년에 발각되어 역시 폐위되었다.

세자의 후궁에서 세자빈으로

그 후 세종은 새로운 세자빈을 간택하지 않고, 이미 세자의 후궁으로 있던 권씨를 세자빈으로 삼았다. 그녀가 바로 현덕왕후 권씨다. 현덕왕후가 세자의 후궁이 되어 입궐한 이유는 두 번째 세자빈이 아이를 갖지 못했기 때문이었다. 당시 세자의 후궁으로 입궐한 여인은 현덕왕후 권씨를 포함하여 정씨와 홍씨 등 세 명이었다. 이들 중 문종(당시 세자)이 가장 좋아한 여인은 홍씨였으나, 세종과 소헌왕후는 홍씨가 아닌 권씨를 세자빈으로 선택했다.

권씨가 세자빈이 될 수 있었던 이유는 아이를 낳아 품계가 가장 높았기 때문이다. 입궐 당시 세 후궁 모두 종4품 승휘였으나, 권씨가 먼저 임신해 공주를 낳으면서 종3품 양원으로 승진했다. 세종과 소헌왕후는 원손을 보는 것을 가장 중요한 문제로 여겼고, 이 점에서 권씨를 세자빈으로 결정했다.

권씨는 후궁으로 있으면서 두 딸을 낳았다. 첫째 딸은 조산으로 태어난 지 며칠 만에 사망했고, 둘째 딸은 1436년에 태어난 경혜공주(1436~1473)다. 권씨는 1437년 2월 28일 세자빈이 되었으며, 본관이 안동인 권전과 최아지 부부 사이에서 1418년 3월 12일 태어났다. 세자빈이 되었을 당시 그녀의 나이는 스무 살이었다.

권씨는 세자빈이 된 지 2년 만인 1440년 11월경 다시 임신했으며, 1441년 7월 23일 세손 홍위를 낳았다. 이 홍위가 훗날 단종이다. 그러나 권씨는 홍위를 낳은 다음 날인 7월 24일 산욕으로 사망하고 말았다. 왕비로 책봉되지 못한 채, 1남 1녀의 어린 자녀만 남기고 스물네 살의 짧은 생을 마감했다. 공교롭게도 그녀의 아버지 권전도 같은 해 4개월 뒤 사망했는데, 당시 권전은 칠십의 고령이었다.

어린 자녀 남기고 요절한 세자빈

세자빈 권씨가 죽은 뒤, 세자 향은 더는 세자빈을 들이지 않았다. 세자빈 권씨가 낳은 남매는 세종의 후궁인 혜빈 양씨가 양육하였다. 심지어 양씨는 막 태어난 세손 홍위(단종)에게 직접 자신의 젖을 물리기도 했다. 그리고 세자 향은 혹 세자빈의 역할이 필요할 땐 자신이 가장 좋아했던 후궁 홍씨에게 세자빈을 대행하게 했다.

그런 가운데 세월은 흘러 1450년에 세종이 죽고, 문종이 왕위에 올랐다. 문종은 왕위에 오르긴 했으나 왕비를 들이지는 않았다. 또한 왕위에 오르자 권씨에게 '현덕'이라는 시호를 내렸고, 그녀의 묘도 능으로 격상되어 소릉이라 하였다.

이때까지만 하더라도 그녀의 사후는 무난한 듯 했다. 하지만 문종이 왕위에 오른 지 2년 4개월 만에 사망하고 어린 아들 단종이 왕위에 오르면서 파란이 시작되었다.

열두 살의 어린 나이로 단종이 왕위에 오르자, 재위 3년 만에 그의 숙부 수양대군이 왕위를 찬탈하여 단종을 상왕으로 밀어냈다. 또한 사육신 사건을 조작하여 상왕 단종을 노산군으로 강등시켜 영월에 유배시켰다. 이 과정에서 현덕왕후의 동생 권자신과 친정어머니 최아지는 사육신 역모사건에 엮여 처형당하고 말았다. 그리고 단종이 노산군으로 강등되었다는 이유로 현덕왕후는 폐위되어 서인의 신분이 되었고, 이에 따라 종묘에서 신주가 철거되고 소릉도 격하되어 파헤쳐졌다. 이후 세조는 금성대군의 반역사건과 엮어 단종을 죽여버린다.

이 과정에서 많은 야사들이 생성되는데, 이를테면 이런 이야기들이다.

세조의 꿈에 현덕왕후가 나타나 "네가 내 아들을 죽였으니, 나도 네 아들을 죽이겠다" 했다고 한다. 그래서 세조가 놀라서 깨어보니, 아들 의경세자가 죽었다는 기별이 왔고, 이에 분노하여 소릉을 파헤쳤다는 이야기다.

《축수편》야사의 이 이야기는 세간에 널리 퍼져 있는데, 사실 앞뒤가 맞지 않는 내용이다. 세조의 장남 의경세자가 사망한 것은 1457년 9월 20일(음력 9월 2일), 단종이 사망한 것은 1457년 11월 7일(음력 10월 21일)이다. 오히려 덕종이 단종보다 두 달 먼저 사망했으므로 현덕왕후의 저주가 덕종을 죽게 했다는 것은 성립될 수 없는 것이다. 그렇지만 야사에서는 이와 비슷한 이야기들이 또 전하는데, 다음은《음애일기》의 내용이다.

정축(1457)년 겨울에 세조가 궁궐에서 낮잠을 자다가 가위에 눌린 괴이한 일이 생기니, 곧 소릉을 파헤치라고 명하였다. 사신이 석실石室을 부수고 관을 끌어내려 하였으나, 무거워서 들어낼 도리가 없었다. 군민軍民이 놀라고 괴이쩍어하더니, 글을 지어 제를 지내고서야 관이 나왔다. 사나흘을 노천露天에 방치해두었다가 곧 명을 따라 평민의 예로 장사지내고서 물가에 옮겨 묻었다.

여러 야사에 이런 내용이 전하다 보니, 세간에서는 세조가 현덕왕후의 능을 파헤친 것이 그의 악몽 때문이라고 알고 있다. 하지만 세조가 현덕왕후의 능을 파헤친 이유는 따로 있다. 실상은 1456년에 김질의 고발로 벌어진 사육신 사건과 관련되어 있다. 사육신 사건은 성삼문, 박팽년, 이개 등이 단종의 복위를 꾀했다는 죄목으로 참형을 당한 사건인데, 현덕왕후의 동생 권자신과 어머니도 이 사건과 연루되어 역적으로 몰려 죽었다.

그리고 이에 연좌되어 이미 고인이 된 현덕왕후의 아버지 권전은 1456년 8월 7일(음력 7월 7일)에 서인으로 신분이 전락했고, 단종은 1457년 7월 12일(음력 6월 21일)에 노산군으로 강등되어 유배되었다. 그리고 현덕왕후 역시 1457년 7월 17일(음력 6월 26일)에 서인으로 강등되는 바람에 당시 문종과 합장되었던 소릉이 없어지고, 문종의 유골과 분리되어 따로 무덤을 만들게 된 것이다. 이에 대해《동각잡기》는 이렇게 전한다.

처음 안산安山에 장사하여 능호陵號를 소릉이라 불렀으나, 성삼문의 사건에 왕후의 어머니 최씨와 왕후의 아우 권자신이 극형을 당하자, 왕후마저 폐위되었다.

그리고 실록은 세조 3년 6월 26일 기록에 이렇게 전한다.

의정부에서 아뢰었다.
"현덕왕후 권씨의 어미 아지와 그 동생 권자신이 모반하다가 주살을 당하였는데, 그 아비 권전은 이미 추폐하여서 서인으로 만들었으며, 또 노산군이 종사에 죄를 지어 이미 군으로 강봉하였으나, 그 어미(현덕왕후)는 아직도 명위名位를 보존하고 있으므로 마땅하지 않으니, 청컨대 추폐하여서 서인으로 만들어 개장하소서."
이에 그대로 따랐다.

죽은 뒤에 더 회자되다

결국, 세조가 현덕왕후의 소릉을 없애게 된 것은 사육신 사건으로 단종이 왕자의 신분인 노산군으로 강봉된 것에 따른 후속 조치였던 셈이다. 야사에서는 그 후속 조치 이후에 대해서도 이야기를 남기고 있는데, 다음은《음애일기》의 내용이다.

능을 파헤치기 며칠 전 밤중에 부인의 울음소리가 능 안에서 나왔다.

"내 집을 부수려 하니 나는 장차 어디 가서 의탁할꼬."

그 소리가 마을 백성의 마음을 아프게 흔들었다.

얼마 후에 역마驛馬를 탄 사신이 갑자기 달려왔다.

언덕벌에 옮겨 묻기만 했는데 신령스럽고 기이한 현상을 일으켰다. 예전 능이 있었던 터의 나무와 돌을 범하며 마소를 풀어 그 무덤자리를 짓밟으면 맑은 하늘이 갑자기 캄캄해지고 비바람이 불어 닥쳤다. 그 때문에 누구나 서로 경계하고 감히 가까이 가지 못하였다. 이 일의 본말을 눈으로 직접 목격하고 얘기해 준 노인들이 있다.

이렇듯 현덕왕후는 사후 본의 아니게 수많은 일화를 남겼다. 이러한 야사의 이야기는 주로 백성들이 구전으로 전한 것들이 기록된 것이다. 백성들이 이와 같은 이야기를 전한 이유는 세조가 단종을 폐위하고 소릉을 파헤친 행위를 못마땅하게 여겼기 때문일 것이다.

이러한 민심은 중종 시대까지 이어졌으며, 결국 그녀의 신원이 회복되는 계기를 마련했다. 세조가 죽고 예종의 짧은 치세를 거쳐 성종이 왕위에 올랐을 때에도 남효온이 나서서 소릉을 복위할 것을 상소했다. 그러나 임사홍 등의 반대로 인해 소릉 복위는 성사되지 않았다. 연산군 대에 이르러 김일손이 다시 소릉 복위를 주장했으나, 무오사화로 인해 그 노력은 좌절되고 말았다.

그러다가 중종이 반정으로 즉위하자 사림파들이 대거 앞장서서 소릉 복위 운동을 전개했고, 마침내 그 결실을 맺게 되었다. 소릉은 복위되었고, 현덕왕후는 신원이 회복되어 그녀의 신주가 종묘에 다시 모셔졌다. 또한 그녀의 능은 문종의 능인 현릉 왼쪽 능선에 새로 마련되었다. 그녀가 죽은 지 무려 72년 만에 이루어진 일이었다.

정순왕후 송씨,
원치 않는 왕비 되어 시대의 희생자로 살다

1440~1521년

정순왕후는 조선의 왕비 중 가장 어린 나이에 왕비가 되었고, 가장 어린 나이에 왕대비가 되었고, 가장 어린 나이에 대비의 자리에서 쫓겨난 인물이다. 물론, 이 모든 과정은 그녀의 뜻과는 무관하게 진행된 일이었다. 그녀는 단지 시대를 잘못 만나 왕비가 되었고, 다시 대비가 되었으며, 결국 대비에서 폐출되어 서인으로 생을 마감해야 했다.

정순왕후가 왕비로 산 시간은 고작 1년 6개월에 불과했고, 대비로 지낸 시간도 2년에 지나지 않았다. 반면, 궁궐에서 쫓겨나 서인으로 산 시간은 무려 54년이었다.

예견된 몰락의 길

1440년 6월 4일, 여산 송씨 가문의 송현수의 딸로 태어난 그녀는 1454년, 열다섯 살에 간택령에 의해 단종의 왕비로 책봉되었다. 그러나 그녀가 왕비로 책봉될 당시 단종은 이미 허수아비 왕에 불과했다. 숙부 수양대군이 김종서를 비롯한 재상들을 제거하며 권력을 독점하고 왕위를 노리던 시기였기 때문이다. 그 당시 왕비가 된다는 것은 단종과 운명을 함께하며 몰락의 길을 걷게 된다는 것을 의미했다.

이렇게 보면, 정순왕후는 단순히 시대의 희생자였을 뿐이었다. 아니나 다를까, 수양대군은 1455년 윤6월 단종을 압박하여 상왕으로 밀어내고 스스로 왕위에 올라 세조가 되었다. 이에 따라 송씨는 불과 열여섯 살에 왕대비가 되었다. 그러나 그녀의 짧은 영광은 비극의 서막에 불과했다. 그녀가 열일곱 살이 되던 1456년 6월, 세조는 사육신 사건을 일으켜 성삼문, 박팽년 등 집현전 출신 신하들을 처형하는 한편, 이듬해 단종을 이 사건과 연루시켜 노산군으로 강등하고, 영월 청령포로 유배를 보냈다. 단종의 유배와 함께 송씨도 군부인으로 강등되어 궁궐에서 쫓겨났다.

그러나 그녀의 비운은 여기서 끝나지 않았다. 단종이 유배된 뒤, 경상도 순흥에 유배 중이던 금성대군이 단종 복위를 꾀하다 발각되는 사건이 발생하자, 세조는 금성대군을 죽였을 뿐 아니라 송씨의 아버지 송현수도 이 사건에 엮어 교수형에 처했다. 단종 역시 사약을 받게 되었지만, 사약이 내려지기 전에 스스로 목을 매 생을 마감했다.

이로써 송씨는 아버지가 역적으로 몰려 처형당하고, 자신은 역적의 자식으로 서인으로 강등되는 비극적 운명을 맞았다. 궁궐에서 쫓겨난 그녀는 역적이 되어 멸문한 친정에도 갈 수 없었고, 동대문 밖 청룡사라는 절 부근 산기슭에 초막을 짓고 근근이 생을 이어갔다.

동망봉의 곡소리, 따라 울던 사람들

남편 단종이 죽었다는 소식을 들었지만, 그녀는 단종의 시신을 보지도 못했고 장례를 치르거나 묘지를 방문할 수도 없었다. 그녀가 할 수 있는 유일한 일은 소복을 입고 매일 아침저녁으로 산봉우리 거북바위에 올라 단종이 유배된 영월 쪽을 바라보며 곡을 하는 것이었다. 그녀의 애절한 곡소리는 산기슭을 울려 퍼졌고, 이 때문에 그녀가 곡하던 봉우리는 '동망봉東望峰'이라 불리게 되었다. 이는 '동쪽을 바라보던 봉우리'라는 뜻이다.

그녀의 곡소리는 얼마나 애달팠던지, 그 소리가 산골짜기를 넘어 마을까지 울려 퍼지면 마을의 여인들 또한 가슴을 치며 함께 울었다고 한다. 이를 두고 사람들은 '동정곡同情哭'이라 불렀다.

82세의 나이로 그녀가 세상을 떠난 1521년까지, 한 많은 삶은 이어졌다. 그녀는 초라한 초막에서 옷을 염색하며 생계를 이어갔다. 세조가 가끔 식량을 보내왔으나 그녀는 이를 거부했다고 전해진다.

그녀가 왕비로 신원된 것은 사후 177년이 지난 1698년(숙종 24년)이었다. 이때 단종이 묘호를 받고 그의 묘가 장릉으로 격상되면서, 송씨 또한 정순왕후로 추복되었다. 그녀의 신위는 종묘에 모셔졌고, 묘지도 능으로 격상되어 '사릉思陵'이라 명명되었다.

정희왕후 윤씨,
두 왕의 섭정이 된 여걸

1418~1483년

조선은 개국 이후 세종 시대 30년 동안 전성기를 누리며 국력을 크게 확장했다. 하지만 세종이 죽은 후에 상당한 혼란을 겪는다. 세종의 장자 문종이 일찍 죽고, 열두 살의 어린 단종이 왕위에 오르자 왕권이 흔들리기 시작했다. 이를 기회로 왕숙 수양대군 이유가 계유정난을 일으켜 김종서와 황보인 등의 재상은 물론이고 정적으로 인식되던 친동생 안평대군을 제거하고 왕위를 찬탈한다. 수양대군은 거기서 만족하지 않고 사육신 사건을 조작하여 단종에게 우호적이었던 집현전 출신 젊은 신하들을 대거 죽이고, 상왕으로 밀려난 조카 단종을 유배지로 보내 죽이기에 이른다.

이후 그는 자신과 함께 반역을 도모한 한명회 등을 중심으로 철저한 측근정치를 이어갔다. 이러한 세조의 치세는 13년 동안 지속되는데, 그의 말년인 재위 13년(1467년)엔 이시애가 반란을 일으켜 한때 변방의 군영이 완전히 마비되는 지경에 이르기도 했다. 그리고 이 반란의 여파가 채 가시기도 전인 이듬해 가을에 세조는 생을 마감했다.

당시 세조에겐 왕위를 믿고 맡길 만한 든든한 후계자가 없었다. 큰아들 의경세자는 1457년에 스무 살의 나이로 요절했고, 세자 자리를 이어받은 둘째 해양대군 황은 병약한 데다 열아홉 살 어린 나이여서 정사를 돌볼 처지가 아니었다. 하지만 그 이외에 왕위를 이을 사람이 마땅하지 않았기 때문에 세자 황은 병약한 몸으로 용상에 앉았다.

조선의 중흥을 이끌어낸 여걸

그런 상황에서도 의외로 조정의 대신들은 크게 염려하지 않았다. 그들이 믿고 맡길 만한 든든한 버팀목이 있었기 때문인데, 바로 세조의 왕비 정희왕후 윤씨였다.

정희왕후는 세조의 반역에 가담했을 뿐 아니라 세조가 죽고, 병약한 예종과 어린 성종이 왕위에 오르자 수렴청정하여 왕권을 안정시키고 태평성세의 토대를 마련하여 조선의 중흥을 이끌어낸 여걸이었다.

조선 역사상 최초로 왕을 대신하여 섭정한 그녀는 예종, 성종 대를 걸쳐 무려 8년 동안 왕권을 행사하며 왕위를 지켜냈다. 이 기간에 그녀는 한명회, 신숙주 등의 노회한 권신들을 상대하며 뛰어난 정치력으로 조정을 안정시켰고, 그 덕분에 조선은 세종시대의 영화에 못지않은 중흥을 맞이할 수 있었다.

이렇듯 조선의 중흥에 주춧돌 역할을 했던 정희왕후 윤씨, 그녀는 도대체 어떤 인물이었기에 여인의 몸으로 이런 일들을 해낼 수 있었을까?

정희왕후 윤씨의 본관은 파평이다. 파평 윤씨가 명문가가 된 것은 고려의 명신 윤관으로부터 비롯되었다. 윤관은 파평 윤씨의 시조 윤신달의 4대손으로 고려 숙종 때 여진족 정벌군의 원수가 되어 동북 9성을 쌓아 영토를 지켜내는 등 대단한 전공을 세워 가문을 일으켰다. 이후 파평 윤씨는 개성의 권문세족이 되었고, 조선 건국 당시에도 윤호 등이 역성혁명에 가담하여 공신이 된 덕에 조선에서도 명문가의 지위를 이어갔다. 파평 윤씨가 조선의 명문가였음은 태종 이방원이 17명의 딸 중에 무려 4명이나 윤씨 가문에 출가시킨 것을 봐도 알 수 있다.

가문이 조선의 명문가였던 덕에 정희왕후의 아버지 윤번은 과거에 합격하지 못했음에도 음서로 관직에 나갈 수 있었다. 음서란 조상 덕에 벼슬을 얻는 것을 말한다. 하지만 윤번의 관직 생활은 원만하지 못했다. 실록에 처음 등장한 윤번의 직위는 홍주 판관이다. 판관은 종5품직으로 지방관을 보좌하는 역할을 하는데, 윤번은 태종 18년(1418년) 1월 17일에 태장 50대를 맞았다. 당시 암행어사 격인 사헌부 행대감찰 정길흥이 근무 태만 및 부정을 저지른 지방 관리들을 적발했는데, 윤번이 걸린 것이다. 이후 윤번은 홍주에서 판관 생활을 계속했는데, 이때 정희왕후가 태어났다.

정희왕후는 1418년 11월 18일에 윤번의 아홉째 딸로 태어났다. 그때 윤번과 부인 이씨 사이에는 1남 8녀가 있었는데, 아들을 하나 더 얻고자 한 잉태였지만 실망스럽게도 딸이었다.

이후 윤번은 황해도 신천 현감으로 발령이 났는데, 이번에도 또 암행 감찰에 걸려 매맞는 신세가 됐다. 이번에는 전과가 있다는 이유로 30대나 더 많은 80대를 맞았다. 다른 관리들과 짜고 돈을 갈취하는 부정행위에 가담했던 것이다. 그 때문에 현감자리에서도 쫓겨났다. 이때가 세종 6년 1424년이니 정희왕후는 일곱 살이었다.

언니의 혼사를 가로챈 욕심 많은 소녀

부정축재자가 되어 관직에서 쫓겨난 윤번은 다시 관직에 나아갈 가망이 없었다. 이후로 집안의 재산이나 관리하면서 그럭저럭 지내고 있었는데, 그에게 뜻밖의 행운이 찾아들었다. 왕실에서 혼담을 제의한 것이다. 그것도 세종의 둘째 아들 이유의 짝이었다.

혼담이 들어왔을 때는 1428년이었고, 당시 정희왕후는 열한 살이었다. 그리고 신랑이 될 수양대군은 열두 살이었다. 특별한 혼담은 아니었다. 왕가에선 열 살 초반에 결혼을 시켜 열다섯 살이 되면 다시 합혼례를 거행하여 합방하는 방식으로 또 한 번의 혼례를 올리곤 했다. 이럴 경우 신랑보다 신부가 두 살쯤 많은 것이 보통이었다. 신부가 나이가 더 많아야 일찍 자손을 볼 수 있었기 때문이다. 그래서 세종도 두 살 많은 소헌왕후 심씨와 결혼했다. 그런데 정희왕후는 세조보다 한 살 어렸다. 당시 풍습하곤 좀 안 맞는 혼례였다. 왜 이런 일이 벌어졌을까?

이 일의 내막엔 뜻밖의 이야기가 숨어 있다. 정희왕후가 언니의 혼사를 가로챘다는 것이다. 이희가 쓴 《송와잡설》은 그 내용을 이렇게 전한다.

세조가 아직 수양대군으로, 왕위에 오르기 전이었다. 수양대군이 정희왕후와 혼인하기 전 처음에는 정희왕후의 언니와 혼담이 오갔다. 감찰각시가 정희왕후의 집에 가니 이씨 부인이 정희왕후의 언니와 함께 나와서 마주 앉았다. 그때 정희왕후는 아직 나이가 어렸다. 짧은 옷을 입고 머리를 땋은 정희왕후가 이씨 부인의 등 뒤로 다가왔다.

이씨 부인이 밀어내면서 말했다.

"네 차례는 아직 멀었다. 어찌 감히 나왔느냐?"

이렇게 나무라며 들어가게 하였다.

그때 감찰각시가 이씨 부인에게 말했다.

"그 아기의 기상이 범상치 않아 보통 사람에 비할 바가 아닙니다. 다시 보기를 청합니다."

감찰각시는 정희왕후를 보면서 끊임없이 칭찬하였다. 감찰각시가 입궐하여 왕에게 아뢰어 드디어 정희왕후가 정혼하게 되었다. 사람을 알아보는 감찰각시의 안목을 지금에도 칭찬한다.

정희왕후가 결혼할 당시만 하더라도 상궁들이 감찰각시가 되어 신붓감이나 신랑감을 택하던 시절이었다. 그래서 정희왕후는 감찰각시의 눈에 들어 왕가로 시집가게 된 것이다. 그것도 차례를 어기고 언니보다 먼저 시집갔다.

원래 감찰각시가 신붓감을 보는 자리에는 신붓감 이외에 어떤 딸도 함께해서는 아니 되었다. 그런데 정희왕후는 왕가에서 감찰각시가 나왔다고 하는 소리를 듣고서는 그 자리에 스스로 나섰고, 결국 감찰각시의 눈에 들어 언니의 혼사를 가로채는 결과를 낳았던 것이다.

《송와잡설》이 이런 이야기를 실은 것은 정희왕후가 어릴 때부터 총명하고 대담하여 범상치 않은 구석이 있었다는 점을 강조하기 위함이다. 만약 정희왕후가 단순히 궁금증 때문이 아니라 자신도 왕가에 시집가고 싶은 생각이 있어 혼담 자리에 나섰다면 그녀는 대담한 성격의 소유자가 분명하다. 더구나 감찰각시의 눈에 수양대군의 짝으로 적합하다는 판단이 들었다는 것은 당시 정희왕후가 나이에 맞지 않게 꽤 조숙했음을 의미한다. 정희왕후의 아버지 윤번은 체격이 좋았다고 하는데, 아마도 정희왕후도 윤번을 닮아 키가 크고 체격이 좋았던 모양이다. 그래서 열한 살 어린 나이에 시집갈 수 있었을 것이다.

정희왕후는 언니의 혼사를 자기 것으로 만들어 왕자와 결혼하여 세종의 둘째 며느리가 되었고, 덕분에 윤번은 세종과 사돈지간이 되어 가문을 일으킬 기반을 마련하게 되었다. 아들을 기다리던 집안에 딸로 태어나 천덕꾸러기 취급을 받던 그녀가 가문을 일으켰으니 미운 오리새끼가 백조가 되어 날아간 격이었다.

엄격한 시아버지, 기생에 빠진 남편

하지만 왕실의 며느리로 산다는 것은 매우 어려운 일이었다. 더구나 윤씨가 시집간 직후엔 무서운 일들이 벌어졌다. 그녀가 시집간 이듬해인 1429년, 시아버지 세종이 큰며느리 휘빈 김씨를 친정으로 내쫓았고, 내쫓긴 휘빈 김씨는 아버지의 손에 죽임을 당하고, 김씨의 아버지도 자살하는 사태가 벌어졌다.

휘빈 김씨가 쫓겨난 이유는 남편인 세자 향(문종)의 사랑을 얻기 위해 주술을 사용하다가 발각되었기 때문이다. 당시 세자 향은 아내 휘빈에겐 관심이 없었고, 다른 궁녀들에게만 정을 쏟았다. 이에 휘빈은 어린 마음에 세자 향의 마음을 돌리기 위해 주술을 사용했는데, 세종이 이를 용서하지 않고 친정으로 쫓아내는 바람에 이런 사달이 난 것이다.

사실, 남편으로부터 사랑을 받지 못하는 것은 윤씨도 매한가지였다. 남편 수양대군이 청소년기에 접어들면서 툭하면 기생집을 드나들었기 때문이다. 천하의 호색남이었던 양녕대군도 열일곱 살이 되어서야 기생을 찾았는데, 수양대군은 그보다 어린 열네 살이었다. 그 내용이 《오산설림》에 다음과 같이 나온다.

세조가 대군으로 있을 때인 14세 때에 어느 기생집에서 자는데, 밤중에 기생과 관계하는 자가 와서 문을 두들겼다. 세조가 놀라서 발로 뒷벽을 차서 벽이 넘어지자 곧 밖으로 나와 몇 길이나 되는 담을 뛰어넘었다. 그러자 그 사람 역시 뒤를 따라 넘으므로 세조는 또 이중의 성을 뛰어넘었더니 그 사람 역시 뛰어넘었다.
세조가 일 리쯤 가다가 길가에 속이 텅 빈 늙은 버드나무 한 그루가 있어 그 속에 숨었더니 그 사람이 따라오다가 찾지 못하고 투덜거리면서 가버렸다.

어린놈이 기생과 동침하다가 기둥서방이 들이닥치는 바람에 버선발로 도주했다는 내용이다. 그런데 이렇게 도주한 것으로 끝이 아니었다. 이후로는 기생들을 더욱 가까이하여 집 안에 기생첩들이 차고 넘쳤다.

이와 관련해 《세조실록》 총서에 다음과 같은 내용이 나온다.

병인년(1446년) 정월에 소헌왕후가 모든 아들에게 가르쳤다.

"첩을 대함에 있어서 정처에 견줄 수 없으며, 의복을 사치해서는 안 된다."

그리고 세조의 검소함을 칭찬하며 말했다.

"또 여색에 실덕한 바도 없다."

이때 의창군 이공이 기생과 사통하였으므로 세종이 그 수종하는 자에게 태장을 치고 말했다.

"이제 수양대군이 영리한 기생을 많이 거느리긴 하였으나 수양대군은 일부러 많이 거느리는 것이고 또 그 어진 것을 믿을 만하다."

이 기록에서 놀라운 것은 수양대군이 여러 명의 기생첩을 거느린 점을 어머니 소헌왕후가 오히려 칭찬하고 있다는 것이다. 요지는 많은 기생을 첩으로 들였음에도 여자 문제는 안 일으킨다는 것인데, 며느리 정희왕후 입장에선 황당한 일이 아닐 수 없다. 거기다 시아버지 세종까지 나서서 수양이 많은 첩을 거느리고 있음에도 잘 관리하고 있어서 문제가 없다고 거들기까지 했다.

윤씨는 이런 상황에서 왕실 며느리로 살아야 했다. 또한, 그녀는 남편의 기생놀음도 문제 삼지 않았다. 남편의 기생 놀음을 탓했다간 자칫 휘빈 꼴이 될 수도 있었기 때문이다.

치밀하지 못한 남편, 승부사 기질의 아내

어쨌든 수양의 지나친 색욕을 탓하지 않은 덕에 윤씨는 남편과 큰 불화는 없었다. 대신 쉽게 아이가 생기지 않았다. 결혼한 지 10년 만에 겨우 첫아이를 얻었을 정도였다. 당시 여인들이 열여섯 살 때 첫아이를 낳았는데 스물한 살에 첫아이를 안았으니 아주 늦은 편이었다. 부부 사이가 별로였다는 방증이기도 하다.

그녀는 첫아이로 아들을 출산한 후, 딸 둘과 아들 하나를 더 얻었다. 그나마 첫아이 출산 이후로는 남편과의 관계가 원만해졌다는 의미일 것이다. 그리고 세월이 흘러 시어머니 소헌왕후와 시아버지 세종이 죽고, 이어 왕위에 오른 문종이 죽고 열두 살의 어린 조카 단종이 왕위에 올랐다.

단종이 즉위한 뒤로 남편 수양대군은 은근히 야심을 품었다. 어린 조카를 내쫓고 왕위를 차지할 욕심이 있었던 것이다. 이를 실현하기 위해 그는 한명회 같은 인물들과 어울렸다.

하지만 수양은 치밀한 사람이 아니었다. 감정 기복도 컸다. 대신 행동파였다. 마음먹은 것은 어떻게든 하고 보는 성격이었다. 이는 정희왕후 윤씨를 불안하게 만드는 요소였다. 남편의 섣부른 행동이 집안을 피바다로 만들 수 있었기 때문이다. 하지만 그녀는 불안에 떨고 있지만은 않았다. 오히려 남편의 반역에 동조했다. 그리고 함께 거사를 계획했다.

그들이 거사일로 잡은 날은 단종이 왕위에 오른 지 불과 1년

밖에 되지 않는 1453년 10월 10일이었다. 이날 새벽, 수양대군의 집 지게문으로 세 명의 갓 쓴 사내가 찾아들었다. 그들은 혹 누가 볼세라 주변을 경계하며 이유의 사랑방으로 들어갔다. 권람, 한명회, 홍달손이 그들이었다.

그들이 앉자마자 이유가 비장한 얼굴로 힘주어 말했다.

"오늘은 요망한 도적을 소탕하여 종사를 편안하게 하겠으니 그대들은 마땅히 약속한 대로 하라."

이유가 말한 요망한 도적 무리 중 우두머리는 김종서였다. 그는 수양이 가장 경계하는 인물이었다. 정승 중에 나이가 가장 많고, 따르는 무리도 많은 데다 병권마저 장악하고 있었기 때문이다. 그래서 김종서만 제거한다면 나머지 무리는 한 주먹 거리도 되지 않는다는 것이 수양의 생각이었다.

수양은 다시 말을 이었다.

"내가 생각해보니 간악한 무리 중에 가장 간사하고 교활한 자로는 김종서를 따를 자가 없다. 그자가 만일 우리의 계획을 안다면 대사는 그르치게 될 것이다. 그래서 내가 역사 두엇을 거느리고 곧장 그놈의 집으로 가서 선 자리에서 놈의 목을 벤 후 대궐로 달려가서 주상께 아뢰면 나머지 도적들은 한번에 쓸어버릴 수 있다. 내 생각이 어떠한가?"

세 사람이 모두 좋다고 하자 수양은 다음 계획을 말했다.

"내가 오늘 여러 무사를 불러 후원에서 과녁을 쏘고 나서 조용히 말할 터이니, 그대들은 나중에 다시 오라."

수양은 그날 수십 명의 무사를 불러 후원에서 활쏘기를 하였다. 활쏘기가 끝나자 술자리가 이어졌다. 하지만 수양은 생각보다 많은 사람이 모인 탓에 쉽사리 말을 꺼내지 못했다. 그저 후원에서 활쏘기를 구경하며 기회만 엿보았다. 그러다 저물녘이 되었을 때 후원의 정자에 모두 모아놓고 자신의 계획을 말했다.

그런데 수양이 호기롭게 반역의 속내를 드러냈지만, 의외로 반응이 좋지 않았다. 죽기를 각오하고 거사를 천명했지만, 모인 무리 중에 상당수는 그 자리에서 슬금슬금 달아나버렸다. 그리고 남아 있던 자들도 수양을 만류했다. 이에 수양은 혼자라도 거사를 결행하겠다며 자리를 박차고 일어섰다.

하지만 이미 거사 계획은 틀어졌다. 동조 세력을 규합하여 병력을 이끌고 김종서를 치려고 했는데, 완전히 어긋나버린 것이다. 하지만 그만둘 수도 없었다. 이미 그가 반역을 도모하고 있다는 사실을 아는 자들이 여럿이기에 거사를 중단하더라도 역모 고변이 있게 되면 죽는 건 매한가지였다.

그런 절망스러운 마음으로 후원을 빠져나왔다. 그리고 어떻게 해야 될지 몰라 아내 윤씨와 상의했다. 이와 관련하여 실록에는 이런 기록이 있다.

계유년에 세조께서 기회를 잡아 정난하였으며, 태후도 계책을 같이 해서 임금을 도와 큰일을 이루었다.(성종 14년 6월 12일, 정희왕후 애책문)

중문에 나오니 자성왕비(정희왕후)가 갑옷을 끌어 입혔었다. 드디어 갑옷을 입고 가동 임어을운을 데리고 단기로 김종서의 집으로 갔다.(단종 1년 10월 10일)

여느 아내 같으면 이미 계획이 틀어졌으니 거사는 포기하라고 했을 법한데, 윤씨는 오히려 갑옷을 내밀며 결행을 요구했다. 남편은 치밀함이라곤 찾아볼 수 없을 만큼 어설픈 계획을 세웠지만, 아내는 오히려 남편의 그런 무모함을 비판하기보다는 목숨을 걸고 싸우라고 주문한 것이다. 그런 아내의 과감한 태도에 힘을 얻은 수양은 단지 몇 명의 수하만 데리고 김종서의 집으로 향했고, 거사를 성공시켰다.

이후 세조가 왕위에 오르면서 그녀 역시 왕비가 되었다. 계유정난 당시 그녀의 행동을 감안한다면 왕비 자리는 그녀 스스로 얻은 것이었다.

어린 자을산군을 왕으로 세우고 섭정이 되다

세조가 왕위에 오른 뒤 그녀는 왕비로서 내명부를 다스리며 조용한 나날을 보냈다. 이후로 13년의 세조 치세가 이어졌다. 세조는 괴팍한 성격이었지만 조정을 장악하고 난세를 극복하는 능력은 탁월했다. 그러나 문제가 있었다. 그는 어릴 때부터 앓아오던 아토피로 고생이 이만저만이 아니었고, 설상가상으로 왕위를 계승할 장남 의경세자마저 횡사했다. 거기다 세자 자리를 이어받은 둘째 황(예종)마저 병약하여 왕실의 앞날을 어둡게 했다. 세조는 죽을 때까지 이 문제를 걱정했다. 그러나 끝내 해결하지 못하고 생을 마감했다.

1468년 9월, 세조는 13년 3개월의 치세를 끝으로 세상을 떴다. 왕위는 둘째 황이 열아홉 살에 이어받았으니 그가 곧 제8대 왕 예종이다. 예종은 나이만 어렸던 것이 아니라 건강도 좋지 않았고, 성격도 예민했다. 나이로 보면 성년에 거의 이른 때라 친정해도 될 만했지만, 건강하지 않고 정치를 잘 몰랐기 때문에 누군가의 도움이 절실했다. 그래서 정희왕후 윤씨가 대비로서 수렴을 내리고 옆에 앉아 섭정했다. 흔히 말하는 수렴청정이었다.

왕권을 대리한 윤씨는 원로 중신들 위주로 조정을 꾸렸다. 그녀는 정치 원로인 삼정승을 왕의 비서기관인 승정원에 출근하게 하여 모든 정사를 함께 논의했다. 비록 섭정을 맡긴 했지만, 대비가 정사를 독점한다는 비난을 피하려고 생각해낸 고육책이었다. 이것이 이른바 원상제도였다.

원상제도는 세조가 죽기 전에 이미 마련해둔 제도였다. 예종이 어리고 병약하여 정사를 제대로 처리하지 못할 것을 예상하고 세조는 정희왕후에게 왕을 대리하여 섭정할 것을 부탁하는 한편, 한명회와 신숙주, 구치관 등의 중신들이 그녀의 섭정을 보좌하게 한 것이다. 모후 정희왕후의 섭정과 원상제도 덕분에 예종은 어렵지 않게 정사를 배워나갈 수 있었다. 그러나 왕권은 미약했고, 정희왕후의 영향력은 막강했으며, 원상들의 입김도 강력했다.

그런 상황에서 예종은 왕위에 오른 지 불과 1년 3개월 만에 죽고 말았다. 그러자 왕위 계승 문제가 복잡해졌다. 계승 1순위는 당연히 예종의 아들 제안군이었다. 하지만 제안군의 나이가 네 살이었다. 조정에서는 왕실의 법도에 따라 제안군이 왕위를 이어야 한다는 목소리가 있었지만, 왕실의 최고 어른이었던 정희왕후 윤씨는 단호하게 반대했다. 정희왕후는 이참에 일찍 죽은 의경세자의 아들에게 왕위를 물려줄 심산이었다.

의경세자의 아들은 둘이었다. 장자는 월산군이었고, 차남은 자을산군이었다. 당시 월산군은 열여섯 살이었고, 결혼도 하고 관례도 올린 상태였다. 그리고 자을산군도 결혼은 했지만 열세 살 소년이었다. 그렇다면 나이로 보나 상황으로 보나 월산군이 왕위를 계승하는 것이 자연스러웠다. 하지만 정희왕후는 월산군이 아닌 자을산군을 택했다. 이는 왕가의 법도를 어기는 행위였다. 그런데도 정희왕후는 자기 뜻을 관철시켰다.

그녀는 자신의 이런 결정은 세조의 유명에 따른 것이라고 했지만 설득력이 없었다. 세조가 죽을 당시엔 예종이 일찍 죽으리라고는 생각하지 못했기 때문이다. 그래서 늘어놓은 변명이 월산군의 건강이 좋지 않다는 말이었다. 그러나 당시 월산군은 건강했다. 그렇다면 그녀는 도대체 무엇 때문에 장손을 제치고 자을산군을 택했을까?

정희왕후가 장손 월산군이 아닌 자을산군을 택한 데에는 정치적 계산이 깔려 있었다. 우선은 한명회와의 정치적 결탁 때문이었다. 한명회는 당대 최고의 권력가였고, 예종의 장인이었으며 또한 자을산군의 장인이었다. 따라서 한명회는 당연히 월산군보다는 자을산군이 왕위를 계승하길 바랐다. 정희왕후는 이런 속내를 꿰뚫고 자을산군을 택했다. 그러나 자을산군을 택한 것이 반드시 한명회 때문만은 아니었다. 정희왕후의 입장에서 볼 때도 어린 자을산군을 택하면 자신의 섭정 기간을 더 연장할 수 있었다. 그녀는 자신의 섭정 기간이 길어야만 왕권이 안정된다고 보았다. 만약 어린 왕이 일찍 친정하면 왕권은 한명회 같은 노회한 재상들의 손안에서 놀아날 것으로 판단했던 것이다.

태평성세의 기초를 다지다

그녀는 이런 결단이 종실의 반발을 불러일으킬 수 있다고 판단하고 예종이 죽은 날 곧바로 자을산군을 왕위에 앉혔으니, 그가 곧 제9대 왕 성종이다.

정희왕후는 성종이 왕위에 오른 지 얼마 되지 않아 구성군 이준을 유배 보냈다. 구성군은 세종의 아들이자 세조의 친동생인 임영대군의 아들이었는데, 세조가 몹시 총애한 인물이다. 28세의 젊은 나이인 데다 문무를 겸비했을 뿐 아니라 열아홉 살에 무과에 합격하고, 스무 살에 이시애의 난을 평정하였으며, 이후에는 병조판서와 영의정 자리까지 거쳤다. 거기다 예종이 병으로 누웠을 땐 세간에서 왕위를 계승할 인물이라는 소문까지 떠돌았다. 정희왕후는 그가 열세 살의 어린 왕에겐 매우 위협적인 인물이라고 판단했고, 한명회를 비롯한 권신들과 사헌부의 관원들을 동원하여 그를 끈질기게 탄핵한 끝에 유배 보냈다.

이후 정희왕후는 또 하나의 결단을 내렸다. 구성군을 유배 보내면서 이후로는 종친의 관료 등용을 법으로 금지했다. 이 법이 생기기 전에는 종친도 과거를 통해 관료가 될 수 있었는데, 이 법으로 왕실과 16촌 이내의 종친은 아예 과거 자체를 보지 못하게 한 것이다. 이로써 조선 초부터 신권 견제용으로 마련되었던 종친 중용 정책은 종말을 고했다.

이런 왕권 강화책 이외에도 섭정 7년 동안 그녀는 많은 일을 했다. 우선 백성들의 원망이 자자했던 호패법을 폐지하였다. 당시 백성들은 호패법을 주민을 감시하기 위한 제도로 생각했다. 호패에는 백성의 신분은 물론이고 인적 사항이 들어 있었는데, 관원들은 언제 어디서든 호패를 검사할 수 있었다. 하지만 백성 중에는 호패를 분실한 사람이 많았고, 때로는 호패를 차지 않고 외출하는 경우도 많았다. 그런데 호패를 분실하거나 몸에 지니지 않으면 처벌을 받았으니 이에 대한 불만이 커져 있었다. 정희왕후는 이런 불만을 없애기 위해 과감하게 호패법을 폐지한 것이다.

유교 문화의 정착을 위한 여러 정책도 실시했다. 숭유억불 정책의 일환으로 불교의 장례 제도인 화장 풍습을 없애는 한편, 승려의 도성 출입을 금지하고, 사대부 집안의 부녀자가 비구니가 되는 것을 금했다. 또한, 근친혼 규정을 강화하여 외촌 6촌 이내의 결혼은 금하였고, 사대부와 평민의 신분 차이를 강화하기 위해 제사 이행에 차별을 두고 4대 명절에 이를 검사하는 제도를 만들었다. 또 전국의 학생들에게 의무적으로 '삼강행실'을 배우게 하는 등 유교 문화 강화 정책을 시행했다.

민간의 경제 안정화 정책도 시행했는데 우선 고리대업을 하던 내수사의 장리소 숫자를 절반 이상 줄였으며, 각 도에 잠실을 하나씩 설치하여 농잠업을 융성시켰다. 평안도와 황해도에 목화밭을 대대적으로 조성하는 한편, 경상도와 전라도에는 뽕나무 종자를 재배하게 하여 의류업의 발달을 촉진시켰다.

이런 정책들은 모두 정희왕후 윤씨의 결단 아래 한명회, 신숙주 등의 원상들이 주도했다. 덕분에 조정은 안정되고 정치는 순탄했다. 그리고 성종이 스무 살이 되어 성년이 되자 정희왕후는 미련 없이 7년의 섭정기를 끝냈다.

그렇게 1476년에 그녀가 정치 일선에서 물러나자 성종은 친정을 하며 본격적인 개혁작업을 펼쳤다. 성종은 왕의 서무 결재에 원로대신들이 참여하였던 원상제도를 폐지하여 왕권을 되찾았다. 또한, 젊은 사림 출신 문신들을 대거 발탁하여 권신들을 견제하는 한편, 참판 이하의 모든 신하를 교체하여 권력 집중 현상을 없앴다. 이후 세조 시절의 공신 세력은 그 힘이 크게 약화하였고, 신진 사림들의 영향력이 확대되면서 공신과 외척 세력으로 이뤄진 훈척 세력과 신진 사림 세력 간에 권력의 균형을 이뤄나갔다. 덕분에 조선은 세종시대의 영화를 다시 한번 재현하는 중흥을 맞이하게 되었다.

이렇듯 성종이 과감한 혁신을 통해 태평성세의 기반을 조성하는 동안 정희왕후 윤씨는 그 어떤 정치적 발언도, 간섭도 하지 않았다. 손자 성종을 믿고 그를 강력하게 후원하는 데 주력했다. 그녀의 이런 태도는 1483년에 그녀가 66세의 나이로 죽을 때까지 변함이 없었다. 성종은 그런 할머니를 존경하고 따랐다. 그래서 실록은 그녀와 성종의 관계를 이렇게 표현했다.

국가에서 계속하여 큰 근심을 만나 모든 일이 어려움을 당하니, 태후는 성상을 보호하여 정무에 뜻을 두게 하였고, 일찍이 한가하게 놀지 못하게 하였다. 자애롭고 인자하게 양육하여 만물이 봄을 만난 것처럼 하니 수년 동안 조야가 편안하였다.

우리 전하께서는 천성이 지극히 효성스러워 매일 세 번 음식을 살피고 문안하였으며, 봉양하는 데에 정성을 다하였다. 대개 국가에 큰 일이 있으면 뜻을 물어본 후에 행하였다.

(성종 14년, 1483년 6월 12일 정희왕후의 애책문에서)

제1왕비: 장순왕후 한씨, 정략의 도구가 되다

1445~1461년

장순왕후 한씨는 세조의 책사로 불린 한명회와 그의 부인 여흥 민씨 사이에서 1445년 1월 16일에 태어났다. 아버지 한명회는 본관이 청주이며 한상질의 손자인데, 한상질은 예문관 학사로서 중국 명나라에 가서 국호를 조선으로 결정받고 돌아온 인물이다. 또한 한명회의 아버지 한기는 사헌부 감찰을 지낸 인물인데 37세에 요절하여 높은 벼슬엔 오르지 못하였다. 한명회 또한 과거에 급제하지 못하여 음서로 낮은 벼슬에 있었으나 세조와 함께 반정을 도모하여 일약 정승의 반열에 올랐다.

한명회의 부인 민씨는 민대생의 딸인데, 단종의 왕비 정순왕후의 외조부인 민소생의 형이다. 따라서 한명회의 부인 민씨와 정순왕후의 어머니 민씨는 사촌지간이다.

네 딸을 모두 정략에 이용한 아버지 한명회

한명회는 민씨에게서 4남 4녀를 낳았는데, 장순왕후는 셋째 딸이었다. 한명회는 네 명의 딸 중에 첫 딸은 신숙주의 장남 신주에게 시집보내고, 둘째 딸은 윤사로의 아들 윤반에게, 셋째 딸은 세조의 차남 예종에게, 넷째 딸은 세조의 손자 성종에게 시집보냈다. 신숙주는 세조의 최측근이었고, 윤사로 또한 계유정난에 협력한 세조의 최측근이었다. 따라서 네 명의 딸을 모두 세조 또는 세조의 최측근 핏줄들과 결혼시킨 것이다. 말하자면 딸들을 모두 철저히 정략적으로 결혼시킨 것이다.

장순왕후는 아버지 한명회의 정략에 따라 열여섯 살 때인 1460년 7월 26일에 결혼했다. 결혼 상대는 그녀보다 다섯 살이 어린 꼬마 신랑이었던 세조의 차남 황(예종)이었다. 세자 황은 1457년에 친형 의경세자가 스무 살의 나이로 요절하자 여덟 살의 나이로 '운 좋게' 세자에 책봉되었다.

원래 세자가 사망하면, 왕위계승권은 세손에게 가는 것이 왕가의 법도였다. 의경세자가 죽었을 때 그의 장자 월산대군은 세 살이었다. 월산대군은 이미 원손의 위치에 있었고, 세손으로 책봉되는 것도 무리가 아니었다. 그런데도 세조는 왕가의 법도는 제쳐 두고 둘째 아들 예종을 세자로 책봉했으니, 운이 좋았다고 한 것이다.

꼬마 신랑과 결혼하다

장순왕후는 결혼 당시 열여섯 살이었으니, 예종보다 다섯 살이나 많았다. 조선 왕가의 결혼을 통틀어 이렇게 여자 나이가 많은 경우는 없었다. 여자가 연상인 경우는 흔했지만, 대개 한두 살 정도였다. 그런데 무려 다섯 살이나 많은 여인이 왕자, 그것도 세자의 첫 결혼 상대인 경우는 없었다.

그런데도 한씨가 세자빈에 간택된 것은 세손을 절실히 바라던 세조와 정희왕후의 뜻에 의한 것이었다. 세조는 손이 귀했다. 그가 취한 여인은 적지 않았지만, 아들이라고는 정희왕후가 낳은 의경세자, 예종 그리고 근비 이씨가 낳은 덕원군과 창원군이 전부였다. 더구나 당시 장자 의경세자는 죽고 없었다. 그러니 남아있는 적자라고는 세자 황뿐이었다. 그러니 세조와 정희왕후가 빨리 손자를 보고 싶어 한 것은 당연했고, 그런 이유로 세자빈을 세자보다 다섯 살이나 많은 여자로 택했는지도 모른다. 그런데 하필 그 여인이 권신 한명회의 여식이었다. 이는 한명회의 입김이 크게 작용했음이리라.

조숙한 꼬마 신랑의 아이를 갖다

세조의 바람대로 한씨는 결혼한 이듬해인 1461년 음력 11월 30일, 적통인 인성대군을 낳았다. 그런데 이 대목이 사실이라면 매우 놀라운 일이 아닐 수 없다.

1461년 11월에 그녀가 아이를 낳았다면 인성대군 잉태 시점은 그해 2월쯤이었을 것이다. 이때 예종은 불과 열두 살이었다. 예종이 1450년 1월 14일생이니, 이때 예종의 나이는 열한 살 1개월에 불과했다. 그런데 임신을 시켰다니, 가히 믿기지 않는 일이다. 지금으로 치면 초등학교 5학년 나이인데, 발육이 좋은 요즘 아이들도 이 나이에 정자를 생산하는 경우는 많지 않다. 그런데 조선시대에 열두 살 아이가 정자를 생산하고 아이까지 잉태시켰다는 것은 정말 믿기 힘든 일이다.

또 하나 의문이 드는 것이 있다. 조선시대 왕가에서는 대개 조혼을 시켰는데, 조혼을 하면 합혼례라고 하는 절차를 하나 더 거쳐야 비로소 부부가 되었다. 합혼례는 부부가 드디어 합방하여 성관계를 갖는 행사인데, 대개 남자 나이 열다섯이 되어야 이뤄진다. 그런데 예종은 합혼례도 없이 합방했다는 얘기가 된다. 어쩌면 장순왕후가 결혼 당시 이미 열다섯 살이 넘었으므로 합혼례 과정을 거치지 않고 합방시킬 수도 있었을 듯하다.

어쨌든 열두 살, 그것도 만 나이로 열한 살 1개월에 임신을 성사시켰다는 것은 예종이 매우 조숙했거나 아니면 장순왕후가 다른 남자의 아이를 낳았거나 둘 중 하나일 것이다. 물론 당시에 세자빈이 다른 남자의 아이를 잉태했을 가능성이 거의 없다는 점을 고려한다면 예종이 신체적으로 매우 조숙했다는 점을 인정할 수밖에 없다.

불행의 씨앗

조선 왕들 중에서 예종은 가장 어린 나이에 아버지가 된 인물이다. 말하자면 장순왕후는 매우 '조숙한' 꼬마 신랑을 남편으로 맞이했던 셈인데, 이 조숙함이 그녀에게는 명을 재촉하는 불행으로 이어졌다.

장순왕후는 결혼한 지 불과 7개월 만에 임신하는 성과를 얻으며, 세조 부부가 그토록 기다리던 세손을 낳았다. 그러나 그녀는 인성대군을 출산한 지 겨우 5일 만에 산욕을 이기지 못하고 세상을 떠났다.

장순왕후의 죽음으로 예종은 불과 열두 살의 나이에 홀아비가 되었다. 조선 왕들 중 가장 어린 나이에 아버지가 된 그는 동시에 가장 어린 나이에 아내와 사별한 왕이 되고 말았다.

장순왕후의 죽음은 예종에게만 불행이 아니었다. 이는 한명회에게도 큰 충격이었다. 딸을 통해 왕의 장인이자 국구가 되어 조정을 완전히 장악하려던 그의 야심 찬 계획이 물거품이 된 것이다.

그래도 한명회는 세손이 자신의 외손자라는 사실에서 작은 희망을 품었을지도 모른다. 그러나 그렇게 귀하게 여겼던 세손 인성대군마저 나이 세 살에 세상을 떠났다. 이로써 국구가 되려던 한명회의 꿈은 사실상 완전히 무너지고 말았다.

제2왕비: 안순왕후 한씨,
미미한 존재감 덕에 탈 없이 살다

1445~1498년

아내를 잃은 세자 이황은 세자빈 한씨를 떠나보낸 지 6개월 후인 1462년 6월 11일에 또 다른 아내를 맞이했는데, 세자빈이 아니라 세자의 후궁인 소훈(세자궁에 딸린 종5품 후궁)으로 맞이했다. 대개 세자빈이 죽거나 폐출되면 다시 세자빈을 들이는 것은 왕실의 상례였는데, 새로운 세자빈을 뽑지 않고 후궁을 들인 것은 아마도 세자빈의 삼년상이 지나지 않았기 때문일 것이다.

그런데 세자 황이 이번에는 아이를 잉태시키지 못했다. 당시 황의 나이는 열세 살, 소훈 최씨는 아마도 두 살쯤 많은 열다섯 살 정도도 되지 않았을까 싶다. 어쨌든 황은 그녀에게서 자식을 보지 못했다.

예종에게 두 번째로 자식을 안겨준 여자는 최씨가 아니라 한백련의 딸이었는데, 그녀가 훗날 예종의 왕비가 되는 안순왕후 한씨다.

한백련의 딸이 세자 황의 후궁이 된 것은 세조 9년(1463년) 윤7월 6일이었다. 1445년 3월 12일생이니, 당시 나이 열아홉이었다. 소훈 최씨가 후궁이 된 후 1년이 되었는데도 아이를 갖지 못하자, 새로운 후궁을 맞이한 것이다. 이때 세자 황의 나이가 열네 살이었으니, 그녀 또한 장순왕후처럼 황보다 다섯 살 연상이었다. 세조 부부는 이번에도 아들보다 다섯 살이나 많은 며느리를 들여 손자를 얻으려 한 것이다. 이 당시엔 인성대군도 살아 있었지만 세손 하나로 만족할 수 없었던 모양이다.

결혼 당시 한백련은 사옹원 별좌였다. 별좌란 벼슬은 종5품의 무록관이다. 무록관이란 녹봉 없이 벼슬만 있는 관직을 말한다. 그는 1444년 열여덟 살에 일찍 문과에 급제하여 관직에 나왔지만 급제 후 20년이나 지난 뒤까지 무록관에 머물렀던 것을 보면 촉망받거나 유력한 인물은 아니었던 모양이다. 즉, 별 볼 일 없는 인물이었다는 뜻이다. 하지만 한명회와는 10촌 간으로 청주 한씨 가문이었다. 따라서 그의 딸이 소훈이 된 것도 한명회의 입김이 작용한 것으로 보인다.

어쨌든 그녀는 비록 후궁이지만 청주 한씨 가문의 영향력에 힘입어 열아홉 살에 다섯 살 어린 신랑과 결혼하였다. 예종의 세 번째 여인이 된 셈이다.

세자의 후궁에서 곧바로 왕비에 책봉되다

소훈 한씨는 임신을 잘하는 여인이었던 것 같다. 그녀는 시집 온 1463년에 첫아이를 잉태한 후로 1469년 예종이 죽을 때까지 모두 2남 2녀를 낳았다. 그러니까 1464년부터 1469년까지 5년 동안 거의 매년 아이를 낳은 셈이다.

그녀의 첫아이는 훗날 임사홍의 아들 풍천위 임광재에게 시집 가는 현숙공주였다. 한씨가 첫아이 현숙공주를 잉태한 것은 소훈 이 된 직후였으니, 1463년이었다. 이때 세자 황은 열네 살이었다.

현숙공주 다음으로 마침내 1466년 2월에 아들을 낳았는데, 그가 곧 제안대군 현이었다. 현 다음에도 딸 하나를 더 낳았으나 일찍 죽었고, 1468년에도 혜순공주를 낳았으나 역시 두 살 때 죽 었다.

어쨌든 그녀는 여러 자녀를 낳은 공덕으로 예종이 왕위에 오 른 직후 왕비로 책봉되었다. 그녀가 왕비로 책봉된 결정적인 이유 는 제안대군을 낳았기 때문이다. 1466년, 제안대군이 태어났을 당 시 예종의 첫아들인 인성대군은 이미 세상을 떠난 상태였다. 따라 서 예종을 이을 유일한 아들이 제안대군이었던 것이다.

세조는 죽기 하루 전, 왕위를 예종에게 넘기며 유언으로 제 안대군의 어머니인 한씨를 왕비로 책봉하라고 명했다. 세조의 왕 비 정희왕후 역시 이 결정에 찬성했다. 이러한 배경 덕분에 한씨는 1468년 9월, 남편 예종이 왕위에 오르자마자 왕비로 책봉될 수 있었다.

조선 왕조사에서 세자빈의 과정을 거치지 않고 세자의 후궁으로 있다가 바로 왕비에 책봉된 여인은 한씨가 유일했다. 이는 그녀에게 있어 대단한 행운이 아닐 수 없었다.

짧은 왕비 시절, 오랜 뒷방 생활

그러나 그녀의 행운은 오래가지 못했다. 예종은 재위 1년 2개월 만인 1469년 11월에 병사했고, 그녀의 중궁 생활도 그와 함께 막을 내렸다. 이때 그녀의 아들 제안대군 현은 겨우 네 살에 불과했기 때문에 왕위를 이을 수 없었고, 결국 왕위는 의경세자의 차남 자을산군(성종)에게 넘어갔다.

이후 한씨는 뒷방으로 물러나며 인혜대비로 불리게 되었다. 중궁의 자리를 떠난 것도 서러운 일이었지만, 그녀는 이후 성종의 어머니인 인수대비 한씨에 밀려 소외된 삶을 살아야 했다.

인수대비는 의경세자의 세자빈이었으나, 의경세자가 요절하면서 왕비에 오르지 못하고 대궐 밖으로 나가야 했다. 그러나 차남 성종이 왕위에 오르면서 남편 의경세자는 덕종으로 추존되었고, 이에 따라 인수대비도 왕비의 지위를 가지게 되었다. 또한 아들이 왕위에 오른 덕분에 그녀는 인수대비로 불리게 되었다.

세조의 왕비 정희왕후(대왕대비)는 왕실의 서열을 정하면서 인수대비의 서열을 인혜대비(안순왕후)보다 높게 정했다. 사가의 법도에 따르면 손위 동서인 인수대비의 서열이 더 높아야 한다는 논리였지만, 왕가의 관례로 보자면 중궁을 거쳤고 먼저 대비가 된 인혜대비가 더 높은 서열에 위치해야 했다. 그러나 대왕대비는 이를 무시하고 사가의 법도에 따라 인수대비를 인혜대비보다 우위에 두었다.

이렇듯 안순왕후는 궁궐에서 존재감이 미약했고, 정치적 입지도 매우 약했다. 인수대비가 성종과 연산군 대에 걸쳐 여러 방면에서 정치적 영향력을 발휘한 것과 달리, 안순왕후는 조용히 살아갔다.

그녀의 대비 생활은 1469년 11월 중궁에서 물러난 이후 1498년 12월에 사망할 때까지 약 30년 동안 지속되었다. 화려했던 14개월간의 왕비 생활에 비해 지나치게 긴 뒷방 생활이었다.

제1왕비: 공혜왕후 한씨,
건강 문제로 요절한 비운의 왕비

1456~1474년

공혜왕후 한씨는 한명회의 넷째 딸로, 예종의 왕비였던 장순왕후의 친동생이다. 그녀는 1456년 10월 11일에 태어났으며, 1467년에 세조의 맏아들 의경세자와 인수대비 한씨의 차남인 자을산군 이혈(훗날 성종)과 결혼했다. 결혼 당시 그녀는 열두 살, 이혈은 열한 살이었다.

결혼 당시만 하더라도 이혈이 왕위에 오를 것이라고는 아무도 예상하지 못했으며, 따라서 그녀가 왕비가 될 가능성 또한 전혀 없었다. 만약 예종이 일찍 죽더라도 그의 아들 제안대군이 너무 어려 왕위를 잇지 못한다면, 왕위는 의경세자의 장남 월산대군에게 넘어갈 가능성이 컸다. 당시 왕위 계승 서열로 보자면, 제1순위는 예종의 아들 제안대군, 제2순위는 월산대군, 제3순위가 자을산군이었다.

기어코 국구의 자리를 꿰찬 한명회

그러나 예종이 죽었을 당시 제안대군은 겨우 네 살이었고, 월산대군은 건강이 좋지 않다는 이유로 왕위를 계승하지 못했다. 이로 인해 왕위 계승 순위에서 한참 밀려 있던 자을산군이 왕위에 올랐고, 공혜왕후 한씨는 왕비가 되었다.

사실, 월산대군의 건강 문제는 자을산군을 왕위에 올리기 위한 핑계였을 가능성도 있다. 당시 자을산군의 장인은 조선의 실권자인 한명회였기 때문이다. 예종이 죽었을 당시 월산대군 이정의 나이는 열여섯 살, 자을산군의 나이는 열세 살로, 두 사람 모두 미성년자였기에 누가 왕위에 올라도 할머니 정희왕후(윤씨)의 섭정을 받아야 하는 상황이었다. 더불어 조정에서 강력한 권력을 가진 신하의 지원이 필수적이었다. 정희왕후는 조정의 최고 실세였던 한명회의 협력을 얻기 위해 자을산군을 선택했다. 결국 자을산군의 왕위 계승은 정희왕후와 한명회의 결탁으로 이루어진 셈이었다.

이로써 한명회는 셋째 딸 장순왕후의 죽음으로 놓쳤던 국구國舅(임금의 장인)의 자리를 넷째 딸 공혜왕후를 통해 차지할 수 있게 되었다. 한명회는 조정의 제일 실세에다 국구의 자리까지 차지하며 절대적인 권력을 얻게 되었고, 그의 권력을 넘보는 신하는 더는 나타날 수 없게 되었다.

열아홉 젊은 나이로 요절하다

하지만 한명회는 역시 국구와는 인연이 별로 없었던 모양이다. 셋째 딸의 이른 죽음으로 놓쳐버렸던 국구의 영예는 이번에도 오래가지 못했다. 국구가 힘을 가지려면 무엇보다도 왕비가 된 딸이 세자를 낳아야 하는데, 공혜왕후는 그러지 못했다. 설상가상으로 왕비가 된 후 시름시름 앓기 시작하더니, 1473년에는 병이 너무 깊어져 친정으로 요양을 가야 할 처지가 되었다.

다행히 친정으로 피접 간 공혜왕후는 어느 정도 건강을 회복하여 궁궐로 돌아왔지만, 얼마 지나지 않아 다시 병이 도지고 말았다. 이후 그녀의 병은 점점 악화되었고, 결국 1474년 4월 열아홉 젊은 나이로 생을 마감하고 말았다. 이로써 한명회는 또다시 국구의 자리를 놓치고 말았다.

제2왕비: 폐비 윤씨,
집단 공격에 시달리다 한을 품고 죽다

1455~1482년

성종은 왕비 한씨가 건강이 좋지 않아 아이를 잉태하지 못하자, 여러 후궁을 동시에 맞아들였다. 그가 후궁들을 본격적으로 들이기 시작한 때는 1473년부터였는데, 공혜왕후가 병석에 누워 사경을 헤매기 시작하자, 후궁들 사이에 암투가 벌어졌다. 관건은 그들 중 누가 왕비가 되느냐 하는 것이었다. 그런 가운데 이혈의 두 번째 비로 결정된 여인은 윤기견의 딸 윤씨(연산군의 생모)였다.

그녀는 1473년 4월 15일에 후궁에 간택되어 입궁했는데, 성종이 그녀를 몹시 총애했다. 그녀는 성종보다 두 살 연상이었으니, 입궁 당시 열아홉 살이었다. 이후 그녀는 곧 임신했다. 성종의 첫 번째 아이를 잉태한 터라 왕실은 들떴다. 모두 왕자를 출산하길 학수고대했다. 그러나 이듬해 태어난 아이는 딸이었다. 설상가상으로 아이는 일찍 죽고 말았다. 이후 그녀는 아이 잃은 슬픔을 딛고 또다시 임신했다. 덕분에 그녀는 그해 7월 31일에 왕비에 책봉되었다. 이후 그녀는 11월에 아들 융(연산군)을 낳음으로써 중전의 위상을 강화했다.

후궁들의 전쟁에서 승리하여 왕비가 되다

하지만 당시 스무 살 청년이었던 이혈은 여러 후궁을 거느리며 중전 윤씨를 불안하게 했다. 당시 윤씨는 부모가 모두 죽고 없는 상황이었고, 집안도 탄탄하지 못했다. 그나마 외가가 세조의 최측근이었던 신숙주 집안이라는 것을 위안으로 삼는 정도였다. 그 때문에 오직 믿을 사람은 남편 이혈과 아들뿐이었다. 그런데 남편이 매일같이 다른 후궁 처소를 드나들자 그녀는 불안감에 시달렸다. 후궁 중에 누가 아들이라도 낳으면 혹 자기와 아들 융이 쫓겨나는 것은 아닐까 하는 염려 때문이었다.

당시 성종은 숙의 윤씨(정현왕후, 중종의 모후)와 궁녀 하씨에게 눈이 팔려 있었다. 그리고 급기야 1478년에 그녀들은 모두 아이를 낳았다. 다행히 윤씨는 아들이 아닌 딸을 낳았고, 궁녀 하씨는 아들을 낳았다. 사실, 궁녀 하씨는 중전의 라이벌은 아니었다. 중전 윤씨의 최대 라이벌은 역시 숙의 윤씨였다.

숙의 윤씨는 중전 윤씨보다 3개월 늦게 후궁이 되어 입궁했다. 그녀의 집안은 중전 윤씨와 비교도 되지 않을 정도로 화려했다. 본관은 대왕대비 정희왕후와 같은 파평이었고, 성종의 생모 인수대비와도 가까운 사이였다.

연적들의 반격

한편, 남편 이혈은 끊임없이 후궁의 수를 늘려나갔고, 중전 윤씨는 그들 후궁에 대한 경계를 더욱더 강화했다. 후궁 중에는 중전 윤씨를 시기하고 질투하여 숙의 윤씨 편을 드는 이들도 있었다. 물론 인수대비의 입김 때문이었다. 그 대표적인 여인들이 후궁 정씨와 엄씨, 권씨 등이었다. 그녀들은 모두 한미한 가문에서 태어난 궁녀 출신이었는데, 몇 번에 걸쳐 중전 윤씨에게 불려가 혼이 난 적이 있었다. 시쳇말로 본처와 첩 간의 전쟁이 벌어진 셈인데, 그 첩들이 연대하여 본처를 공격하기 시작한 것이다. 하긴 어차피 그 본처라는 여인도 첩 출신이었으니, 그들이 그런 마음을 갖는 것도 어쩌면 당연했으리라.

그런 가운데 후궁 권씨가 성종에게 투서를 올렸다. 그 투서는 누군가가 후궁 권씨의 집 마당에 던진 것이었는데, 투서의 내용은 후궁 엄씨와 정씨가 왕비와 원자를 해치려 한다는 것이었다. 이 일로 궁중은 발칵 뒤집혔고, 결국 범인은 후궁 정씨로 결론이 났다.

하지만 당시 정소용은 임신하고 있었기 때문에 벌을 줄 수 없는 상황이라 유야무야 넘어가고 말았다.

그런 상황에서 이번에는 왕비의 방 안에서 비상과 방술서가 발견되었다. 이 물건을 발견한 사람은 다름 아닌 성종이었다. 물론 누군가의 제보를 받고 중전의 방을 뒤진 끝에 찾아낸 것이었다.

자식을 남겨두고 폐출되다

이 사건을 빌미로 성종은 중전 윤씨를 폐출할 결심을 한다. 그래서 성종 10년(1479년) 6월 2일에 중신들을 모아놓고 이런 말을 하였다.

"궁중의 일을 경들에게 말하는 것은 진실로 부끄러운 일이라 하겠다. 그러나 일이 매우 중대하므로 말하지 않을 수가 없다.

지금 중궁이 하는 행동은 가히 말하기 어려울 지경이다. 내간에는 시첩(후궁)의 방이 있는데, 일전에 내가 마침 이 방에 갔는데 중궁이 아무 연고도 없이 들어왔으니, 어찌 이와 같이 하는 것이 마땅하겠는가? 예전에 중궁의 실덕이 심히 커서 일찍이 이를 폐하고자 하였으나, 경들이 모두 다 불가하다고 말하였고, 나도 뉘우쳐 깨닫기를 바랐는데, 지금까지도 오히려 고치지 아니하고, 혹은 나를 능멸하는 데까지 이르렀다.

중궁의 실덕이 한 가지가 아니니, 만약 일찍 도모하지 않았다가 뒷날 큰일이 벌어져 후회해도 소용없을 것이다. 그래서 이제 마땅히 폐하여 서인을 만들겠는데, 경들은 어떻게 여기는가?"

이런 폐비 결정에 대해 삼정승 중에 윤필상과 정창손은 찬성했고, 한명회는 반대했다. 하지만 한명회 역시 적극적으로 말리지는 않았다.

하지만 승지 김계창은 강하게 반대하며 이렇게 말했다.

"모시던 귀빈이 비록 죄를 지었다 하더라도 사제로 돌려보내지 아니하는데, 하물며 왕비이겠습니까? 원컨대 그대로 두고 여러 번 생각하소서."

하지만 성종은 화를 내며 말했다.

"경들은 출궁할 여러 가지 일만 주선하면 그만인데, 무슨 말이 많은가?"

결국, 이렇게 해서 그는 두 번째 아내를 내쫓고 말았다.

며느리를 죽음으로 내몬 시어머니

그런데 성종은 윤씨를 폐출하긴 하나, 원자의 생모인 탓에 죽이려는 마음은 없었다. 그런데 쫓겨난 뒤에도 반성하는 빛이 전혀 없다며 결국 죽이게 되는데, 그와 관련하여 《기묘록》(김육이 편찬한 기묘사화에 관한 책)에 이런 기록이 남아 있다.

윤씨는 폐위되자, 밤낮으로 울어 끝내는 피눈물을 흘렸는데, 궁중에서는 훼방과 중상함이 날로 더하였다. 임금이 내시를 보내어 염탐하게 했더니 인수대비가 그 내시를 시켜 이렇게 말하게 했다.

"윤씨가 머리 빗고 낯 씻어 예쁘게 단장하고서 자기 잘못을 뉘우치는 뜻이 없다."

임금은 드디어 그 참소를 믿고 벌을 더 주었던 것이다.

《기묘록》은 이렇듯 윤씨의 폐출과 죽음의 배경엔 시어머니인 인수대비 한씨의 역할이 컸다고 보고 있다. 이는 한씨가 그녀를 내쫓고 정현왕후를 중전으로 삼기 위해 여러 음모를 꾸몄음을 시사한다. 결국, 시어머니와 며느리의 전쟁에서 시어머니가 승리를 거둔 셈이다.

제3왕비: 정현왕후 윤씨, 가문 덕에 왕비가 된 운 좋은 여인

1462~1530년

성종의 둘째 왕비 윤씨가 쫓겨나는 데 결정적인 역할을 한 인물은 성종의 어머니 인수대비 한씨였다. 인수대비가 윤씨를 내쫓으려고 혈안이 된 것은 그녀의 시어머니인 자성대비(정희왕후)와 밀접한 관련이 있다.

폐비 윤씨가 쫓겨나고 성종의 세 번째 왕비가 된 여인은 정현왕후 윤씨였다. 정현왕후는 본관이 파평인데, 당시 대왕대비였던 자성대비와 한집안이었다. 자성대비의 아버지는 윤번인데, 윤번은 정현왕후의 증조부인 윤곤의 사촌 동생이었다. 이 윤곤의 손자가 정현왕후의 아버지인 윤호인데, 그는 자성대비의 아버지인 윤번의 재종손이었다. 그러니 자성대비와 정현왕후는 매우 가까운 친족

이었다. 따라서 자성대비는 정현왕후를 성종의 왕비로 삼고 싶었
을 것이다.

인수대비의 큰 그림

　그런데 정작 폐비 윤씨를 내쫓는 일에 앞장선 사람은 자성대
비가 아니라 인수대비 한씨였다. 왜 그랬을까? 그녀는 시어머니인
자성대비와 모종의 결탁이라도 한 것일까? 인수대비가 폐비 윤씨
를 내쫓고 정현왕후를 왕비로 삼으려 했던 데에는 두 가지 이유가
있었다.
　인수대비는 자성대비의 호감을 사야 했다. 첫 번째 이유는 그
녀가 자성대비에게 신세를 졌기 때문이다. 그녀는 세조의 맏며느
리로 세자빈에 책봉되었지만, 의경세자가 일찍 죽는 바람에 왕비
가 될 수 없었다. 그래서 성종은 예종의 양자로 입적하여 왕위를
이었는데, 그 때문에 인수대비는 대비의 칭호를 얻을 수 없었다.
또 그 때문에 아랫동서인 예종의 계비 안순왕후보다 서열상 아래
에 놓일 수밖에 없었다. 이 일로 성종이 왕위에 오른 후에 인혜대
비와 인수대비 사이에 일종의 서열 다툼이 일어나기도 했다. 그래
서 인수대비로서는 대비의 자리에 오르는 것이 최대의 숙원사업
이었다.
　그녀가 대비의 자리에 오르기 위해서는 성종이 예종의 양자

가 아닌 의경세자의 아들로서 왕위를 이어야 했다. 그리고 의경세자를 왕으로 추존해야만 그녀는 왕비에 이어 대비의 자리에 오를 수 있었다. 또 그 권한은 궁중의 최고 어른인 자성대비에게 있었다. 자성대비는 기꺼이 의경세자를 덕종으로 추존하는 일에 동의했다. 덕분에 인수대비는 왕비의 칭호를 얻고 다시 대비의 자리에 오를 수 있었다. 말하자면 인수대비는 자성대비에게 일종의 빚을 졌고, 함안 윤씨를 내쫓고 파평 윤씨를 새 왕비로 세움으로써 그 빚을 갚은 셈이었다.

두 번째 이유는 인수대비도 파평 윤씨와 인척 관계였다는 점이다. 인수대비의 어머니는 남양 홍씨인데, 홍씨의 남동생, 즉 인수대비의 외삼촌인 홍원용의 부인은 파평 윤씨였다. 말하자면 외숙모가 파평 윤씨였다는 것이다. 따라서 인수대비와 파평 윤씨는 인척 관계의 집안이었다.

이는 인수대비와 시어머니 자성대비도 인척 관계로 얽혀 있는 사이였음을 의미한다. 그 때문에 인수대비는 폐비 윤씨 집안인 함안 윤씨보다는 파평 윤씨에게 훨씬 호의적일 수밖에 없었다.

이렇듯 폐비 윤씨의 폐출과 죽음의 배경에는 파평 윤씨와 함안 윤씨가 왕비 자리를 놓고 벌인 처절한 경쟁이 자리하고 있었다. 또한 정현왕후의 왕비 책봉은 함안 윤씨에 대한 파평 윤씨의 승리를 의미하는 것이기도 했다.

불안과 공포 속에서 보낸 연산군 시절

시어머니와 시할머니의 적극적인 도움으로 왕비가 된 정현왕
후는 윤호와 담양 전씨 사이에서 1462년 6월 25일에 태어났다. 그
녀가 성종의 후궁이 되어 입궁한 것은 열두 살인 1473년 6월 14일
인데, 당시 그녀가 받은 벼슬은 종2품 숙의였다. 그리고 그녀가 처
음 아이를 낳은 것은 열일곱 살 때인 1478년인데, 이때 낳은 아이
가 중종의 누나 순숙공주였다.

후궁 시절, 그녀는 폐비 윤씨의 가장 강력한 연적이었으나, 직
접 나서서 폐비와 다툼을 벌인 적은 없었다. 정작 폐비와 대립한
후궁들은 소용 정씨, 숙의 엄씨, 숙의 권씨 같은 여인들이었다. 사
실 윤씨는 직접 싸울 필요도 없었다. 그녀를 대신해 시할머니와 시
어머니가 폐비 윤씨를 공격하고 있었기 때문이다. 그리고 마침내
그들의 공략으로 폐비 윤씨가 쫓겨나자, 그녀는 1480년 11월 열아
홉의 나이로 성종의 세 번째 왕비에 책봉되었다.

왕비가 된 후, 그녀는 폐비 윤씨의 아들이자 세자 융(연산군)을
돌보는 한편, 1488년에는 진성대군 이역(중종)을 낳는 등 비교적 무
난한 세월을 보냈다. 그러나 1494년, 남편 성종이 죽고 연산군이
즉위하면서 공포와 불안 속에서 살아야 했다.

연산군은 즉위 후 정현왕후(당시 자순대비)가 자신의 생모가 아
니라는 사실을 알게 되었고, 생모의 죽음에 그녀가 깊이 관여했다
는 사실도 알아내게 된다. 이후 연산군은 갑자사화를 일으켜 폐비

윤씨 사건과 관련된 사람들을 무참히 죽였고, 그 과정에서 인수대비를 머리로 받아 절명하게 했다. 또한 정현왕후를 죽이겠다며 장검을 들고 설치기도 했다. 하지만 연산군은 차마 자신을 길러준 계모인 정현왕후를 죽이지 못했다.

그러나 이후 연산군은 정현왕후의 아들 진성대군을 위협하며 정현왕후를 불안과 공포 속으로 몰아넣었다. 당시 연산군은 반란을 몹시 염려하고 있었고, 진성대군이 반란군의 우두머리가 될 수 있다는 생각에 늘 감시하고 있었다. 그러다 보니 정현왕후는 아들 진성대군이 연산군으로부터 변을 당할까 노심초사했는데, 그러던 중에 박원종이 반정을 일으켰다. 연산군은 폐위되었고, 그 덕분에 정현왕후와 진성대군은 무사할 수 있었다. 또한 박원종 무리의 추대로 진성대군이 즉위함으로써 그녀는 죽음에 대한 불안과 공포에서 완전히 벗어나게 되었다.

작서의 변에 의견을 내다

중종 즉위 후 정현왕후(당시 자순대비) 윤씨는 비교적 조용하고 편안하게 지냈다. 평소 성격이 유순하고 나서기를 좋아하지 않아 중종의 정치에 관여하는 일은 거의 없었다. 하지만 작서의 변이 일어났을 때는 중종의 후궁 경빈을 죽이는 단호한 면모를 드러내기도 했다.

작서의 변은 1527년(중종 22년) 2월 26일에 발생한 사건이다. 이날은 왕세자 호(인종)의 열두 번째 생일이었는데, 세자의 침실 바깥에서 불에 지져져 죽은 쥐가 발견되었다. 쥐는 사지가 다 잘린 채로 세자의 침실 밖에 매달려 있었는데, 발견 당시에는 큰 문제가 되지 않았다. 그러나 한 달 뒤인 3월 말, 세자 호의 외조부인 윤여필이 조정 대신들에게 이 사실을 알리면서 본격적으로 일이 커졌다. 윤여필은 우의정인 심정에게 알렸고, 심정은 다시 좌의정인 이유청에게 전달했으며, 이유청은 이를 중종에게 고했다.

중종은 이 말을 듣고 즉각 주모자를 색출하라고 엄명을 내렸다. 범인 색출 과정에서 현장을 처음 목격한 창빈 안씨의 종 내은덕은 물론이고, 세자궁의 은금과 중월, 무수리 현비 등이 문초를 받았다. 사실, 세자궁뿐 아니라 대전 근처에서도 눈과 코, 입이 지져지고 꼬리가 반쯤 잘린 쥐가 발견되었다. 이는 누군가를 저주하는 주술 행위였고, 그 대상이 왕과 세자였으므로 범인은 역모죄를 저지른 것과 다름없었다.

결국, 이 사건은 궁궐과 조정을 발칵 뒤집었고, 급기야 후궁 두 사람이 용의선상에 올랐다. 그들은 귀인 홍씨(훗날의 희빈 홍씨)와 경빈 박씨였다. 두 사람 중 경빈 박씨가 더 유력한 용의자로 떠올랐다. 경빈 박씨의 둘째 딸인 혜순옹주의 여종들이 인형을 만들어 쥐를 지진 일을 발설하면 죽이겠다고 하며 인형을 참수하는 흉내를 냈다는 말이 돌았다. 이에 자순대비(정현왕후)가 교지를 내려 이 말을 조정에 알렸고, 결국 경빈 박씨와 혜순옹주의 여종들이 모두 의금부로 잡혀가 형신을 당했다. 하지만 그녀들은 아무도 자백하지 않았다. 그럼에도 여러 대신들의 요청을 이기지 못하고, 중종은 경빈 박씨와 자신의 서장자 복성군을 폐하여 서인으로 강등하는 조치를 내렸다. 이후 그들은 유배된 후 중종이 내린 사약을 받고 죽었다.

이렇듯 한바탕 소란이 일어난 작서의 변 당시 왕실의 어른으로서 한 번 나선 것 외에는 정현왕후가 간여한 사건은 없었다. 사실, 작서의 변 당시 그녀는 단지 경빈이 의심스럽다는 말을 했을 뿐, 경빈이 범인이라고 확정지은 적은 없으며, 경빈과 복성군을 내쫓고 죽이는 것을 반대했던 입장이었다. 그만큼 그녀는 누군가를 죽이고 공격하는 데 능하지 않았던 사람이다.

그녀는 작서의 변 이후 3년을 더 살다가 1530년(중종 25년) 69세를 일기로 생을 마감하였다. 고희에 가까운 나이까지 살았으니, 당시로서는 꽤 장수한 편이었다.

폐비 신씨,
남편 탓에 모든 것을 잃은 왕비

1476~1537년

연산군의 부인 폐비 신씨는 1476년 11월 29일에 아버지 신승선과 어머니 전주 이씨 사이에서 태어났다. 그녀의 아버지 신승선의 본관은 거창이며 그의 집안은 조선 왕실과 밀접한 인척 관계를 맺고 있었던 명문가였다.

신승선은 세종의 아들 임영대군의 딸 중모현주 이씨와 결혼하여 왕가의 사위가 되었고, 그의 장남 신수근은 인수대비의 오촌 조카와 결혼했으며, 셋째 아들 신수영은 예종의 왕비인 안순왕후의 여동생과 혼인했다. 이처럼 신승선은 왕실과 이중의 인척 관계를 형성하며 가문의 입지를 굳혔는데, 넷째 딸인 폐비 신씨를 성종의 세자 융(연산군)과 결혼시킴으로써 왕실과의 관계를 더욱 공고히 다졌다.

아버지와 왕실의 결탁으로 얻은 왕비 자리

신씨가 동갑내기 세자 융과 결혼하여 세자빈이 된 것은 열세 살이던 1488년 1월이었다. 그녀가 세자빈으로 내정된 것은 그보다 1년 전인 1487년 3월이었다. 별도의 간택령 없이 내정된 것을 보면, 인수대비와 신승선 사이에 사전에 모종의 약속이 있었던 것으로 추정된다.

당시 신승선의 장남 신수근은 인수대비의 친정 쪽 사위였다. 신수근의 첫 부인은 세조의 측근 권람의 딸이었으나 그녀가 요절하자 두 번째 부인을 맞이했는데, 그 두 번째 부인이 바로 인수대비의 친정 사촌 오빠 한충인의 딸이었다. 따라서 인수대비와 신승선은 사돈 관계였으며, 이러한 인척 관계가 신씨와 연산군이 결혼하게 된 배경이 되었던 것이다.

세자 융과 혼인한 신씨는 1491년에 큰딸 휘신공주를 낳았고, 3년 뒤인 1494년(성종 25년)에는 첫아들 원손을 낳았다. 그러나 원손은 태어난 지 한 달 만에 요절했다. 같은 해 12월 성종이 사망하자, 연산군이 즉위하며 신씨 역시 왕비에 올랐다.

남편의 폭정과 연달아 죽은 자식들

왕비가 된 신씨는 몇 년간 비교적 평온한 시간을 보냈다. 비록 1495년에 낳은 딸이 요절하며 큰 슬픔을 겪었지만, 1497년에는 왕세자인 황(훗날의 폐세자)을 낳아 왕위 계승의 안정성을 확보했다. 그러나 1498년(연산군 4년), 무오사화가 발발하면서 연산군의 폭정이 본격적으로 시작되었고, 이후로 그녀의 삶은 늘 살얼음판 위의 삶이었다.

무오사화 당시 연산군은 사림 세력을 만사를 간섭하는 존재로 간주하며 대대적으로 숙청했다. 이후 왕의 행동에 제동을 거는 언론의 기능이 마비되자 연산군은 향락에 빠져들었고, 패륜적인 행동을 서슴지 않았다. 장녹수를 비롯한 기생 출신 후궁들에게 심취했으며, 심지어 비구니를 겁탈하는 등 비도덕적인 행위를 자행했다.

이런 혼란 속에서도 연산군은 왕비 신씨를 소홀히 대하지 않았고, 그녀는 계속 자녀를 낳았다. 1500년에는 셋째 아들 창녕대군 성을 낳았고, 1501년에는 넷째아들 인수를 낳았으며, 1502년에는 다섯째 아들을 출산했다. 그러나 넷째 아들 인수는 세 살이 되던 1503년에 요절했고, 다섯째 아들도 태어난 지 얼마 되지 않아 세상을 떠났다. 신씨는 모두 5남 3녀를 낳았지만, 그중 3남 2녀가 어린 나이에 요절했다.

남편의 폭정과 패륜 속에서 불안을 견디며 살아가던 신씨는 연이어 자식들을 잃는 비극까지 겪으며, 고통스러운 왕비 시절을 보내야 했다.

살인귀가 된 왕, 목숨 걸고 만류하는 왕비

연산군의 폭주는 1504년 갑자사화에 이르러 극에 달했다. 생모 폐비 윤씨의 죽음이 할머니 인수대비와 부왕 성종의 후궁들, 그리고 조정의 권신들이 결탁한 결과라는 사실을 알게 된 연산군은 미친 듯이 날뛰었다. 그는 부왕의 후궁들과 그 자녀들을 무참히 살육하고, 생모의 죽음과 관련된 신하들을 무자비하게 처형했다. 또한 이미 사망한 사람이라도 묘를 파내어 백골의 목을 베는 부관참시를 감행했으며, 관련된 자들의 자제와 제자들까지 죽이거나 유배 보냈다.

그리고 마지막으로 연산군의 칼날은 결국 자신을 키워준 계모 정현왕후 윤씨(자순대비)와 할머니 인수대비를 향했다. 그는 칼을 들고 인수대비와 자순대비의 처소로 달려가 그들을 나오라고 고래고래 소리를 지르며 위협했다. 만약 이때 누군가가 그를 만류하지 않았다면, 그의 칼에 할머니와 계모의 목이 달아났을지도 모를 상황이었다.

연산군을 가로막고 목숨을 걸고 만류한 사람은 다름 아닌 왕비 신씨였다. 그녀의 만류 덕분에 정현왕후는 화를 면할 수 있었다. 하지만 연산군은 인수대비의 처소로 난입해 그녀를 머리로 들이받았고, 결국 인수대비는 그 충격으로 목숨을 잃고 말았다.

생모의 처참한 죽음에 대한 진실을 알게 된 연산군은 눈이 뒤집혀 미친 듯이 날뛰었지만, 왕비 신씨에 대해서는 전혀 적개심을 드러내지 않았다. 오히려 갑자사화 이후 옥책문을 내려 그녀의 행실과 덕성을 칭찬하기까지 했다.

그러나 연산군의 폭주는 날로 심해졌으며, 그의 패륜 행각도 점점 극단으로 치달았다. 왕비 신씨는 죽을 힘을 다해 연산군을 만류하곤 했으나, 그의 폭주는 멈출 줄을 몰랐다.

남편과 자식을 잃고 보낸 쓸쓸한 여생

연산군의 폭주는 1506년 일어난 중종반정으로 종지부를 찍었다. 박원종 등을 중심으로 한 반정 세력에 의해 연산군은 폐위되어 강화도 교동도로 유폐되었고, 그곳에서 결국 생을 마감했다. 그의 세자 황(폐세자)은 강원도 정선으로 유배되었다가 사약을 받고 죽었으며, 황해도 수안으로 유배된 셋째 아들 창녕대군 역시 사약을 받고 목숨을 잃었다.

이처럼 그녀의 남편과 두 아들은 모두 죽음을 맞이했지만, 다행히 장녀 휘순공주는 살아남았다. 휘순공주는 구수영의 아들 구문경에게 시집갔는데, 중종반정 당시 구수영이 반정군의 편에 섰던 덕분에 그녀와 가족은 화를 면할 수 있었다.

한편, 왕비 신씨는 궁궐에서 쫓겨나 친정으로 돌아가 머물게 되었다. 연산군은 비록 폭군이었으나, 반정 세력은 그녀에 대해 특별히 적대감을 드러내지 않았다. 덕분에 신씨는 유배를 면하고 친정집에 유폐되는 것으로 마무리되었다. 하지만 그녀의 친정 또한 이미 몰락한 상태였다. 친정아버지 신승선은 이미 세상을 떠났고, 큰오빠 신수근은 반정 세력에 의해 처형된 상황이었다.

그 후 신씨는 1537년(중종 32년), 62세의 나이로 생을 마감할 때까지 삼십 년이 넘는 세월을 퇴락한 친정집에서 홀로 쓸쓸한 여생을 보내야만 했다. 남편도, 자식도 없이 살아야 했던 그녀의 말년은 고독과 회한으로 점철된 비운의 삶이었다.

제1왕비: 단경왕후 신씨, 평생 한 남자만 바라보고 살다

1487~1558년

단경왕후 신씨는 1487년 1월 4일, 신승선의 장남 신수근과 청주 한씨 사이에서 태어났다. 그녀의 아버지 신수근은 연산군의 왕비였던 폐비 신씨의 오빠로, 연산군의 처남이자 연산군 시대의 최고 실세였다.

단경왕후가 성종의 아들 진성대군 역(훗날의 중종)과 결혼한 것은 그녀가 열세 살이던 1499년이었다. 이때 진성대군은 그녀보다 한 살 어린 열두 살이었다. 두 사람이 혼인했을 무렵, 연산군은 무오사화를 일으켜 사림 세력을 대거 숙청하며 폭주를 이어가고 있었다. 이후 1504년, 연산군은 갑자사화를 통해 엄청난 살육을 자

행하게 되는데, 이때부터 진성대군은 언제 죽음을 맞이할지 모른
다는 불안과 공포 속에서 살았다.

연산군은 자신의 생모 폐비 윤씨의 죽음이 할머니 인수대비
를 비롯한 여러 후궁들의 모략으로 발생했다고 믿었으며, 자신을
키워준 계모 정현왕후 윤씨도 이 사건에 관여했다고 의심했다. 이
러한 이유로 정현왕후의 아들인 진성대군에 대한 연산군의 적개
심은 매우 강한 상태였다.

연산군의 폭정이 지속되자, 결국 이를 참지 못해 반정이 일어
났다. 반정을 일으킨 인물은 연산군이 이상형으로 삼았던 승평부
대부인 박씨의 동생 박원종이었다. 연산군을 쫓아낸 박원종은 진
성대군을 조선 11대 왕으로 세웠다.

7일의 왕비

이역이 왕이 되는 과정에서 단경왕후 신씨의 역할이 컸다. 박
원종이 반정에 성공하고 용상에 앉히려고 그의 집을 찾았을 때,
그는 되레 대들보에 목을 매려 했다. 그 내막이 《국조기사》(조선시대
사대부들의 인적 사항을 항목별로 정리해놓은 책)에 이렇게 전한다.

반정하던 날 먼저 군사를 보내 진성대군의 사저를 에워쌌다. 이것
은 해칠 자가 있을 것을 염려해서 호위하기 위해서였다. 그런 줄도

모르고 임금(진성대군)이 놀라서 자결하려고 했다. 그러자 부인 신씨가 말하였다.

"군사의 말 머리가 이 궁(진성대군의 사저)으로 향해 있으면 우리 부부가 죽는 것이 마땅합니다. 하지만 만일 말꼬리가 이 궁으로 향하고 머리가 밖으로 향해 섰다면 반드시 공자를 호위하려는 뜻이오니, 알고 난 뒤에 죽어도 늦지 아니하오리다."

그러면서 소매를 붙잡고 굳이 말리며 사람을 내보내 살피고 오게 하였다. 그랬더니 과연 말머리가 밖을 향해 있었다.

박원종 등이 반정을 일으키던 날, 중종을 보호하기 위해 부하들을 보내 그의 사저를 지키게 했는데, 중종은 연산군이 자신을 죽이려고 군사들을 보낸 줄 알고 자살하려 했던 것이다. 하지만 이때 신씨가 기지를 발휘하여 남편을 살린 셈이다. 그리고 남편이 왕이 되자, 그녀도 왕비가 되었다. 하지만 그녀는 왕비에 오른 지 불과 7일 만에 폐출되고 말았다.

박원종 세력은 반정 당시 그녀의 아버지이자 연산군의 가장 측근인 실세 신수근을 척살했다. 그런데 자신들이 척결한 신수근의 딸을 왕비 자리에 그대로 둘 수 없었던 것이다.

중종은 신씨를 출궁시킨 후에도 그녀를 그리워했다. 그래서 모화관으로 명나라 사신을 맞으러 갈 때면 꼭 모화관에서 멀지 않은 신씨의 처소로 말을 보내 먹이게 하였고, 신씨는 흰죽을 직접 만들어 말에게 먹였다고 한다. 또 중종이 신씨를 잊지 못해 날

마다 경회루에 올라 신씨가 머물던 인왕산 쪽을 바라본다고 하자, 신씨는 다홍치마를 인왕산 바위 위에 펼쳐놓았다고 한다.

그런데 이런 애틋한 이야기들과 달리 중종은 정작 신씨(단경왕후)를 복위시킬 기회가 있었는데도 그녀를 다시 맞이하지 않았다.

돌아선 남편, 돌아가지 못한 아내

단경왕후가 쫓겨난 이후, 중종의 비가 된 여인은 장경왕후 윤씨였다. 그런데 그녀는 1515년 원자 호(인종)를 낳고 산욕으로 사망하고 말았다. 이렇게 왕비 자리가 비자, 궁궐 내부에서는 후궁 중에서 중종의 총애를 받고 있던 경빈 박씨가 유력한 왕비 후보로 부상했다. 경빈 박씨는 복성군의 어머니였는데, 복성군은 원자 호보다 여섯 살 위였다. 따라서 경빈 박씨가 왕비가 되면 원자의 처지가 매우 위태로운 상황이 될 게 뻔했다. 이런 상황에서 중종은 새 왕비를 들이는 문제로 신하들에게 조언을 구했다. 이에 사림에서 이름이 있던 순창군수 김정과 담양부사 박상이 중종에게 상소하여 폐비 신씨의 복위를 주청했다. 그러자 이 일은 조정의 큰 논란거리가 되었다. 대사헌 권민수와 대사간 이행 등의 언관들이 그들 두 사람을 강력하게 비판하며 이런 주장을 하였다.

"박상과 김정의 상소가 감히 간사한 의논을 끄집어내니 이는 극히 해괴한 일입니다. 의금부에 잡아다가 문초하여 그 사유를 캐내야 할 것입니다."

이에 중종도 그들의 의견에 동조하여 이런 말을 하였다.

"나도 상소를 보고 국가 대사를 너무 경솔하게 논의했다고 생각했다. 내 뜻도 그 이유를 추궁하고 싶었으나 내가 조언을 구하여 상소한 것이기 때문에 덮어두었던 것이다."

이후, 중종은 당상관들을 모두 불러 신씨 복위를 건의하는 상소문을 보여줬다. 그러자 유순, 정광필, 김응기 등 삼정승은 임금이 조언한 것에 대한 상소이므로 잡아다 추궁하는 것은 옳지 않다는 의견을 냈다. 그리고 홍문관의 관원들도 그들의 상소 내용이 적절치 않다고 하더라도 왕이 조언을 구해서 올린 상소이므로 죄 주는 것은 옳지 않다고 했다. 하지만 중종은 김정과 박상을 잡아다 의금부에서 심문하라고 명령하고, 이후 그들을 유배 보내버렸다.

이후 단경왕후 신씨는 궁궐로 돌아오지 못했다. 조강지처로서 반정이 있던 날 자신의 목숨을 살려주고, 자신도 그토록 그리워한다고 했던 그녀를 중종은 냉정하게 외면했다.

신씨는 사가에 머물며 홀로 지내야 했다. 신씨와 중종이 부부로 지낸 세월은 7년에 지나지 않았으며, 그녀가 왕비의 자리에 머문 시간은 단 7일이었다. 그러나 그녀가 홀로 보낸 세월은 무려 50년 이상이었다. 그렇게 반백 년을 외롭고 쓸쓸하게 지내던 그녀는 1557년(명종 12년), 71세의 나이로 생을 마감했다.

죽을 때까지 그녀의 왕비 신분은 복권되지 않았다. 그녀가 왕비로 복권된 것은 사후 182년이 지난 1739년(영조 15년)이었다.

제2왕비: 장경왕후 윤씨, 의리 없는 남편 때문에 쓸쓸히 죽다

1491~1515년

중종은 첫 부인 단경왕후 신씨를 폐출한 후, 다시 결혼했다. 두 번째 맞은 아내는 장경왕후였다. 장경왕후는 1491년 7월 6일에 파평 윤씨 가문의 윤여필과 순천 박씨 사이에서 태어났다. 그녀의 어머니는 순천 박씨로 박원종의 누나였고, 성종의 형인 월산대군 부인 박씨와는 자매지간이었다. 어머니 순천부부인 박씨가 그녀가 여덟 살 때 죽는 바람에 윤씨는 이모인 월산대군 부인의 보살핌을 받으며 자랐다.

그녀 집안은 원래부터 왕실과 친인척으로 엮여 있었다. 또한 자매들도 왕실로 시집간 이들이 있었다. 큰언니는 월산대군의 서자 덕풍군 이이에게 시집갔으니, 이종사촌 간의 결혼이었다. 여동생은 광평대군의 증손자인 이억손과 결혼했다. 거기다 그녀가 중종의 왕비가 되었으니, 아버지 윤여필은 왕실과 실타래처럼 얽힌 사이였다.

반정공신 박원종의 입김이 크게 작용한 결혼

그녀가 왕비로 간택된 것은 물론 외숙부 박원종의 입김이 크게 작용했다. 반정에 성공하여 권력을 장악한 박원종은 영의정에 올랐고, 이어 자신의 조카를 왕비로 앉혀 권력을 독점하려 했다. 거기다 그녀가 파평 윤씨 집안이었으니, 중종의 모후 정현왕후의 혈족이었다. 따라서 중종 이역과 장경왕후의 결혼은 완전한 정략결혼일 수밖에 없었다.

사실, 조선 왕과 왕비 들이 모두 그렇듯이 중종과 장경왕후 사이에 사랑 따위를 논할 것은 못 됐다.

윤씨는 1491년생으로 이역보다는 세 살 연하였다. 단경왕후가 폐위된 직후에 간택되어 1507년 열일곱 살에 왕비가 되었으며, 8년간 이역과 부부로 살았다.

윤씨는 성품이 무난했다. 당시 중종에게는 여러 후궁이 있었으나, 윤씨는 질투하는 일도 별로 없었다. 그래서 이역과의 관계도 원만했다. 하지만 둘 사이에 자녀가 둘뿐인 것을 보면 깊은 애정관계가 형성되었던 것은 아닌 모양이다. 윤씨가 첫아이 효혜공주를 낳은 것이 결혼 4년 후인 1511년이었고, 둘째 아이 호(인종)를 낳은 것이 1515년이었다. 실록 기록을 살펴봐도 중종이 장경왕후에게 크게 애정을 품고 있었던 것 같지는 않다.

정 없는 남편

윤씨는 불행히도 인종을 낳고 7일 만에 산욕으로 죽었는데, 당시 실록 기록을 따르면 중종은 그녀의 임종을 지키지 않았다. 심지어 윤씨의 병세가 위급하다고 하자, 혹 전염병인지 염려하여 자신이 피병해야 하는지 물었다. 윤씨가 인종을 낳은 순간부터 임종 때까지의 실록 기록에서 중종의 그런 태도는 명확하게 드러난다.

2월 25일: 밤 초경에 원자가 탄생하였다.

2월 29일: 이른 새벽에 원자를 받들고 교성군 노공필의 집으로 나아가 우거했는데, 중궁이 미령하기 때문이었다.

3월 1일: 중궁의 병세가 위급하여 궁 외에 피병함을 하문하다 전교하였다.

"중궁의 병세가 위급하여 궁 외에 피병하려 하는데, 이 어함이 어떠한가?"

승정원에서 아뢰었다.

"이것은 다른 증세가 아니라 산후에 발생한 것이니, 이

어함이 불가할 것 같습니다."

3월 2일: 이날 삼경 오점에 중궁 윤씨가 승하하였다. 곧 정원에
전교하였다.

"일이 여기에 이르니 어찌할 바를 모르겠다. 장례에 관
한 여러 가지 일을 곧 준비하도록 하라."

이에 도승지 손중돈, 동부승지 허굉이 아뢰었다.

"신들도 또한 어찌할 바를 모르겠습니다. 어찌 이런 일
이 있을 수 있겠습니까? 대신과 예조 판서를 부르시어
함께 상사를 의논케 하소서."

이 기록에서 드러나듯, 중종은 아내가 산욕으로 사경을 헤매
다 궁궐 바깥으로 나가 노공필의 집에 머물고 있음을 잘 알고 있
었다. 그런데도 중전이 위급하다는 전갈을 받자, 병을 피하기 위해
이어해야 하지 않겠느냐는 질문을 했다. 대개 궁궐 안에서 중병 환
자가 발생하면 전염성을 염려하여 왕은 궁궐 바깥으로 피병하게
되는데, 혹 그런 상황이 아니냐고 물었던 것이다. 하지만 승정원에
서는 산후병이라 염려할 것이 없다고 대답하였다.

제3왕비: 문정왕후 윤씨, 섭정으로 권력을 농단한 권력의 화신

1501~1565년

조선의 왕비 중에 어린 왕의 섭정이 되어 국정을 농단하며 권력의 화신으로 불린 여인이 있었다. 바로 조선 제13대 왕 명종의 모후 문정왕후 윤씨다.

문정왕후는 중종의 세 번째 왕비다. 중종은 1507년에 장경왕후 윤씨를 둘째 왕비로 맞아들였는데, 그녀는 1515년에 인종을 낳고 산후병으로 죽었다. 이후 1517년에 중종은 세 번째 왕비를 맞아들이게 되었는데, 그녀가 바로 문정왕후 윤씨였다.

문정왕후는 1501년 파평 윤씨 지임의 딸로 태어났다. 윤지임은 세조의 장인 윤번의 5대손이었기 때문에 왕실과는 이미 인연이 있었다. 세조의 왕비 정희왕후가 고대고모였고, 성종의 계비 정현왕후 또한 윤번의 사촌인 윤곤의 증손녀였기 때문에 역시 친척 관계였다. 또한, 중종의 계비 장경왕후도 그와 8촌 관계였다.

이렇듯 파평 윤씨 가문은 이미 세 명의 왕비를 배출했고, 그들과 윤지임이 친척 관계였기 때문에 문정왕후도 왕비로 간택될 수 있었다.

친척들의 후원으로 왕비가 된 가난한 집안의 딸

문정왕후는 윤지임과 전의 이씨의 5남 1녀 중 유일한 딸로 태어났다. 그녀 위로 원개와 원량, 원필 등 세 명의 오빠가 있었고, 아래로는 원로와 원형 두 남동생이 있었다. 그리고 그녀가 열한 살 되던 해인 1511년에 어머니 전의 이씨가 사망했다.

그녀가 성장하는 동안 가정 형편은 넉넉하지 못했다. 윤지임의 조부 위로는 정승과 판서를 지낸 덕에 잘 살았지만, 그의 아버지 시절부터 벼슬에 나가지 못해 가세는 기울었다. 그래서 윤지임에 이르러서는 사는 형편이 몰락한 양반일 뿐이었다. 그러다 장경왕후 윤씨가 죽자 파평 윤씨 가문 출신인 정현왕후와 장경왕후의 오빠 윤임의 뜻에 따라 같은 가문 출신인 문정왕후가 왕비로 간택되었고, 덕분에 윤지임 일가는 졸지에 명문가의 반열에 올랐다.

입궁했을 때 문정왕후는 열일곱 살 앳된 처녀였다. 그런데 그녀 앞에는 만만치 않은 난관들이 버티고 있었다. 그녀보다 일찍 입궁한 후궁들이 여럿 있었던 것이다.

그들 중에 경빈 박씨는 연산군 시대의 흥청 출신으로 중종이 용상에 앉자마자 미모에 이끌려 후궁으로 앉힌 여인이었고, 희빈 홍씨와 창빈 안씨는 반정 공신들의 딸이었다. 더구나 경빈 박씨에게는 아홉 살 된 아들도 있었다. 그녀의 아들 복성군은 비록 서자였지만 중종의 장자였기 때문에 왕위 계승을 노리는 상황이었다.

세자 호의 보호자를 자처하다

법도에 따른다면 죽은 장경왕후가 남긴 원자 호(제12대 인종)가 세자 자리에 앉는 것이 순서였지만, 궁궐 내에서 모후가 없는 원자를 보호해줄 마땅한 인물이 없었다. 그래서 문정왕후는 자처해서 원자 호를 보호했고, 이는 그녀가 중전의 입지를 다지는 데 큰 도움이 되었다.

그러나 원자 호의 보호자가 된다는 것은 필연적으로 경빈 박씨와의 갈등을 유발할 수밖에 없었다. 경빈 박씨는 장경왕후가 죽은 이후로 한때 왕비로 책봉될 뻔했다. 왕의 장자를 낳은 데다 왕의 총애를 한몸에 받고 있었기 때문이다. 하지만 그녀가 흥청 출신이라는 것이 문제였다. 경빈은 경상도 상주 출신의 가난한 선비 집안에서 태어났고, 연산군 시절에 미모 덕분에 채홍사에 의해 흥청으로 뽑혀 궁에 들어왔다. 그런데 박원종이 반정을 일으킨 후 그녀를 아깝게 여겨 양녀로 삼았다가 중종에게 바친 여인이었다. 이러한 경빈의 전력은 그녀가 중전이 되는데 큰 걸림돌이 되었고, 중종은 결국 그녀를 정1품 빈에 봉하고 새로운 왕비를 들이기로 했던 것이다. 하지만 문정왕후가 중전이 되어 입궐한 이후에도 경빈은 자기 아들 복성군을 세자에 앉힐 야망을 버리지 않았다. 그런데 문정왕후가 원자 호를 감싸며 복성군의 앞길을 가로막자 경빈은 문정왕후를 적대시했다.

이렇듯 경빈이 복성군을 세자로 만들려는 야망을 품은 배경엔 문정왕후가 왕자를 출산하지 못한 사실도 한몫했다. 문정왕후는 중전이 된 뒤에도 3년 동안 임신하지 못했다. 그래서 1520년에 원자 호가 세자에 책봉되었는데, 경빈은 세자의 친모가 없다는 이유로 지속적으로 세자 호를 밀어내고 복성군을 세자로 앉힐 음모를 꾸몄다. 그때마다 문정왕후는 세자 호를 적극적으로 보호하며 경빈의 음모를 막아냈다.

문정왕후를 공격한 후궁은 비단 경빈만이 아니었다. 희빈 홍씨도 그녀를 지속적으로 공격했다. 그녀는 당시의 권신 홍경주의 딸로 궁에서 상당한 영향력을 행사하고 있었다. 사림의 거두로서 중종의 개혁 정치를 이끌고 있던 조광조와 사림 세력이 일거에 제거된 것도 그녀의 모략에 의한 것이었다. 조광조와 사림 세력이 대거 쫓겨난 1519년의 기묘사화 당시 그녀는 베갯머리송사를 통해 "온 나라의 인심이 조광조에게 돌아갔다"라는 말로 중종의 불안을 부추겼다. 이어 궁녀를 통해 '조광조가 왕이 된다'라는 의미인

'주초위왕走肖為王'이 새겨진 나뭇잎을 중종에게 올리게 함으로써 기묘사화를 유발했다. 희빈 홍씨가 이런 모략을 꾸민 것 역시 자기 아들 금원군에게 왕위를 계승하려는 목적이었다.

하지만 희빈 홍씨는 1521년에 아버지 홍경주가 죽으면서 영향력이 크게 약해졌고, 결국 금원군을 세자로 삼으려는 야심을 버렸다. 하지만 경빈 박씨는 여전히 야망을 버리지 않았다. 경빈 박씨는 당대의 권신인 남곤과 심정 두 사람과 손잡고 복성군을 세자에 앉힐 방도를 강구하고 있었다. 이에 문정왕후는 세자 호의 외숙 윤임과 힘을 합쳐 그들과 대치했다. 덕분에 세자 호의 자리는 유지될 수 있었다.

작서의 변과 경빈의 죽음

그런 가운데 문정왕후는 임신하여 아이를 낳았으나 연속으로 딸만 둘을 낳았다. 1521년에는 의혜공주를, 1522년에는 효순공주를 낳았다. 그 바람에 경빈 박씨는 여전히 복성군을 세자로 앉힐 꿈을 포기하지 않았다. 그러던 중에 '작서의 변'이 터졌다. 사건의 전말은 이렇다.

1527년 2월 26일에 동궁의 해방(24방위의 하나로 북북서쪽)에 불태운 쥐, 즉 작서 한 마리가 걸려 있고, 물통의 나뭇조각으로 만든 방서(방술을 적은 글)가 함께 발견되어 조정이 발칵 뒤집혔다. 당시 동궁엔 세자 호(인종)가 기거했다. 인종은 돼지띠로 해년생이며, 그 사건 3일 뒤인 2월 29일이 생일이었다. 세자의 생일에 앞서 세자를 저주하는 일이 발생한 것이다. 쥐는 돼지와 비슷한 데가 있어 쥐를 태워 걸어놓은 것은 곧 세자를 저주한 것이기 때문에 중종과 조정 대신들이 매우 민감한 반응을 보일 수밖에 없었다.

중종은 이 일에 대해 철저히 조사하라는 엄명을 내렸고, 수사가 시작되어 범인으로 지목된 사람은 바로 경빈 박씨였다. 당시 중종이 매우 신임하던 인물인 김안로가 방서의 글씨가 경빈 박씨의 사위 홍려의 것이라고 주장한 것이 결정타였다. 이후 홍려는 의금부에서 심한 매질을 당하다 고통을 이기지 못하고 자기 글씨라고 시인했고, 이후 모든 것이 경빈이 꾸민 짓이라는 결론에 도달했다.

이 일로 경빈의 시녀 여러 명이 매맞아 죽고, 그녀의 사위 홍려도 매맞아 죽었다. 또 좌의정 심정이 경빈과 결탁했다고 하여 사사되었으며, 그 외에도 많은 사람이 연루되어 죽었다. 또한, 경빈 박씨와 그녀의 아들 복성군도 서인으로 전락하여 유배되었다가 사약을 받고 죽었다.

그런데 이 사건의 진범은 경빈 박씨나 그녀의 사위 홍려가 아니었다. 그녀가 죽은 뒤인 1533년에 같은 서체의 방서가 발견되었는데, 지난번 작서의 변 사건에서 발견된 방서의 글씨와 같은 것이었다. 이는 작서의 변 당시의 글씨가 경빈의 사위 홍려의 것이 아니라는 증거였다.

이 일로 조정은 다시 한번 발칵 뒤집혔다. 당시 방서의 글씨가 홍려의 것이라고 주장했던 김안로는 이번 방서의 글씨와 지난번 글씨는 다르다고 주장했지만, 대사간 상진은 같은 글씨라고 주장했다. 상진이 이런 주장을 한 이유는 경빈과 복성군이 작서의 변과 무관함을 밝히려는 의도였다.

이렇듯 상진과 김안로가 방서의 주인을 놓고 옥신각신하자 중종은 방서가 적힌 나무를 태워서 없애게 하고, 이 일을 종결해버렸다. 그런데 훗날 밝혀진 사실로는 작서의 변 당시의 방서 글씨는 김안로의 아들 김희의 글씨로 판명되었다. 말하자면 작서의 변을 획책한 인물이 바로 김안로였다는 뜻이었다.

하지만 이것이 김안로의 행각이든 아니든 작서의 변으로 가장 큰 이득을 본 세력은 세자를 호위하던 문정왕후와 윤임이었다.

아들을 낳은 후 돌변하다

어쨌든 작서의 변은 세자를 위협하는 세력들을 모두 일거에 제거해버렸다. 덕분에 문정왕후는 더는 왕위 계승 문제로 싸울 필요가 없게 되었고 중전으로서 입지도 확실해졌다. 이후 그녀는 세자 호를 친아들처럼 보호했고, 덕분에 그녀와 세자의 관계는 친모자 못지않게 좋았다.

그런데 그로부터 7년 뒤인 1534년에 변수가 생겼다. 두 명의 공주를 낳고 세 번째도 공주를 낳았던 문정왕후가 드디어 아들

㈜)을 낳은 것이다. 막상 아들을 낳자 문정왕후의 태도는 이전과 완전히 달라졌다. 자신이 무려 17년 동안이나 보호해왔던 세자 호를 미워하기 시작했다. 아들 환을 왕위 계승자로 만들고 싶은 속내를 드러낸 것이다.

이렇게 되자 세자 호를 보호하던 윤임과 그녀는 순식간에 적대적인 관계가 되고 말았다. 이후 윤임은 중종의 큰딸이자 인종의 누나인 효혜공주의 시아버지 김안로와 손을 잡고 문정왕후를 내쫓기 위해 혈안이 되었고, 문정왕후는 자신과 왕자 환을 지키기 위해 그들과 목숨 건 투쟁을 계속했다. 그리고 결국, 그녀는 자신을 궁궐에서 쫓아내기 위해 계략을 꾸미고 있던 김안로를 숙청하는 데 성공한다. 김안로는 1537년에 문정왕후 폐위를 도모했는데, 이를 눈치챈 문정왕후는 친척 윤안임과 대사헌 양연을 시켜 김안로에게 역공을 가하였다. 이에 중종이 진노하여 윤안임과 양연을 시켜 김안로를 체포하였고, 결국 김안로는 유배되어 사약을 받고 죽었다.

하지만 그녀 앞에는 여전히 윤임이라는 강력한 정적이 버티고 있었다. 그녀는 다시 윤임과 건곤일척의 싸움을 벌였다. 윤임을 죽이지 않으면 자신이 죽어야만 한다는 절박한 심정으로 그녀는 동생 윤원로와 윤원형을 앞세워 윤임을 상대했다. 그래서 세간에서는 윤임을 대윤이라고 하고, 윤원형 형제를 소윤이라고 불렀다. 대윤의 힘은 모두 세자로부터 비롯되었고, 소윤의 힘은 모두 왕비인 그녀로부터 비롯되었다. 그 때문에 그녀는 세자를 제거해야만 윤임을 제거할 수 있다고 판단하였다.

그런 상황에서 누군가가 의도적으로 낸 화재로 인해 동궁전이 소실되는 사태가 벌어지기도 했다. 누가 범인인지는 밝혀지지 않았지만, 문정왕후가 시켜서 생긴 일이라고 보는 시각이 다수였다. 하지만 그녀가 방화범이라는 명백한 증거가 없었던 터라 그녀는 무사했다.

이렇게 그녀와 윤임의 대립이 극에 달해 있을 때, 오랫동안 지병을 앓고 있던 중종이 사망했다. 중종의 죽음은 곧 그녀의 방패막이가 사라졌음을 의미했고, 동시에 세자 호가 용상에 앉는다는 뜻이었다. 말하자면 호를 밀어내고 친아들 환을 세자로 세우려던 그녀의 계획이 물거품이 되었다.

친아들을 왕위에 앉히다

1544년 11월, 마침내 세자 호가 즉위했다. 인종이 즉위하자, 윤임의 세력은 극대화되었다. 그러자 윤임은 어떻게 해서든 그녀와 경원대군 환을 제거하려 했다. 그때마다 그녀는 인종에게 달려가 "언제 우리 모자를 죽일 것이냐"라고 악다구니를 쓰곤 했다. 다행히 인종은 매우 어질고 효심이 지극한 인물이었다. 그녀는 인종의 그런 성정을 파고들어 자신과 아들의 안전을 지키고자 했다. 인종은 악다구니를 쓰는 계모를 안심시키기 위해 별별 노력을 다했는데, 그 내용의 일부가《유분록》에 전한다.

어느 날 자전 대비가 홀로된 자신과 약한 아들이 보전하기 어렵다
는 말로 미안한 말을 내리니 임금이 그 말을 듣고 미안함을 이기
지 못하여 아침 처마에 더운 햇볕이 쬐는데 땅에 오랫동안 엎드려
서 대비를 위안했다. 그리하여 성의로 감동하게 한 연후에야 대비
가 약간 안색을 풀었다. 이런 뒤로 임금이 많이 근심하여 이로써
점점 병을 이루어 조정이 황황하여 어찌할 바를 알지 못했다.

인종의 건강이 나빠지자 대비 윤씨는 경원대군 환을 왕위에
앉힐 욕심을 노골적으로 드러냈다. 인종은 서른 살에 왕위에 올랐
는데 자식이 없었다. 그래서 만약 인종이 그대로 죽게 된다면 왕위
는 환의 차지가 될 수 있었다. 윤씨는 그 점에 희망을 걸고 자기 아
들을 왕위에 앉히기 위해 혈안이 되었다.
당시 인종은 건강이 매우 좋지 않았다. 중종의 병구완과 삼년
상에 온 힘을 다한 탓이었다. 그는 부왕이 서거했을 때, 무려 6일
동안이나 물 한 모금도 입에 대지 않았다. 그리고 닷새 동안 계속
해서 울음을 멈추지 않아 주변을 걱정하게 하였다. 또한 초상 때
부터 졸곡(삼우를 지내고 석 달이 지난 뒤 첫 강일에 지내는 제사) 때까지
무려 3개월 동안 죽만 먹었고, 소금과 간장조차 입에 대지 않았다.
이 때문에 인종의 건강이 극도로 나빠졌다. 그런 와중에도 인종은
계모 문정왕후에게 효성을 다했다.《동각잡기》는 인조의 효성에

대해 다음과 같은 기록을 남기고 있다.

임금이 장례 치르는 일에 예를 다하고 자전대비를 지극히 효성스
럽게 받드니 여러 신하가 임금에게 애통함을 억제하여 몸을 보전
하기를 청했으나 듣지 않고 점점 병이 되었다. 을사년 6월 27일에
벼락이 경회루 기둥을 때려서 기둥을 둘러싼 쇠가 부서지기까지
하니 인종이 위독한 중에도 이렇게 말했다.
"벼락이 어디를 때렸느냐? 대비전께서 놀라셨을까 걱정이구나."
그러면서 곧 내관을 보내 문안했다.

이 일은 1545년 6월 27일에 있었던 사건이다. 이때 인종은 병
이 깊어져 사경을 헤매는 중이었다. 그런 상황에서도 계모를 챙겼
으니 그의 효성은 정말 지극하다 못해 너무 지나쳤다고 하는 표현
이 맞을 것이다. 그리고 이틀 뒤인 6월 29일에 인종은 경원대군에
게 왕위를 넘기고 다음 날인 7월 1일에 숨을 거뒀다.
이렇듯 문정왕후는 자기 아들을 왕으로 만들겠다는 집념을
포기하지 않고 기어코 현실로 만들어냈다. 이는 단순히 친아들을
왕 위에 올려놓고 모후로서의 부귀영화를 누리려는 단순한 의도
때문이 아니었다. 아들 뒤에서 실제 권력을 휘두르는 숨은 왕이 되
려는 속내가 깔려 있었다.

섭정이 되어 여왕으로 군림하다

인종을 이어 왕위에 오른 경원대군 환이 바로 제13대 명종인데, 그때 나이 겨우 열두 살이었다. 그 나이에 왕위에 올랐으니 아는 것이 있을 리 없었다. 그러니 모든 왕권은 문정왕후 윤씨의 차지가 되었다. 그녀는 편전에 수렴을 내리고 섭정을 시작했다.

명종은 나이는 어렸지만, 어머니 윤씨와 달리 성정이 착하고 순했다. 마음이 여리고 효심이 극진해 어머니 문정왕후의 의견에 어떤 토도 달지 못했다. 심지어 궁궐 내부에 자그마한 시설 하나도 모두 모후의 허락을 받고 만들었다. 이에 대해 실록은 이렇게 쓰고 있다.

윤비(문정왕후)는 천성이 엄하고 강하여 비록 주상을 대하는 때라도 말과 얼굴을 부드럽게 하지 않았고 수렴청정한 이래로 무릇 뭐라도 하나 만드는 것도 모두 상이 마음대로 하지 못하였다.

한마디로 명종은 모후 문정왕후의 허락 없이는 어떤 것도 결정할 수 없는 마마보이였다. 이러한 그의 성정은 재위 내내 문정왕후의 손아귀에서 벗어날 수 없게 만들었다.

한편, 그녀는 왕권을 잡자마자 한바탕 피바람을 일으켰다. 윤임 세력을 제거하기 시작했던 것이다. 당시 윤임은 사림 세력과 가까웠는데, 문정왕후는 윤임을 제거하면서 사림 세력도 대거 숙청했다. 윤임을 위시한 대윤 세력의 숙청에 앞장선 인물은 그녀의 동생 윤원형이었다. 문정왕후를 등에 업은 윤원형은 대윤 세력을 역적으로 몰아 100여 명을 죽음으로 몰아넣었는데, 이것이 1545년에 벌어진 '을사사화'였다.

하지만 윤원형은 거기서 그치지 않았다. 2년 뒤인 1547년에 양재역에 벽서 하나가 붙었는데, 그곳에는 "위로는 여왕, 아래로는 간신 이기가 권력을 휘두르니 나라가 곧 망할 것"이라는 내용이 적혀 있었다. 윤원형은 이 일을 확대하여 윤임의 잔당들을 제거하는 기회로 삼았다. 이것이 곧 '정미사화'였다.

조정 내에서 견제 세력이 모두 사라지자 윤원형은 권력을 독식하며 애첩 정난정과 함께 엄청난 뇌물을 받아 챙겨 부를 축적하기에 혈안이 되었다. 하지만 어린 명종은 어떤 조치도 취할 수 없었다. 그 때문에 왕권과 조정은 완전히 문정왕후의 손안에 있었다. 세간에서는 그녀를 여왕으로 불렀다.

죽을 때까지 왕권을 쥐고 흔들다

명종이 그나마 윤원형을 견제하기 시작한 것은 1553년에 문정왕후의 섭정이 끝난 뒤였다. 명종이 스무 살이 되자 문정왕후의 수렴청정은 종결되었고, 명종은 비로소 친정을 시작했다. 친정을 시작한 후 명종은 윤원형을 견제하기 위해 왕비인 인순왕후 심씨의 외삼촌 이량을 이조판서로 기용했다. 하지만 이량 역시 윤원형과 크게 다를 바 없는 인물이었다. 그 바람에 여전히 국정은 혼란스러웠고 조정은 권신들의 손아귀에서 놀아났다. 하지만 명종은 어떤 뚜렷한 대응책도 내놓지 못했다.

명종은 친정을 시작한 이후에도 모후 문정왕후의 그늘에서 벗어나지 못했다. 명종이 나름대로 자신의 의지로 정치를 이끌고자 하면 그녀는 여지없이 그를 불러 무섭게 다그쳤다.

"너를 왕으로 만든 사람이 바로 나다. 그런데 네가 내 말을 듣지 않으니 그것이 자식의 도리라 할 수 있느냐?"

명종은 이 말 한마디에 꼼짝없이 무너졌다. 문정왕후는 1565년에 죽을 때까지 왕권을 쥐고 흔들었다.

이에 대해《축수편》은 이런 기록을 남기고 있다.

임금이 이미 나이 장성하였으므로 대비가 비로소 정권을 돌렸다. 따라서 마음대로 권력을 부리지 못하게 되었으므로 만일 하고 싶은 일이 있으면, 곧 국문으로 조목을 나열하여 중관을 시켜 내전에 내보냈다. 임금이 보고 나서 일이 행할 만한 것은 행하고, 행하지 못할 것이면 곧 얼굴에 수심을 드러내며 그 쪽지를 말아서 소매 속에 넣었다. 이로써 매양 문정왕후에게 거슬렸으므로 왕후는 불시에 임금을 불러들여 이렇게 말했다.

"무엇 무엇은 어째서 해주지 않느냐?"

이렇게 따지면 임금은 온순한 태도로 그 합당성 여부를 진술하였다. 그러면 문정왕후는 버럭 화를 내며 말했다.

"네가 임금이 된 것은 모두 우리 오라비와 나의 힘이다. 지금 네가 편히 앉아서 복을 누리면서 도리어 나의 명을 거역한단 말이냐?" 어떤 때에는 때리기까지 하여 임금의 얼굴에 기운이 없어지고 눈물 자국까지 보일 적이 있었다.

이렇듯 문정왕후가 살아있는 동안 명종은 자신의 소신대로 정사를 펼친 적이 한순간도 없었다. 무서운 어머니 밑에서 자란 명종은 눈물만 보일 뿐 한 번도 제대로 자신의 소신을 펼친 적이 없었다. 그 때문에 심한 스트레스에 시달린 나머지 병을 얻었다. 이에 대해 실록은 이렇게 적고 있다.

문정왕후는 스스로 명종을 세운 공이 있다 하여 때로 주상에게 "너는 내가 아니면 어떻게 이 자리를 소유할 수 있었으랴" 하고, 조금만 여의치 않으면 곧 꾸짖고 호통을 쳐 마치 민가의 어머니가 어린 아들 대하듯 함이 있었다. 상의 천성이 지극히 효성스러워서 어김없이 받들었으나 때로 후원의 외진 곳에서 눈물을 흘리었고 더욱 목 놓아 울기까지 하였으니 상이 심열증을 얻은 것이 또한 이 때문이다.

심열증이란 곧 화병을 의미하는 것이니 명종은 악독한 엄마 때문에 마음의 병을 얻었고, 이것이 심해져서 죽음에 이르렀다.

명종이 그나마 자신의 소신을 펼치기 시작한 것은 문정왕후가 죽은 뒤부터였다. 권력을 독식하던 외삼촌 윤원형과 그의 첩이자 악녀였던 정난정을 내쫓고 유배지에서 선비들을 불러들여 조정을 겨우 정상으로 돌려놓았다. 하지만 문정왕후가 죽고 불과 2년 뒤에 명종도 죽었다. 명종이 죽은 원인은 어머니 때문에 생긴 심병 탓도 있었지만, 삼년상을 지나치게 치른 탓도 컸다. 이에 대해 실록은 이런 기록을 남기고 있다.

상은 천성이 순하고 고와 매사에 예법을 준수하였다. 문정왕후의 삼년상에는 그 효성스러운 마음을 다하였고, 제사의 의례를 모두 지성으로 하지 않음이 없었다. 이때는 상이 편치 않은 때였는데 묘당을 모시는 예가 임박하자 몸소 제사를 올리려 하므로 대신들이 그만두기를 청했으나 상이 따르지 않고 무더위를 무릅쓰고 질병을 참으며 행례를 하다 그길로 크게 병세가 나빠져 마침내는 구하지 못하게 되었으니 온 나라가 울부짖는 슬픔이 어찌 끝이 있겠는가.

명종은 모후가 죽자 인종처럼 지극 정성으로 상을 치렀는데, 이것이 화근이 되어 건강이 극도로 나빠졌고, 급기야 삼년상을 마치자마자 죽음에 이르렀으니 그 어미가 곧 아들에겐 죽음에 이르는 병이었다.

인성왕후 박씨,
50년 궁궐 귀신으로 살다

1514~577년

    조선 제12대 임금 인종은 조선 왕들 중 가장 짧은 재위 기간을 기록한 왕이다. 그는 계모 문정왕후의 압박을 견디지 못하고 스스로 음식 섭취를 거부하다가, 재위 9개월 만에 병사하였다. 그의 짧은 치세와 함께 왕비였던 인성왕후 박씨의 중궁 생활도 짧게 끝나고 말았다.

    인성왕후는 조선사에서 별다른 존재감을 남기지 못한 인물로 평가된다. 정치적 영향력을 행사하지 않았고, 자녀를 남기지 못했기 때문이다. 하지만 짧은 중궁 생활과 달리 그녀의 생애는 길었다. 왕비로 머문 시간이 9개월에 불과했으나, 이후 30년이 넘는 대비 생활을 하며 60세를 넘는 생을 살았다. 그녀에 대한 평가는 후덕하고 자비로웠다는 긍정적인 의견이 주를 이룬다. 남편 인종이 효성이 지극하고 조용한 성격으로 평가받은 것처럼, 그녀 역시 온화하고 덕스러운 인물로 여겨졌다.

그러나 이런 평가의 이면에는 그녀가 지나치게 권력 지향적이고 욕심 많은 시어머니 문정왕후 때문에 기를 펴지 못한 삶을 살았던 점이 크게 작용했을 가능성이 크다. 인종이 세자 시절부터 문정왕후의 압박에 시달렸던 만큼, 인성왕후 또한 큰 마음고생을 겪었을 것이다. 그녀는 왕비가 된 후에도 문정왕후의 압박 속에서 존재감 없이 살아야 했다. 결국, 문정왕후라는 넘을 수 없는 벽에 가려 인성왕후는 50년 이상을 궁궐 귀신처럼 살아야만 했던 비운의 왕비였다.

세자빈으로 20년

인성왕후 박씨는 1514년 10월 1일, 반남 박씨 박용과 그의 두 번째 부인 의성 김씨 사이에서 태어났다. 아버지 박용은 과거에 여러 차례 응시했지만 대과에 오르지 못했으며, 음서로 벼슬에 오른 인물이었다. 1524년, 박씨는 세자빈으로 간택되었다. 당시 박씨는 열한 살, 세자였던 인종은 열 살이었다.

그러나 혼례를 앞둔 시점에 아버지 박용이 중병에 걸리는 일이 발생했다. 혼사를 미루자는 논의가 일어났고, 중종 또한 같은 생각이었다. 하지만 논란 끝에 혼사는 그대로 진행되었고, 박씨는 세자빈이 되었다. 혼사가 끝난 지 얼마 되지 않아 박용은 죽고 말았고, 박씨는 세자빈이 되자마자 아버지의 장례부터 치러야 했다. 이처럼 세자빈 생활은 시작부터 순탄하지 않았다.

이후 1544년 11월, 시아버지 중종이 승하하고 남편 인종이 즉위할 때까지 그녀는 무려 20년간 세자빈으로 지냈다. 그러나 그동안 자녀를 얻지 못했다. 이로 인해 인종은 윤씨와 정씨 두 여인을 후궁으로 들였지만, 이들 역시 자녀를 생산하지 못했다. 결국 후사를 얻지 못한 것은 세자빈 박씨의 문제가 아니라 인종의 문제였다.

아이를 낳지 못한 그녀는 죄인처럼 조용히 살아야 했다. 세손을 낳지 못한 세자빈은 권력 기반이 약할 수밖에 없었고, 만약 후궁 중 누구라도 아들을 낳았다면 그녀는 세자빈 자리를 내줘야 할 수도 있었다. 다행히 두 후궁 역시 자녀를 얻지 못해 그녀의 자리는 유지되었고, 인종이 왕위에 오르면서 그녀도 왕비가 되었다.

짧은 왕비 시절, 기나긴 뒷방 신세

왕비가 되었지만 그녀는 허수아비에 불과했다. 당연히 주어져야 할 내명부의 권력은 시어머니 문정왕후가 장악하고 있었으며, 인성왕후는 그저 이름만 중궁일 뿐 별다른 영향력을 행사할 수 없었다. 후사를 얻지 못했기에 정치적 영향력을 행사할 기반도 없었다. 인종이 후사를 두지 못하면서 왕위는 자연스럽게 인종의 동생이자 문정왕후의 아들인 경원대군(명종)에게 돌아갈 가능성이 컸다.

그런데 그 허울뿐인 왕비 자리도 오른 지 9개월도 되지 않아 물러나야 했다. 남편 인종이 부왕의 국상을 겪으면서 지나치게 음식을 적게 섭취해 결국은 허약해져 사망한 것이다. 그녀는 졸지에 과부가 되어 뒷방으로 밀려났고, 이후 대비로서 죽은 듯 조용히 살아야 했다.

그녀가 그렇게 죽은 듯이 사는 동안 시어머니 문정왕후는 여왕처럼 군림하며 온갖 권력을 행사하다 죽었고, 어미의 등살에 시달리던 명종 또한 생을 마감했다. 이후 명종의 양자로 어린 선조가 왕위에 올랐고, 명종의 왕비였던 인순왕후 심씨가 섭정을 맡았던 시기에도 그녀는 대왕대비로서 의견 한마디 내지 않고 조용히 지냈다.

왕실의 최고 어른 대왕대비였지만, 그녀는 단 한 번도 정치에 관여하지 않고 죽은 듯이 살았다. 그리고 1577년 11월 29일, 그녀는 64세를 일기로 조용히 생을 마감하며 53년간의 궁중 생활을 끝냈다. 비로소 살아 있는 궁궐 귀신의 신세에서 벗어나게 되었다.

인순왕후 심씨, 무서운 시어머니에게 짓눌려 살다

1532~575년

인순왕후 심씨는 1532년 5월 25일, 청송 심씨 심강과 전주 이씨 사이에서 태어났다. 그녀의 아버지 심강은 소헌왕후의 아버지 심온의 6대손으로, 심연원의 아들이다. 어머니 이씨는 전성군 이대의 딸로, 전성군은 효령대군 이보의 고손자에 해당한다.

인순왕후는 심강의 8남 2녀 중 맏이로 태어났으며, 열한 살 되던 1542년 4월, 당시 아홉 살이었던 경원대군 이환(훗날의 명종)과 혼인하여 부부인이 되었다. 1545년, 인종이 죽고 명종이 즉위하면서 그녀는 열네 살 어린 나이에 왕비로 책봉되었다.

그악한 시어머니, 심약한 남편

명종이 즉위할 당시 그는 열두 살의 소년이었고, 어머니 문정왕후 윤씨가 섭정을 맡아 왕권을 장악하고 있었다. 이로 인해 실권은 문정왕후와 그녀의 동생 윤원형에게 집중되었다.

그녀는 스무살 되던 1551년, 아들 이부(순회세자)를 낳아 왕비로서의 입지를 강화했다. 하지만 당시에도 시어머니 문정왕후의 섭정이 이어지고 있어서 그녀는 왕비로서 영향력을 행사하기 어려웠다.

1553년, 명종이 친정을 시작하면서 그녀의 입지는 다소 강화되었다. 명종이 윤원형의 권력 남용을 견제하기 위해 그녀의 외삼촌 이량을 중용하면서 그녀의 권세는 시어머니 문정왕후와 대등해졌다. 1557년, 아들 이부가 세자로 책봉되면서 그녀의 영향력은 한층 강화되었다.

그러나 명종의 친정 후에도 문정왕후의 간섭은 계속되었다. 문정왕후는 자신의 뜻이 관철되지 않으면 대전에 찾아와 악다구니를 쓰며 명종을 강압했다. 명종은 늘 어머니에게 굴복하며 나약한 모습을 보였고, 이를 지켜보던 심씨는 답답함과 속상함에 마음을 끓였다.

그런 가운데 그녀는 큰 불행을 맞았다. 1563년, 애지중지 키운 아들 순회세자가 열세 살의 어린 나이로 요절하고 만 것이다. 그때 세자는 이미 1559년에 윤옥의 딸을 맞아 결혼을 한 상태였다. 아들의 죽음으로 그녀와 명종은 큰 절망에 빠졌다. 특히 명종은 모후 윤씨의 강압에 시달리며 심열증으로 고통받고 있었는데, 세자의 죽음은 그의 병세를 더욱 악화시켰다. 이 때문에 왕비 심씨는 남편마저 잃을까 봐 노심초사했다.

그런 상황에서 1565년에 시어머니 문정왕후 윤씨가 사망했다. 문정왕후의 죽음과 함께 윤원형과 그의 세력도 조정에서 축출되었다. 이에 심씨는 비로소 안도의 한숨을 쉴 수 있었다. 덕분에 왕비 심씨의 힘은 한층 강화되었고, 동생 심의겸을 위시한 친정 세력의 입지도 강화되었다.

그러나 남편 명종의 건강은 이미 심각히 악화된 상태였다. 심열증에 더해 모후의 삼년상을 치르며 혹사당한 그의 몸은 결국 버티지 못했다. 1567년 8월, 명종이 병증을 이기지 못하고 숨을 거두었다. 심씨는 22년간의 왕비 생활을 마무리하고 대비전으로 거처를 옮겼다. 평생 모후에게 시달리다 죽은 남편의 모습은 그녀에게 쓸쓸한 회한을 남겼다.

짧은 섭정, 기나긴 병상 생활

명종의 죽음 이후 심씨의 권력은 더욱 탄탄해졌다. 명종에게 후사가 없었기에 그녀는 덕흥군의 아들 하성군(훗날의 선조)을 양자로 들여 왕위를 계승시켰다. 당시 선조의 나이는 열여섯 살로, 어린 왕을 대신해 심씨는 수렴청정을 통해 섭정을 시작했다.

그러나 그녀의 섭정 기간은 길지 않았다. 순회세자의 죽음과 시어머니의 죽음, 그리고 남편의 죽음 등 연이은 국상을 치르며 심신이 약해진 상태였기에 섭정을 이어갈 힘이 없었다. 결국, 섭정 1년 만에 선조에게 왕권을 돌려주어야 했다.

섭정을 마친 후 그녀는 병치레에 시달렸다. 심각한 병명은 아니었지만, 그녀의 건강은 계속 악화되었다. 병세는 중증으로 진행되었다가 일시적으로 회복되기를 반복했으나, 완전한 회복은 이루어지지 않았다. 7년간 병증에 시달리던 그녀는 1575년(선조 8년) 1월 2일, 44세의 나이로 세상을 떠났다.

제2부

붕당시대의 왕비들

- 제14대 선조에서 제22대 정조까지 -

명종시대를 끝으로 훈척의 시대는 막을 내리고, 조정은 사림이 장악하였다. 사림이 권력을 잡은 이후 동인과 서인으로 나뉘었고, 선조의 결단에 의해 붕당이 합법적으로 인정되었다. 이로써 조선은 본격적으로 붕당시대를 맞이하게 된다. 이러한 붕당시대는 조선 14대 선조로부터 시작하여 22대 정조대까지 지속되었다.

붕당시대가 전개됨에 따라 세자빈과 왕비의 출신 가문 또한 붕당 세력의 향방에 따라 결정되었다. 따라서 이 시기의 왕비는 붕당 세력과 불가분의 관계에 놓일 수밖에 없었다.

붕당이 성립되던 시점에 사림은 동인과 서인으로 나뉘어 대립했다. 동인은 영남학파로, 이황과 조식의 문인들을 중심으로 형성되었으며, 서인은 기호학파로, 이이와 성혼의 주변 세력 및 문인들이 중심이 되었다.

이후 동인과 서인의 대립이 계속되던 중, 선조의 치세 후반과 임진왜란 이후에는 동인이 조정을 장악하게 된다. 그러나 동인 내부에서 다시 남인과 북인으로 갈라졌다. 남인은 동부 영남 출신으로 이황의 문인들이 주축이었고, 북인은 서부 영남 출신으로 조식의 문인들이 중심이었다.

남인과 북인의 치열한 정권 다툼 속에서 북인 세력이 점차 부각되었고, 북인은 다시 세자인 광해군을 지지하는 대북파와 영창대군을 지지하는 소북파로 분화되었다. 광해군이 즉위하면서 대북이 정권을 장악하게 되었고, 대북은 이후 육북, 골북, 피북 등으로 세분화되었다. 이 시기에 서인은 완전히 정계에서 밀려난다.

서인은 인조반정을 일으켜 대북 세력을 척결하고 정권을 탈환했다. 이후 조정은 서인과 남인 중심으로 재편되었으며, 효종·현종·숙종 대를 거치며 서인의 힘이 점점 강화되었다.

서인은 숙종과 경종대에 노론과 소론으로 분열되었고, 치열한 권력 다툼이 이어졌다. 당파 싸움이 지나치게 격화되자, 영조는 탕평책을 통해 당파 간 균형을 꾀하며 친위 세력을 형성했다. 그러나 영조 대에는 사도세자가 죽임을 당하는 임오화변이 발생하며 또다른 정치적 갈등이 생겨났다.

정조가 즉위한 이후 붕당은 사도세자를 옹호하는 시파와 사도세자를 부정하는 벽파로 나뉘었다. 이 시기 서인의 노론은 주로 벽파에 가담하였고, 소론과 남인은 시파로 결집했다.

정조의 사망 후, 정순왕후를 중심으로 한 벽파가 일시 집권했으나, 이후 시파 출신 외척인 안동 김씨 김조순이 정권을 장악하며 붕당시대는 막을 내리게 된다.

붕당시대가 끝나면서 붕당 세력에 의해 왕비가 결정되던 시대도 막을 내렸다. 그 대신 조정은 안동 김씨, 풍양 조씨, 여흥 민씨와 같은 외척 가문들이 권력을 장악했고, 왕비 또한 이러한 외척 가문 출신으로 배출되는 시대로 접어들었다. 외척 중심의 권력 구도는 조선 후기에 걸쳐 강화되었으며, 왕실과 외척 간의 관계는 조선 말기까지 조정의 정치적 기반에 큰 영향을 미쳤다.

조선의 왕과 왕비

순서	왕	왕비
제1대	태조	신덕왕후 강씨
제2대	정종	정안왕후 김씨 (순덕왕태비)
제3대	태종	원경왕후 민씨 (후덕왕태비)
제4대	세종	소헌왕후 심씨
제5대	문종	현덕왕후 권씨
제6대	단종	정순왕후 송씨 (의덕왕대비)
제7대	세조	정희왕후 윤씨 (자성왕대비)
제8대	예종	장순왕후 한씨 ｜ 안순왕후 한씨 (인혜왕대비)
제9대	성종	공혜왕후 한씨 ｜ 폐비 윤씨 ｜ 정현왕후 윤씨 (자순왕대비)
제10대	연산군	폐비 신씨
제11대	중종	단경왕후 신씨 ｜ 장경왕후 윤씨 ｜ 문정왕후 윤씨 (성렬왕대비)
제12대	인종	인성왕후 박씨 (공의왕대비)
제13대	명종	인순왕후 심씨 (의성왕대비)
제14대	선조	의인왕후 박씨 ｜ 인목왕후 김씨 (소성왕대비)
제15대	광해군	폐비 류씨
제16대	인조	인열왕후 한씨 ｜ 장렬왕후 조씨 (자의왕대비)
제17대	효종	인선왕후 장씨 (효숙왕대비)
제18대	현종	명성왕후 김씨 (현렬왕대비)
제19대	숙종	인경왕후 김씨 ｜ 인현왕후 민씨 ｜ 인원왕후 김씨 (혜순왕대비)
제20대	경종	단의왕후 심씨 ｜ 선의왕후 어씨 (경순왕대비)
제21대	영조	정성왕후 서씨 ｜ 정순왕후 김씨 (예순왕대비)
제22대	정조	효의왕후 김씨 (왕대비 김씨)
제23대	순조	순원왕후 김씨 (명경왕대비)
제24대	헌종	효현왕후 김씨 ｜ 효정왕후 홍씨 (명헌왕대비)
제25대	철종	철인왕후 김씨 (명순대비)
제26대	고종	명성황후 민씨
제27대	순종	순명효황후 민씨 ｜ 순정효황후 윤씨

제1왕비: 의인왕후 박씨,
후궁들 뒤에서 조용히 왕실을 지탱하다

1555~1600년

선조의 정비였지만 자녀를 낳지 못해 늘 그림자처럼 살아야
했던 왕비, 그녀가 바로 의인왕후 박씨다. 그녀가 후사를 생산하지
못한 까닭에 선조는 늘 후궁들의 침실만 들락거렸고, 그녀는 그런
선조의 행동을 한숨 섞인 체념의 눈으로 바라봐야만 했다. 심지어
선조는 공빈 김씨(광해군의 생모)를 너무 사랑한 나머지 그녀 외에
는 어떤 여자도 가까이하지 않았다. 또 공빈 김씨가 일찍 죽은 후
에는 인빈 김씨에게 빠져 박씨는 거들떠보지도 않았다.

상황이 이렇다 보니 엄연히 왕비인 박씨가 있음에도 공빈이나
인빈이 중궁처럼 행동하였고, 그녀들의 자식들은 적자처럼 거드름

을 피웠다. 그러다 보니 그녀의 중궁전은 늘 한적하고 쓸쓸하여 마치 왕비가 유폐된 곳처럼 여겨지곤 하였다. 마치 왕비의 그림자만 머무는 듯한 그곳에서 그녀는 30년을 견디며 살았다.

후궁의 자식을 친자식처럼 돌보다

의인왕후 박씨는 1555년 4월 15일에 반남 박씨 응순과 전주 이씨 사이에서 태어났다. 박응순은 사간원 사간을 지낸 박소의 아들이며, 어머니 이씨는 조선 왕실의 후예인 문천정 이수갑의 딸이다. 이수갑은 세종의 서자인 계양군의 증손자다.

박씨는 1569년 나이 열다섯에 선조의 왕비로 간택되었다. 당시 선조는 그녀보다 세 살 많은 열여덟 살이었다.

박씨가 왕비로 간택될 당시 박응순은 경인도 용인의 현령으로 있었다. 그는 문과에 응시했으나 낙방하였지만 특채로 사헌부 감찰이 되었다가 안음 현감, 돈녕부 주부를 거쳐 용인 현령을 역임하고 있었다.

왕비가 된 후 박씨는 아이를 잉태하지 못해 건봉사, 법주사 등 여러 절을 다니며 기도를 드렸지만 끝내 그녀는 자녀를 얻지 못했다. 그 때문에 선조는 후궁을 통해 후사를 얻어야 했다. 선조가 사랑하던 후궁은 공빈 김씨였는데, 그녀는 임해군과 광해군을 낳았다. 하지만 공빈은 광해군을 낳고 산후병에 시달리다 2년 만에 죽었다. 이에 공빈의 자식인 임해군과 광해군은 왕비 박씨의 보살핌 속에서 자랐다.

그들이 비록 친자식은 아니었지만 박씨는 그들 형제를 정성껏 보살폈다. 특히 그녀는 광해군을 매우 총애했다. 이렇듯 후궁의 자식을 친자식처럼 잘 보살피자, 선조는 그녀의 후덕함을 매우 기꺼워 하였고, 그녀와 경쟁 관계에 있던 후궁들조차 칭송을 아끼지 않았다.

남편에게 늘 찬밥 취급 받아

의인왕후는 인성과 평판이 좋았음에도 선조에게는 늘 외면 당했다. 선조는 공빈이 죽자, 인빈 김씨를 총애하여 그녀에게서 여러 자녀를 얻었다. 그뿐만 아니라 선조는 인빈 김씨를 왕비처럼 곁에 두고 의인왕후 박씨는 거들떠보지도 않았다. 심지어 임진왜란이 일어나 북쪽으로 피난갈 땐 인빈만 직접 데리고 가고, 의인왕후는 데리고 가지도 않았다. 선조가 의주로 피난할 당시 인빈은 극진히 챙겨 옆에 뒀지만, 의인왕후는 별도로 피난 생활을 하게 만들었다. 거기다 한양이 수복되었을 때도 인빈만 데리고 한양으로 돌아왔다. 당시 의인왕후는 평안도 강계에 피난해 있다가 해주로 내려와 머물렀다. 이때 대신들이 왕비를 한양으로 모셔야 한다고 요청했지만, 선조는 대신들의 청을 받아들이지 않았다.

선조는 1597년에 정유재란이 일어났을 때도 왕비인 그녀를 챙기지 않았다. 이번에도 선조는 인빈만 데리고 피난을 떠났고, 의인왕후는 세자인 광해군과 함께 다녔다. 이렇듯 그녀는 항상 남편 선조에겐 찬밥 취급을 당했다.

광해군의 버팀목이 되다

선조는 후궁만 챙기고 본처인 그녀를 돌아보지 않았지만, 의인왕후는 가는 곳마다 왕비로서의 임무를 다하였다. 해주에 머물 때는 굶주리는 백성들을 구휼하라는 전교를 내려 백성들의 칭송을 받았고, 광해군의 왕세자 입지가 흔들릴 때는 직접 나서서 광해군을 달래주며 지지하기도 했다. 덕분에 광해군은 세자의 자리를 굳힐 수 있었고, 조선 조정도 안정을 유지할 수 있었다.

하지만 그녀는 건강하지 못했다. 전란 상황에서 누차 피난길에 올랐던 그녀는 임진왜란이 끝난 후 병을 앓기 시작했다. 그리고 전쟁의 상흔이 채 가시지도 않은 1600년 6월, 그녀는 음식도 제대로 삼키지 못하는 지경이 되고 말았다. 오랫동안 앓아오던 불면증과 위장병, 가슴 통증 등이 더욱 악화되고 급기야 호흡곤란까지 오더니 숨을 거두고 말았다. 그렇게 그녀의 한 서린 31년 궁중 생활은 막을 내렸다.

제2왕비: 인목왕후 김씨, 복수의 화신이 되다

1584~1632년

의인왕후 박씨가 죽고 그녀의 삼년상이 끝난 후, 선조는 새로운 왕비를 맞아들였는데, 그녀가 바로 인목왕후 김씨다. 열아홉 살에 51세의 선조와 혼인한 김씨는 6년 동안 중궁전에 머물며 정명공주와 영창대군을 낳았다. 그러나 늙은 남편 선조가 죽고 광해군이 즉위하면서 그녀의 굴곡진 삶이 시작되었다.

아버지 김제남을 비롯한 남자 형제들과 형부가 계축옥사에 연루되어 죽임을 당하고, 아들 영창대군은 유배된 뒤 살해되었다. 이후 그녀는 딸 정명공주와 함께 유폐되었고, 대비의 칭호를 박탈당한 채 '서궁'이라 불리는 신세로 전락했다.

그녀가 이토록 모진 삶을 살게 된 것은 서인 세력이 그녀를 떠

받들고 있었기 때문이다. 북인의 한 파벌인 소북 세력과 서인은 영창대군이 적자임을 내세워 서자인 광해군의 정통성을 부정하려 했다. 이에 위협을 느낀 광해군은 북인의 대북파를 앞세워 영창대군을 제거하고 소북 및 서인 세력을 조정에서 축출했다.

인목왕후는 이 정치적 소용돌이에 휘말려 친정 식구들을 잃고 대비의 지위마저 박탈당한 채, 경운궁에 갇혀 지내는 '서궁유폐' 신세가 되었다.

서궁에서 8년을 갇혀 지낸 그녀를 구출한 것은 인조였다. 인조는 서인들과 함께 반정을 일으켜 광해군을 폐위시키고 대북 세력을 대거 제거했다. 이때 김씨는 광해군의 폐위 교서를 내리는 한편, 인조의 왕위 계승을 인정해 반정의 정당성을 뒷받침했다. 그녀는 다시 대왕대비로 복위하여 광해군에 대한 철저한 복수를 단행했다.

왕비가 되어 가문을 일으키다

인목왕후는 1584년 11월 14일 연안 김씨 가문의 김제남과 광주 노씨의 둘째 딸로 태어났다. 김제남은 중종 대에 영의정을 지낸 김전의 증손자다. 김전은 사림파였으나, 기묘사화를 일으킨 배후로 지목되어 사림파로부터 배신자로 낙인찍힌 인물이기도 하다. 김제남의 가계에서는 김전과 더불어 정계의 거목으로 성장한 인물이 김안로다. 김안로는 김전의 둘째 형 김흔의 아들로, 중종과 사돈관계를 맺으며 조정의 권좌를 좌우했던 인물이다.

그러나 김안로와 사촌지간이던 김제남의 조부 김안도는 큰 벼슬을 얻지 못했고, 한성부 서부 주부로 재직 중 흉년 때 술을 마셨다는 이유로 파직당한 기록이 있다. 김제남의 아버지 김오는 오위의 종7품 무관직인 부사정을 지낸 정도였다. 이에 비해 김제남은 사마시에 합격한 뒤 별시문과에 급제하며 가계를 다시 일으켰다. 그는 문과 급제 후 연천 현감, 사간원 헌납을 역임하고 사헌부 지평으로 승진했다. 1602년, 둘째 딸 김씨가 선조의 계비로 간택되어 왕비로 책봉되면서 그는 국구國舅가 되었다.

국구가 된 김제남은 연흥부원군으로 불렸으며, 판서와 정승 자리 제안을 여러 차례 사양하며 비교적 청렴한 인물로 평가받았다. 덕분에 김제남의 가문은 증조부 김전 이래 다시 조선의 유력 가문으로 부활할 수 있었다.

대비가 되어 광해군에게 왕위를 넘겨주다

김씨는 왕비가 된 이듬해인 1603년에 정명공주를 출산하고, 1606년에 영창대군을 낳았다. 이후 조정 일부에서는 적자로 태어난 영창대군을 세자로 책봉해야 한다는 의견이 나왔다. 당시 명나라는 광해군을 호의적으로 보지 않았고, 영창대군을 지지하는 세력이 광해군의 세자 지위를 흔들려는 움직임을 보였다. 선조는 이를 두고 모호한 태도를 보이며 암암리에 힘을 실어주었다.

1608년, 선조가 찰밥을 먹다 목에 걸려 급사하자 김씨는 왕대비가 되어 언문교지를 통해 광해군의 계승을 공식화했다. 이후 5년 동안 왕대비로서 왕실의 최고 어른으로 군림했고, 광해군 또한 그녀를 정성껏 섬겼다.

계축옥사로 멸문의 화를 당하다

비록 대비 김씨와 광해군은 계모와 아들 관계를 유지하며 큰 대립 없이 지냈지만 당시 집권 세력인 북인의 대북 세력은 광해군의 형 임해군과 선조의 적자 영창대군을 왕권을 위협하는 세력으로 보았다. 그들은 임해군과 영창대군을 제거할 기회를 노리고 있었는데, 먼저 걸려든 것은 임해군이었다. 대북 세력은 광해군 즉위 초에 임해군을 유배 보낸 뒤 살해하였고, 이어 영창대군을 제거할 기회를 노렸다. 그리고 마침내 1613년에 계축옥사를 획책하여 영창대군을 제거하였다.

계축옥사의 발단은 서양갑, 심우영 등 유력한 가문 출신의 서자 일곱 명이 저지른 강도사건으로부터 시작되었다. 흔히 '칠서의 옥'으로 불린 이 사건은 적자와 서자의 차별에 불만을 품은 일곱 명의 서자들이 전국을 돌며 강도질을 일삼다가 붙잡힌 사건이었다. 대북 세력은 이 사건을 영창대군과 연관 지으며 역모사건으로 몰아갔다. 그들이 영창대군을 옹립하기 위해 역모를 일으켰다는 허위자백을 받아내고, 그들의 우두머리가 대비 김씨의 아버지 김제남이라고 꾸며대게 했던 것이다.

이후 김제남은 졸지에 역적의 주범이 되었고, 영창대군은 역모의 괴수가 되었다. 또한 대비 김씨도 역모에 가담했다는 허위자백까지 받아낸 상태였다. 이후 김제남은 죄도 없이 역적으로 지목되어 사약을 받고 죽었고, 영창대군은 강화도에 유배되었다가 살해되었다. 또한 김제남의 세 아들과 사위는 처형되어 김씨의 친정은 멸문의 화를 당하였다.

이 과정에서 신흠, 이항복, 이덕형 등의 정승들은 물론 이정구, 오억령 등 서인과 남인 세력은 대부분 물러나고 정인홍, 이이첨 등의 대북 세력이 조정을 장악했다.

딸과 함께 서궁에 유폐되다

인목왕후는 계축옥사로 인해 어머니 노씨와 정명공주를 제외한 모든 가족을 잃고 절망과 실의에 빠져 지냈다. 하지만 그것이 끝이 아니었다. 가택연금 당한 채 근근이 목숨을 연명하며 살아가던 그녀의 어머니 노씨가 1616년에 머나먼 제주도로 유배되어 위리안치圍籬安置된 것이다.

하지만 그녀는 아무런 손을 쓸 수가 없었다. 이름만 대비일 뿐 이미 폐비가 된 거나 마찬가지였다. 그래도 대비의 위치는 가까스로 지키고 있었는데, 급기야 1617년부터 허울만 남은 그녀의 왕대비 지위마저 폐하자는 폐모론이 일었다. 그리고 마침내 1618년에는 김씨의 왕대비 칭호를 없애고 그녀를 서인으로 강등시켜 딸 정명공주와 함께 경운궁 석어당에 유폐시켜버렸다. 이후 그녀를 칭할 때는 경운궁을 지칭하는 서궁이라 하였다.

5년의 유폐 생활과 인조반정

그녀의 유폐 생활은 5년 동안 지속되었다. 그동안 국제 정세는 크게 변하고 있었다. 여진족이 성장하여 후금을 세우고 명나라를 위협하고 있었으며, 명나라는 조선에 군사 지원을 요청하며 여진족을 응징할 것을 요구했다. 이에 광해군은 실리론實利論을 내세워 조선군을 이끌고 있던 강홍립에게 은밀히 후금에 투항하라는 명령을 내렸고, 덕분에 조선은 후금과의 전쟁을 피할 수 있었다.

이렇듯 국제 상황이 급박하게 돌아가는 가운데, 광해군은 도읍을 옮기려는 계획을 세웠으나 실패하였고, 이는 백성들의 큰 원성을 샀다.

한편, 정권을 장악한 대북파는 서인과 남인들을 조정에서 배제하는 작업을 지속하였고, 이로 인해 조정은 대북 세력만 남아 권력을 독점한 상태가 되었다. 그러나 대북파 내부에서도 육북, 골북, 피북 등으로 분열이 일어나 권력 다툼이 벌어졌다.

이 틈을 놓치지 않은 서인들은 정원군(선조의 후궁 인빈의 아들)의 아들 능양군(훗날 인조)을 내세워 반정을 일으켰다. 이 사건이 바로 1623년 3월에 일어난 인조반정이다.

광해군 죽이기

궁궐 장악에 성공한 반정 세력은 서궁에 유폐되어 있던 김씨를 석방하고 대왕대비로 받들었다. 이에 김씨는 인조의 왕위 계승을 인정하고, 광해군의 폐위 교서를 반포했다.

광해군은 폐위된 뒤 유배되었으며, 그의 왕비와 세자도 모두 폐위되어 유배 생활을 해야 했다. 또한, 이이첨을 비롯한 대북 세력은 모두 제거되었고, 조정은 반정의 주축 세력인 서인이 장악했다. 김씨의 아버지 김제남을 비롯해 그녀의 아들들과 사위도 신원을 회복했다. 하지만 대왕대비 김씨의 원한은 이것만으로는 풀리지 않았다.

그녀는 광해군이 부왕 선조를 독살했다고 주장하며 이를 인조반정의 명분 중 하나로 삼았다. 광해군을 아버지를 살해하고 형과 동생을 죽였으며, 어머니인 자신을 내쫓은 천하의 패륜아이자 폭군으로 규정했다.

김씨는 강화도에 유배된 광해군과 그의 가족들을 제거하려고 혈안이 되었다. 광해군의 가족 중 가장 먼저 희생된 이는 폐세자 이질이었다. 당시 광해군과 왕비 유씨는 강화부의 동문 쪽에 위리안치되었고, 폐세자 이질과 그의 부인 박씨는 서문 쪽에 안치되었다. 그러나 이질은 외부 세력과 내통하려다가 발각되어 사약을 받고 죽었으며, 그의 아내 박씨는 죽임을 당할까 봐 염려해 스스로 목숨을 끊는 길을 택했다.

한편, 광해군의 왕비 유씨는 유배 생활 중 병을 얻어 시름시름 앓다가 유배 7개월 만에 사망하고 말았다.

이후에도 대왕대비 김씨는 인조를 움직여 광해군을 죽이려 했고, 인조 역시 이에 동조했다. 그러나 반정 이후 영의정에 제수된 남인 이원익이 반대하고 나서는 통에 뜻을 이루지 못했다. 이에 김씨와 인조는 광해군을 암살하려 했으나, 강화도 관리들의 비협조로 실패했다.

결국 김씨는 끝내 광해군을 죽이지 못하고 한을 품은 채 1632년 6월, 49세의 나이로 생을 마감했다.

한편, 광해군은 1624년 이괄의 난이 일어났을 때 태안으로 유배지를 옮겼고, 난이 평정된 이후 다시 강화도로 돌아갔다. 그러다가 1636년, 청나라가 조선을 침략하자 다시 교동도로 옮겼다. 이때 서인들은 인목왕후의 한을 풀기 위해 다시 한번 광해군 암살을 시도했으나, 경기수사가 이에 동조하지 않아 실패했다.

그 무렵 인조는 청나라에 굴복하며 불안에 휩싸였다. 광해군

의 복위를 두려워한 인조는 그를 제주도로 옮겨 유배시켰다. 제주
도로 쫓겨난 광해군은 그곳에서 천수를 누리다 1641년 67세를 일
기로 사망했다. 이로써 인목왕후와 광해군의 오랜 복수극은 마침
내 막을 내렸다.

폐비 류씨,
후생에는 왕가의 며느리 되지 않기를

1576~623년

광해군의 왕비였던 폐비 류씨는 1576년 7월 21일 문화 류씨 류자신과 동래 정씨 정양정 사이에서 6남 4녀 중 셋째 딸로 태어났다. 아버지 류자신은 공조판서를 지낸 류잠의 아들로, 류잠의 두 아들 중 장남이다. 폐비 류씨의 어머니 정양정은 중종 시절 영의정을 지낸 정광필의 증손녀이자 선조 때 좌의정을 지낸 정유길의 딸이다. 정양정은 어릴 때부터 시재가 뛰어나 많은 작품을 남긴 시인으로, 현재 효종의 부마 정재륜의 《공사견문록》에 그녀의 시 네 편이 전해지고 있다.

류자신은 24세에 사마시에 합격해 진사가 되었고, 이듬해

태릉 참봉으로 관직 생활을 시작했다. 이후 돈녕부 직장, 내자시 주부, 평강현감, 호조좌랑, 형조정랑, 장악원 첨정을 역임했다. 1587년 장악원 첨정으로 재직 중 셋째 딸 류씨를 광해군과 혼인시켰다. 이후 그는 여러 관직을 거쳐 한성판윤까지 올랐다.

류씨는 광해군과 혼인 당시 겨우 10세의 어린 소녀였고, 남편 광해군 역시 열한 살의 소년이었다. 당시 광해군은 선조의 서자로, 세자가 될 가능성을 예측하지 못했던 시기였다. 그러나 선조의 왕비 의인왕후 박씨는 광해군의 총명함을 알아보고 그를 총애하고 있었다.

류씨가 세자빈이 된 것은 임진왜란이 발발한 1592년이었다. 전란이 일어나자 선조는 분조(조정을 나누는 것)를 위해 광해군을 세자로 책봉했고, 이에 따라 류씨도 나이 열일곱에 세자빈으로 책봉될 수 있었다.

고통 속에서 맞이한 어린 시어머니

그녀는 세자빈이 되던 해 임신 중이었다. 그러나 전란과 함께 태어난 아이는 세상에 오래 머물지 못하고 죽었다. 이후 1595년, 전란 중에 또다시 임신하여 이듬해 아들을 출산했지만, 이번에도 아이는 세상을 떠나고 말았다.

이렇듯 그녀는 전란 중에 두 아이를 낳았지만 모두 잃는 아픔을 겪었다. 그러다 전란의 막바지였던 1598년에 다시 임신하여 아들을 출산했는데, 그 아이가 바로 광해군의 세자 이질이었다. 다행히 이질은 죽지 않고 살아남았다.

그러나 세자빈 류씨의 불행은 끝난 것이 아니었다. 3년 뒤인 1601년에 또다시 아들을 출산했지만, 이 막내아들도 단 2년을 살다가 세상을 떠나고 말았다. 결국 그녀는 세자빈 시절에 네 아이를 낳아 겨우 한 아이만 살리고 나머지 셋은 모두 잃는 슬픔을 겪어야 했다.

그런데 그녀의 불행은 거기서 끝나지 않았다. 막내아들을 잃었던 1603년은 선조의 정비 의인왕후 박씨가 세상을 떠난 지 3년이 되는 해였고, 새 왕비 인목왕후가 궁으로 들어온 지 1년이 되는 해였다. 인목왕후가 왕비가 되어 입궐했을 당시 그녀의 나이는 열아홉 살이었는데, 이때 세자빈 류씨는 스물일곱 살이었다. 여덟 살이나 어린 시어머니를 모셔야 하는 처지에 놓이게 된 것이었다.

류씨가 막내아들을 잃었을 때, 인목왕후는 정명공주를 출산했다. 사실, 인목왕후가 입궐하여 바로 임신을 했을 때부터 세자빈이었던 류씨의 입지는 크게 흔들리고 있었다. 만약 인목왕후가 아들을 출산한다면, 세자인 광해군의 입지는 물론, 세자빈 류씨의 지위 역시 위태로워질 수밖에 없었다.

살얼음판 위의 세자빈

　이런 상황 속에서 류씨는 인목왕후의 궁녀들로부터도 업신여김을 받는 처지에 놓였다. 그런데 설상가상으로 1606년, 인목왕후가 영창대군을 출산하자 그녀의 입지는 한층 더 악화되었다. 영창대군은 왕비의 몸에서 태어난 적자였고, 세자였던 광해군은 서자 출신이었다. 따라서 서자인 광해군을 폐하고 적자인 영창대군을 세자로 삼아야 한다는 주장이 대두할 수밖에 없었다.

　예상대로 영창대군을 세자로 삼아야 한다는 움직임이 일었으며, 그 중심에는 선조의 신임을 받던 영의정 류영경이 있었다. 이후, 정권을 장악하고 있던 북인 세력은 영창대군을 지지하는 소북 세력과 광해군을 지지하는 대북 세력으로 나뉘었다. 소북 세력의 우두머리는 영의정 류영경이었고, 대북 세력의 대표는 정인홍과 이이첨 등이었다.

　양 세력의 첨예한 대립 속에서 선조는 점차 영창대군에게 마음이 기울고 있었다. 이 때문에 시간이 지날수록 소북의 입지가 강해지고 대북의 입지는 약화되었다.

　이러한 상황에서 1608년, 선조가 급사했다. 이는 광해군과 세자빈 류씨에게는 천만다행이 아닐 수 없었다. 선조의 갑작스러운 죽음은 소북 세력이 영창대군을 세자로 옹립할 기회를 잃게 만들었다. 결국 인목왕후는 겨우 세 살밖에 되지 않은 영창대군의 한계를 인식하고, 광해군에게 왕위를 넘겼다.

인목왕후가 영창대군을 낳은 뒤 시작된 살얼음판 같은 세월
은 이렇게 막을 내렸다. 광해군이 왕위에 오르자 류씨도 왕비에
책봉되었다.

종교에 의지하고 시로 마음 달래며 살다

그러나 왕비에 오른 뒤에도 그녀는 또 다른 아픔을 겪어야 했
다. 왕위에 오른 광해군의 지나친 축첩으로 인한 가슴앓이가 시작
된 것이다.

광해군은 왕위에 오른 후 다수의 후궁을 들였다. 특히 개시 김
상궁을 비롯한 임씨와 정씨 등은 광해군의 특별한 총애를 받았다.
광해군은 그들을 단순히 사랑하는 후궁으로 대하지 않고 정치적
파트너로 삼았으며, 이로 인해 그들의 권력은 왕비 류씨를 능가하
기에 이르렀다.

그러나 류씨는 그들에 대한 질투나 적개심을 드러낼 수 없었
다. 그녀가 왕비에 책봉된 후, 유희분을 비롯한 그녀의 오라비들
이 개시 김씨와 다른 후궁들과 한편이 되어 권력을 농단하고 있
었기 때문이다. 심지어 친정 세력들은 부정과 비리를 저지르며 뇌
물까지 챙기고 있었다. 게다가 개시 김씨는 왕비 류씨의 비위를
잘 맞추는 교활하고 눈치 빠른 여인이었기에 함부로 공격할 수도
없었다.

당시의 정치 상황은 매우 혼란스러웠다. 임해군과 영창대군의 죽음, 인목왕후의 유폐 등 하루도 조용할 날이 없었다. 국제정세 또한 어지럽게 돌아가고 있었다. 명나라는 점차 쇠락하고 있었고, 한때 오랑캐로 여겨지던 여진은 무섭게 성장하여 대국으로 발돋움하고 있었다.

남편 광해군은 이러한 혼란을 수습하며 왕권을 바로 세우기 위해 분주했다. 전란으로 파괴된 도성과 궁궐을 복구하는 것은 기본이었으며, 복잡한 정치 상황 속에서 수많은 목숨을 앗아가며 대응했다. 그는 한 치 앞을 내다볼 수 없는 국제 정세에 적응하기 위해 천도遷都를 결심하고 새로운 수도를 조성하는 무리수를 두기도 했다. 이 과정에서 광해군은 후궁들조차 자신의 정치적 도구로 활용했다.

이처럼 복잡하고 혼란스러운 정치 상황에서 류씨가 아내로서 질투심을 드러낼 여지는 없었다. 대신 그녀는 자신의 고통과 가슴앓이를 종교로 치유하는 데 몰두했다. 그녀는 불교에 귀의하여 기도하며 이렇게 말했다고 전해진다.

"부처님이여, 후생에는 왕가의 며느리가 되지 않게 해주소서."

류씨는 불교 신앙에 의지하는 한편, 시를 쓰는 것으로도 마음을 달랬다. 당시 여인으로서는 드물게 그녀는 어머니 정양정처럼 한문에 능했고, 한시를 지을 수 있는 여성이었다. 조선 왕조의 왕비 중 시를 남긴 유일한 인물이 바로 류씨다.

그녀는 많은 시를 지었지만, 불행히도 지금까지 전해지는 시는 효종의 부마 정재륜의 《공사견문록》에 실린 한 편뿐이다. 그 시의 일부는 다음과 같다.

난세에 하마터면 죽을 뻔도 하였지만
태평시절 우리 왕 오래도록 모시려오

이 시에서 드러나듯, 그녀는 남편 광해군에 대한 신뢰를 분명히 하고 있었다. 광해군이 많은 후궁을 거느리고 그녀를 외면할 때조차, 류씨는 원망하거나 분노하지 않았던 것으로 보인다.

비극으로 끝난 왕비의 삶

복잡하고 혼란스러운 정치 상황은 날이 갈수록 극단으로 치달았고, 결국 1623년 3월 인조반정이 일어나고 말았다. 반정 당일 남편 광해군은 반정군에 체포되었지만, 왕비 류씨는 며칠 동안 후원에 몸을 숨겨 체포를 피할 수 있었다. 그러나 결국 그녀도 잡히고 말았으며, 그때는 이미 친정 일가가 모두 궤멸된 상태였다. 이후 그녀는 남편 광해군, 아들, 며느리와 함께 강화도로 유배를 떠나야 했다.

강화도에서 함께 유배 생활을 하게 되었지만, 류씨는 아들 내외와 한곳에서 지낼 수 없었다. 조정에서는 그녀와 광해군을 강화성의 동문 쪽에 머물게 하고, 아들 내외는 서문 쪽에 머물도록 조치했다. 이러한 상황에서 아들 폐세자 이질은 탈출을 시도했다. 위리안치 상태에서 반란 세력을 몰아내겠다는 일념으로 땅굴을 파고 탈출을 감행하려 했으나, 결국 발각되어 죽임을 당했다. 그의 아내였던 세자빈 또한 남편을 따라 자결하고 말았다.

이 소식을 들은 류씨는 극심한 정신적 충격을 받고 쓰러졌으며, 끝내 회복하지 못하고 사망했다. 인조반정으로 궁궐에서 쫓겨난 지 불과 7개월 만의 일이었다.

열 살의 어린 나이에 광해군과 결혼하여 7년의 전란을 겪고, 세 자식을 먼저 떠나보내야 했으며, 어린 시어머니와 그의 적자로 인해 살얼음판 같은 세월을 견디며 겨우 왕비에 올랐던 그녀였다. 그러나 왕비가 된 이후에도 그녀는 계속되는 정치적 혼란과 광해군의 축첩으로 인한 가슴앓이를 견뎌야 했다. 결국 류씨는 이 모든 고통과 불행 속에서 비참하게 생을 마감했다.

제1왕비: 인열왕후 한씨, 평생 공포와 슬픔에 갇혀 살다

1594~1635년

인열왕후 한씨는 1594년 7월 1일, 청주 한씨 한준겸과 창원 황씨 사이에서 2남 4녀 중 막내딸로 태어났다. 그녀가 태어날 당시, 아버지 한준겸은 강원도 원주 목사로 부임 중이었다. 그러나 임진왜란 중이었던 탓에 출산 환경이 열악했고, 어머니 황씨는 그녀를 낳은 지 40일 만에 산욕으로 사망했다.

아버지 한준겸은 1586년 선조 대에 문과에 급제하여 예문관 검열과 봉교를 거쳐 금천 현감이 되었다. 이때 정여립 사건이 발생했는데, 한준겸은 정여립의 사위 이진길을 천거한 적이 있어 연루되어 감옥에 갇혔다. 그러나 다행히 혐의가 없어 풀려난 뒤 1592

년 예조 정랑에 임명되었다. 임진왜란 중에는 원주 목사, 사헌부 지평, 집의 등을 거쳐 정유재란 당시인 1597년에는 좌부승지에 올랐다. 이후 선조의 신임을 받아 경기감사, 호조판서 등을 역임하며 입지를 다졌다.

죽음의 공포 속에서 산 군부인 시절

1608년 선조가 사망하면서 그는 적자인 영창대군을 부탁한다는 유언을 받은 일곱 신하 중 한 사람이 되었다. 그러나 그의 딸 한씨가 정원군의 아들 능양군(훗날 인조)과 혼인한 것은 선조의 사망 후 2년이 지난 1610년이었다. 이때 한씨는 열일곱 살이었고, 능양군은 한 살 어린 열여섯 살이었다.

한씨와 능양군의 혼인 당시, 그녀의 아버지 한준겸의 정치적 입지는 매우 위태로웠고, 남편 능양군의 처지도 위험한 상황이었다. 한준겸은 선조의 유언을 받들었던 신하로, 정권을 장악한 대북 세력의 공격 대상이었고, 능양군 역시 광해군의 어머니 공빈 김씨와 대립하던 인빈 김씨의 손자로서 대북 세력의 표적이 되었다.

결국 한준겸은 1613년 계축옥사로 영창대군이 제거되자 대북 세력의 지속적인 공격을 받아 유배되었다. 능양군 역시 1615년 발생한 능창군 추대 사건으로 인해 언제 죽을지 모르는 불안한 신세가 되었다. 능창군은 능양군의 동생으로, 신경희를 비롯한 서인들의 추대로 역모에 가담했다는 죄목으로 처형되었다. 이로 인해 능양군은 극도로 몸을 사리며 지내야 했고, 유배된 한준겸 역시 생명을 장담할 수 없는 상황이었다.

이처럼 한씨는 아버지와 남편 모두가 광해군의 정적이었기에 혼인 후 줄곧 불안과 공포 속에서 살아야 했다. 다행히 남편 능양군은 신중한 처신 덕분에 화를 면할 수 있었고, 친정아버지 한준겸도 유배 5년 만에 풀려나 다시 벼슬에 복귀할 수 있었다.

그러나 당시 서인 대부분은 관직에서 축출되거나 지방 관직에 머물러야 했다. 이로 인해 서인들의 불만이 극에 달했고, 결국 1623년 3월 인조반정으로 이어졌다. 반정 후, 남편 능양군이 왕위에 올라 인조로 즉위했고, 한씨는 왕비로 책봉되었다. 결혼 이후 십여 년 동안 그녀를 짓눌렀던 불안과 공포에서 비로소 벗어날 수 있었다.

두 차례의 피난, 잃어버린 네 아이

왕비가 된 후, 한씨는 거의 한 해도 평온한 날을 보낸 적이 없었다. 인조가 반정을 일으킨 1623년 3월, 그녀는 셋째 아들 인평대군을 낳고 산후조리조차 제대로 하지 못한 상태였다. 그런데 이듬해인 1624년 1월, 이괄의 난이 발생하며 피난길에 올라야 했다.

이괄의 난이 평정된 후 궁궐로 돌아온 그녀는 네 번째 아이를 가졌다. 하지만 한씨는 불안정한 주변 상황에서 아이를 잉태하지 못하는 예민한 성격을 지닌 여인이었다. 이는 혼인 직후인 1612년에 장남 소현세자를 낳은 이후, 6년 동안 아이를 잉태하지 못했던 사실에서도 드러난다.

소현세자를 낳은 이듬해, 계축옥사로 인해 아버지 한준겸이 유배되면서 그녀는 극도의 불안 속에서 지냈다. 이어 신경희의 옥사와 능창군 추대 사건이 연달아 터지며 그녀의 불안은 더욱 가중되었다. 이러한 상황 속에서 그녀는 6년 동안 아이를 가지지 못하다가, 1618년에 이르러서야 다시 잉태할 수 있었다.

그 무렵, 친정아버지 한준겸이 풀려나고 남편 능양군에 대한 감시도 완화된 상태였다. 덕분에 그녀는 무사히 1619년에 둘째 아들 효종을 출산할 수 있었다.

이괄의 난 이후 그녀가 잉태하여 낳은 넷째 아이는 용성대군 곤이었다. 곤을 낳은 지 1년 뒤인 1626년, 한씨는 첫 딸을 낳았다. 네 명의 아들을 낳고 얻은 딸이었기에 그녀와 인조는 크게 기뻐했지만, 그 기쁨은 오래가지 못했다. 어렵게 얻은 공주는 태어난 지 얼마 되지 않아 세상을 떠나고 말았다.

이듬해인 1627년, 정묘호란이 발생하며 한씨는 다시 피난길에 올라야 했다. 그리고 궁궐로 돌아온 그해 말, 오랜만에 그녀는 경사를 맞이했다. 장남이자 세자인 소현세자가 세자빈을 맞이한 것이다.

시어머니가 된 한씨는 이후 또다시 임신을 했다. 이번에도 아들이었지만, 1629년에 태어난 다섯째 아들은 태어난 지 한 달도 되지 않아 죽었다. 설상가상으로, 다섯째 아들을 잃은 지 3개월 만에 넷째 아들 용성대군도 병으로 세상을 떠났다. 이렇게 세 명의 자식을 차례로 잃은 한씨는 깊은 슬픔으로 오랫동안 고통스러워했다.

그러나 그녀의 불행은 여기서 끝나지 않았다. 1635년 초, 마흔이 넘은 나이에 다시 잉태하게 되었는데, 이번 출산은 난산이었다. 가까스로 아들을 출산했지만, 아이는 태어나자마자 죽었고, 한씨 또한 산욕을 이기지 못하고 세상을 떠났다.

이렇듯 한씨는 왕비로서도 편안한 삶을 누리지 못한 채, 고통과 난관 속에서 살다가 마흔을 갓 넘긴 나이에 생을 마감했다.

제2왕비: 장렬왕후 조씨,
예송 논쟁 속에서 묵묵히 왕실을 지키다

1624~1688년

장렬왕후 조씨는 1624년 11월 17일 한양 조씨 조창원과 전주 최씨 사이에서 태어났다. 조창원은 조선 태종 대의 권신 조말생의 후손으로, 그의 아버지 조존성은 호조판서를 역임한 명문가 출신이었다.

조씨가 왕비로 간택되어 중전에 오른 것은 1638년, 그녀가 열다섯 살 때였다. 당시 아버지 조창원은 인천부사로 부임 중이었다. 반면, 남편인 인조는 이미 43세로, 조씨에게는 아버지뻘 되는 중년의 나이였다.

어린 나이에 입궐한 조씨의 중궁 생활은 험난했다. 비록 형식상 내명부의 수장이었으나, 그녀는 궁궐 안에서 실질적인 영향력을 행사할 수 없는 처지였다. 이는 당시 인조가 후궁 소용 조씨에게 크게 의지했기 때문이었다.

기세등등한 후궁

사실, 인조는 갑작스럽게 왕비 한씨(인열왕후)가 죽은 후 새 왕비를 들이지 않겠다고 선언했을 만큼 소용 조씨에 대한 마음이 각별했다. 그러나 아무리 후궁 조씨를 사랑한다 하더라도 그녀를 왕비로 세울 수는 없었다. 그녀는 서녀 출신이었기 때문이다.

한편, 조정에서는 국모의 부재가 궁궐 운영에 부정적 영향을 미친다며 새 왕비 간택을 강력히 주장했다. 결국 인열왕후의 삼년상이 끝난 후, 조정의 압박으로 새 왕비 간택령이 내려졌고, 그 결과 조씨가 왕비로 간택되었다.

하지만 열다섯 살 어린 소녀가 중년의 인조에게 사랑받는 일은 쉽지 않았다. 조씨는 아이를 임신하지 못한 반면, 소용 조씨는 이미 인조의 딸 효명옹주를 낳아 숙원으로 책봉된 상태였다. 인조는 숙원 조씨뿐 아니라 늦게 얻은 옹주를 몹시 사랑했다. 그런 까닭에 숙원 조씨는 스스로 왕비처럼 행세하고 있었다.

장렬왕후가 입궐하자 숙원 조씨는 경계심과 질투심을 드러냈고, 인조는 왕비 조씨에게 가까이 다가가지 못했다. 이로 인해 조씨는 임신할 기회조차 얻기 어려운 상황이었다.

그 사이, 숙원 조씨는 다시 임신하여 왕자 두 명을 출산했고, 이로 인해 그녀의 품계는 종1품 귀인으로 승격되었다. 이후로 조귀인의 권세는 하늘을 찔렀고, 그녀는 사실상 궁궐의 중심 인물로 자리 잡았다. 반면, 왕비 조씨는 궁궐에서 마치 죽은 사람처럼 존재감을 잃고 지내야 했다.

여자의 야망에 놀아난 인조

인조의 사랑을 독차지한 조귀인의 욕심은 끝이 없었다. 그녀의 최종 목표는 자신의 아들을 왕위에 올리는 것이었다. 조귀인에게는 숭선군과 낙선군 두 아들이 있었는데, 그녀는 세자 소현세자를 제거하고 그들 중 한 명을 왕으로 만들려는 야망에 사로잡혀 있었다. 이를 위해 조귀인은 소현세자를 제거하려 혈안이 되었다.

당시 소현세자는 청나라에 볼모로 가 있었다. 그는 볼모 생활 중에도 뛰어난 외교력을 발휘해 청나라 조정의 신뢰를 얻고 있었는데, 조귀인은 이를 이용해 소현세자가 왕위를 찬탈하려 한다고 모함하며 인조와 세자 사이를 이간질했다. 인조는 그녀의 말을 믿고 소현세자를 의심하기 시작했다. 결국, 1645년 소현세자는 귀국한 후 의문의 죽음을 맞이했다.

소현세자가 죽자, 조귀인은 세자빈 강씨마저 역적으로 몰아세웠다. 그녀는 강씨가 소현세자를 독살하고, 인조까지 죽이려 했다는 누명을 씌웠다. 인조는 이 말을 그대로 믿고 강씨를 역적으로 몰아 처형했으며, 강씨의 세 아들도 모두 귀양을 보냈다. 그러나 귀양 간 세 손자 중 두 명은 의문의 죽음을 당했다. 결국, 인조는 조귀인의 말에 휘둘려 자신의 자식, 며느리, 그리고 손자들까지 잃게 되는 비극을 초래했다.

하지만 왕위 계승은 조 귀인의 뜻대로 되지 않았다. 소현세자가 죽은 뒤, 인조는 둘째 아들 봉림대군(효종)을 불러들여 세자로 책봉했다. 이는 조귀인의 계획에 큰 타격을 주는 일이었다.

그럼에도 조귀인은 야망을 버리지 않았다. 그녀는 딸 효명옹주를 권신 김자점의 손자 김세룡과 혼인시키며 훗날을 도모했다. 이 결혼을 성사시키기 위해 조귀인은 김세룡의 사주팔자를 조작하는 일까지 벌였는데, 이는 김자점과 함께 꾸민 계책이었다.

그러나 조귀인의 야망은 끝내 실패로 돌아갔다. 인조가 병으로 쓰러지며 세자 효종이 대리청정을 하게 되었고, 이는 조귀인의 계획에 큰 차질을 가져왔다. 설상가상으로 인조는 병상에서 일어나지 못하고 사망하였고, 이로써 자신의 아들을 왕으로 만들겠다는 조귀인의 야욕도 실패로 끝나고 말았다.

태평스러운 10년 세월

조귀인이 궁궐에서 왕비처럼 행세하며 설치는 동안, 정작 중

전인 조씨는 인조의 미움을 받아 경덕궁(현 경희궁)으로 쫓겨나야
했다. 그녀가 경덕궁으로 거처를 옮긴 것은 입궐한 지 7년이 지난
1645년의 일이었다. 이때부터 그녀는 남편 인조의 얼굴조차 제대
로 볼 수 없는 생활을 이어갔다.

경덕궁에서 지낸 지 4년이 갓 지났을 때, 인조가 붕어했다. 인
조가 죽자, 효종이 즉위하였고, 그녀는 26세의 나이에 왕대비가 되
었다. 그녀는 자의대비로 불리게 되었다. 왕실의 최고 어른이라고
는 하나 나이로는 그녀가 아들 효종이나 며느리 인선왕후보다 어
렸다.

그러다 보니 그녀의 처지는 마치 뒷방 늙은이와도 같았다. 형
식적으로는 왕대비로서 대접을 받았지만, 실제로 그녀가 할 수 있
는 일은 거의 없었다. 왕대비의 자리를 지키는 것이 그녀의 유일한
역할이었다.

그럼에도 그녀가 왕대비가 된 것을 다행스럽게 여길 수 있었
던 이유는 새롭게 왕위에 오른 의붓아들 효종의 극진한 대접 덕분
이었다. 효종은 그녀를 위해 만수전이라는 전각까지 지어 효심을
표현했으며, 그녀를 모시는 데 정성을 다했다.

또한 효종은 그녀를 괴롭히고 미워하던 조귀인과 김자점 무리
들을 철저히 제거했다. 이로 인해 그녀는 더는 위협받지 않고 평온
한 시간을 보낼 수 있었다. 효종 재위 기간 동안의 10년은 그녀에
게 있어 가장 태평스러운 시기였다.

예송정쟁

효종이 사망하면서 그녀의 평화로운 시절도 막을 내렸다. 효종은 재위 10년 만에 얼굴에 난 종기를 잘못 건드려 과다출혈로 급사했다. 이 어처구니없는 죽음으로 그의 아들 현종이 왕위에 올랐고, 왕대비 조씨는 대왕대비로 승격되었다. 그러나 이와 동시에 그녀는 전혀 예상치 못했던 정쟁에 휘말리게 되었다. 바로 예송이 시작된 것이다. 그녀는 그 예송의 소용돌이 한가운데에 서야 했다.

1659년, 효종의 사망과 현종의 즉위 후, 대왕대비 조씨의 상복 기간에 대한 논쟁이 격화되었다. 이것이 바로 기해예송이다. 논쟁의 핵심은 조씨가 효종을 위해 1년 동안 상복을 입어야 하는가, 3년 동안 입어야 하는가였다. 얼핏 보면 대수롭지 않은 문제처럼 보이지만, 이 논쟁은 효종의 정통성과 왕위 계승의 정당성을 둘러싼 중대한 사안이었다.

서인 측(송시열, 송준길 등)은 조씨가 1년 상복을 입어야 한다고 주장했다. 그 논리적 근거는 다음과 같았다.

1. 효종은 장남이 아닌 차남이다.
2. 장남 소현세자가 죽었을 때 조씨는 이미 3년 복상을 치렀다.
3. 따라서 효종이 왕이든 아니든, 조씨에게는 차남에 해당하므로 《주자가례》에 따라 1년 상복이 적합하다는 것이다.

겉보기에는 논리적으로 타당해 보이는 이 주장은 사실상 효종의 왕위 계승이 정당하지 않다는 의미로 해석될 여지가 있었다. 서인들은 소현세자의 죽음 이후 세손(소현세자의 아들)이 왕위를 이어야 한다고 생각했기 때문에, 효종의 세자 책봉과 왕위 계승에 불만을 품고 있었다.

게다가 인조는 소현세자의 빈 강씨를 역적으로 몰아 죽이고, 소현세자의 세손들마저 죽게 했다. 당시 강씨는 서인 세력을 대변하는 존재였기에, 그녀를 제거한 일은 서인들의 분노를 자아냈다. 따라서 효종을 인조의 차남으로 보고 장렬왕후의 복상 기간을 1년으로 하자는 것은 효종의 왕위 계승이 정당하지 않았다는 주장으로 읽힐 수 있었다.

이에 대해 남인 측(허목 등)은 반발하며, 효종이 차남인 것은 맞지만 왕위를 계승했으므로 장남과 같은 대우를 받아야 한다고 주장했다. 따라서 조씨는 3년 상복을 입는 것이 옳다는 반론을 펼쳤다.

이 논쟁은 결국 현종이 서인의 손을 들어주며 마무리되었다. 당시 조정을 장악하고 있던 세력이 서인이었기 때문이었다. 결과적으로 조씨는 1년 동안만 상복을 입었다.

그러나 그 1년의 복상 기간은 조씨에게 있어 매우 고통스러운 시간이었다. 그녀는 자신이 살아있어서 이런 논쟁이 벌어졌다고 자책하며 바늘방석 같은 세월을 견뎌야 했다.

계속되는 정쟁 속에 묵묵히 살다

기해예송이 끝나면서 복상 논란도 마무리되는 듯했으나, 1674
년 효종의 왕비 인선왕후가 사망하면서 또다시 복상 문제가 불거
졌다. 이번에도 대왕대비 조씨는 그 중심에 설 수밖에 없었다.

이번 논란에서 서인은 다시 한 번《주자가례》를 근거로 조씨의
복상 기간이 9개월이어야 한다고 주장했다. 《주자가례》에 따르면
둘째 며느리(효종비)가 사망했을 때, 시어머니의 복상 기간은 9개월
로 규정되어 있었기 때문이다.

그러나 남인은 이를 받아들이지 않았다. 남인들은 효종 장례
때와 같은 논리를 내세우며, 효종비가 왕비였으므로 시어머니인
조씨가 큰 며느리에 준하는 예로 1년 상복을 입어야 한다고 주장
했다.

이렇게 시작된 2차 예송(갑인예송)의 결과는 뜻밖에도 남인의
승리로 끝났다. 현종은 서인의 주장을 따른다면 효종의 정통성
에 흠집이 생길 수 있다고 판단하고, 이번에는 남인의 주장을 받
아들였다. 더불어 서인 세력을 대거 축출하고 남인 중심의 정권을
세웠다.

현종이 서인을 축출하고 남인을 중용한 것은 단순히 효종의
정통성을 지키기 위한 것만이 아니었다. 당시 현종의 장인 김우명
이 송시열을 중심으로 지나치게 팽창한 서인 세력을 견제하고자
남인에게 힘을 실어준 결과였다. 결국, 서인의 분열과 남인의 결집

이 남인의 승리를 가져온 셈이었다.

조씨는 자신의 복상 문제가 초래한 이 거대한 정치적 회오리 속에서도 묵묵히 입을 다물었다. 그녀는 조정의 결정에 따르기만 했으며, 자신의 의견을 내세우지 않았다. 덕분에 두 번의 예송 논란 동안 그녀에 대한 비판이나 질책은 거의 나오지 않았다.

이후에도 조씨는 긴 세월 동안 많은 왕실의 비극을 지켜봐야 했다. 그녀는 손자 현종, 손자 며느리 명성왕후, 증손자 며느리 인선왕후의 장례를 차례로 겪었다.

결국, 그녀는 1688년 65세의 나이로 생을 마감하며 고단했던 삶을 마무리했다.

인선왕후 장씨,
적국의 인질로 살다 돌아와 왕비가 된 여인

1618~1674년

인선왕후 장씨는 1618년 12월 25일, 덕수 장씨 장유와 안동 김씨 사이에서 1남 2녀 중 차녀로 태어났다. 그녀의 가문은 고려로 귀화한 원나라 출신의 후손이었다.

인선왕후의 선조는 원나라에서 고려로 귀화한 장순룡이다. 장순룡은 원나라 선무장군 진변총관의 자격으로 고려에 시집온 공주를 보필하다 고려에 정착하게 되었고, 덕수 고을에 자리 잡았다. 이후 장순룡의 후손들은 조선 왕조에서도 두각을 나타냈다. 그중 한성판윤을 지낸 장핵, 승문원 판교를 역임한 장옥 등이 유명하며, 장옥의 4대손이 바로 인선왕후의 아버지 장유이다.

중국인의 후예로 태어나 왕가의 며느리 되다

어머니 김씨는 병자호란 당시 강화도에서 순절한 김상용의 딸이다. 김상용은 강화도가 함락되자 문루에 화약을 쌓고 스스로 불을 붙여 순국한 인물로, 당시 그는 돈령부 영사로서 피신한 왕족들을 호위하고 있었다.

인선왕후는 어릴 적부터 인정이 많고 침착한 성격이었던 모양이다. 이와 관련하여 일화 한 토막이 전해진다.

그녀에게는 한 살 위의 언니가 있었는데, 언니는 종기가 자주 났다. 당시 어린아이의 오줌이 종기 치료에 효험이 있다는 믿음이 있어, 이를 얼굴에 발랐다고 한다. 하지만 어머니 김씨는 손을 더럽히기 싫어 이를 꺼렸고, 대신 어린 인선왕후가 자신의 손에 오줌을 묻혀 언니의 종기를 치료해 주었다.

이 모습을 본 부모는 그녀를 몹시 기특하게 여겼다. 훗날 언니는 과부가 되어 곤궁한 삶을 살았으나, 인선왕후는 꾸준히 언니를 도와주며 가족애를 보여주었다

인선왕후가 인조의 차남 봉림대군 이호(효종)와 혼인한 것은 1631년이었다. 당시 그녀의 나이는 열네 살, 봉림대군은 열세 살이었다.

그 무렵, 그녀의 아버지 장유는 인조반정에 참여해 정사공신에 오른 뒤, 여러 벼슬을 거친 상태였다. 가문의 지위와 그녀의 덕망이 어우러져 인선왕후는 어린 나이에 왕가의 며느리가 되었다.

심양에서 보낸 고통과 슬픔의 인질 생활

봉림대군과 혼인한 후 풍안부부인이 된 인선왕후는 4년 동안 대궐에서 생활하다가, 1635년 사저로 나와 생활하게 되었다. 그러나 그녀의 사저 생활은 고난의 연속이었다.

사저로 나온 직후, 시어머니 인열왕후가 사망하면서 국상을 치러야 했고, 장례 기간이 끝나자마자 병자호란이 발발해 가족들과 함께 강화도로 피신해야 했다. 강화도로 들어갈 당시 그녀는 차녀 숙안공주를 막 출산한 상태로, 몸조차 제대로 추스르지 못한 상황이었다.

이후 청군이 강화도에 상륙하면서 외조부 김상용이 순절하는 비극을 목격해야 했고, 병자호란이 끝난 뒤 인조가 청나라에 항복하자 남편 봉림대군과 함께 심양으로 끌려가 9년간 인질 생활을 해야 했다.

1636년 2월 5일, 심양으로 끌려가던 길에 그녀는 아이를 잉태하고 있었다. 험난한 여정에도 불구하고 아이는 무사히 태어났고, 아들이었다. 그러나 첫아들은 심양에서 성장하던 중 어린 나이에 병을 얻어 세상을 떠났다. 이 사건은 그녀의 9년간의 인질 생활 중 가장 고통스러운 일이었다.

심양에서 그녀는 첫아들을 잃은 이후에도 계속해서 자녀를 낳았다. 3녀 숙명공주, 차남(현종), 4녀 숙휘공주, 5녀, 3남 등 총 6명의 자녀가 1640년부터 1645년까지 매년 태어났다. 그러나 5녀와

3남은 태어나자마자 사망했으며, 잦은 임신과 출산으로 그녀는 심양에서 대부분의 시간을 육체적, 정신적 고통 속에서 보내야 했다.

그렇게 9년의 고통스러운 세월을 보낸 그녀는 1645년 5월 14일, 마침내 환국의 길에 올랐다. 당시 그녀는 28세였으며, 또다시 임신 중이었다. 그녀의 뱃속에는 훗날 숙정공주로 이름 붙여질 6녀가 있었다.

느닷없이 닥친 세자빈 책봉

귀국한 지 불과 2개월 만인 1645년 윤 6월, 그녀의 남편 봉림대군은 세자로 내정되었다. 전혀 예상치 못했던 일이었다.

그들 부부에 앞서 1645년 1월, 소현세자 부부가 먼저 인질 생활을 마치고 귀국했었다. 그러나 소현세자는 귀국 3개월 만에 갑작스럽게 사망했다. 그의 죽음을 둘러싸고 인조가 고의로 독살했다는 소문이 항간에 돌았지만, 그녀와 봉림대군은 이런 저간의 사정을 전혀 알지 못한 채 소현세자의 죽음 소식만 들은 상태로 귀국했다.

소현세자의 죽음 이후, 조정 대신들은 왕위 계승 서열에 따라 세손 석철을 왕위 계승자로 삼아야 한다고 주장했다. 그러나 인조는 대신들의 요청을 거부하고, 왕위 계승자로 봉림대군을 지목했다. 결국 1645년 9월 27일, 봉림대군이 세자에 책봉되었고, 그녀도 자연스럽게 세자빈이 되었다.

당시 그녀는 6녀 숙정공주를 출산한 지 불과 18일째 되는 날
이었다. 귀국 이후 만삭 상태였던 그녀는 출산에 모든 신경을 쏟고
있었으며, 궁중의 상황에 관심을 기울일 여유가 없었다. 이런 상황
에서 세자빈 책봉은 그녀에게 느닷없이 닥친 사건이었다. 졸지에
세자빈이 된 그녀는 갑작스러운 변화에 적응해야 했다.

역적의 오명을 쓰고 죽은 윗동서

봉림대군을 세자로 삼은 인조는 큰 며느리인 소현세자의 빈
강씨와 세손이 살아있다는 사실을 몹시 꺼림칙하게 생각했다. 결
국, 인조는 후궁 소용 조씨와 함께 그해 1645년 9월에 강빈을 제
거하기 위해 계략을 꾸몄다.

그들의 계획은 소현세자의 궁녀였던 신생을 매수하여, 강빈이
인조와 조소용, 새로 세자가 된 봉림대군(효종)을 저주하기 위해 대
궐 곳곳에 사람의 뼈와 구리로 만든 흉물을 묻었다고 고발하도록
하는 것이었다.

신생의 고변이 있자 인조는 강빈의 궁녀들인 계향과 계환을
내옥으로 불러 고문했다. 그러나 궁녀들은 끝까지 자백하지 않았
고, 결국 고문 도중 목숨을 잃었다.

원칙적으로 이런 사건은 의금부에서 심문해야 했으나, 인조는

이를 조정에 맡기지 않고 내옥에서 은밀히 처리했다. 조정 대신들이 알았다면 큰 반발을 불렀을 일이었다.

궁녀들이 고문으로 사망한 뒤, 인조는 조정에 단순히 "궁녀들이 왕실을 저주하여 국문 중 사망했다"고만 보고했다. 그는 이를 왕실 내부의 문제로 규정하며 조정의 개입을 금지했다. 그러나 강빈에 대한 결정적인 증거를 확보하지 못했기에, 인조의 첫 번째 계략은 실패로 끝났다.

그러나 인조는 거기서 포기하지 않았다. 이듬해인 1646년 1월에 대궐이 발칵 뒤집히는 사건이 발생했다. 인조의 수라상에 올라온 전복구이에서 독극물이 발견된 것이다.

사건이 발생하자마자 인조는 곧 강빈을 의심했다. 그래서 강빈의 궁녀들과 음식을 올린 나인들을 함께 국문토록 했다. 왕이 별다른 증거도 없이 강빈의 궁녀들을 국문하자, 조정에서는 인조의 태도가 의도적이라고 판단했다. 이미 당시 강빈의 형제들인 강문성과 강문명에게 죄명을 붙여 유배 보내고, 강빈의 일족들을 대거 벼슬에서 쫓아낸 마당이었기 때문이다. 그때 강빈의 아버지 강석기는 죽고 없었다.

전복구이 사건으로 총 8명의 궁녀가 하옥되었는데, 그 중에 정렬, 계일, 애향, 난옥, 향이 등은 강빈의 궁녀였고, 나머지 천이, 일녀, 해미 등은 음식을 맡은 궁녀였다.

한편, 이때 강빈 또한 궁궐 후원 별당에 유폐되었다. 인조는 유폐시킨 강빈에게 단 한 명의 시녀도 붙이지 못하도록 했고, 문을 폐쇄하고 그 문에 작은 구멍을 뚫어 음식과 물을 주도록 했다.

그러자 세자(봉림대군, 효종)가 이렇게 간했다.

"강씨가 비록 불측한 죄를 의심받고 있다고는 하나 간호하는 사람은 있어야 할 것입니다. 더구나 지금 죄 지은 흔적이 분명치도 않은데, 성급하게 이런 조치를 취하고 시녀 하나 붙이지 않는단 말입니까?"

그때서야 인조는 강빈에게 시녀 한 명을 붙였다.

당시 사건에 대하여 실록의 사관들은 이렇게 판단하고 있다.

대개 이때에 강빈이 죄를 얻은 지 이미 오래였고, 조소원이 더욱 참소를 하였다. 상(임금)이 이 때문에 궁중 사람들에게 누구든 강씨와 말을 나누는 자는 죄를 주겠다고 했다. 때문에 양궁(세자빈궁과 대전)의 왕래가 끊어졌으므로 어선에 독을 넣는 것은 형세상 있을 수 없는 일이었다. 그런데도 상이 굳이 이같이 생각하므로, 사람들이 다 조씨가 모함한 데서 연유한 것으로 의심했다.

실록의 이 내용을 보건대, 당시 전복구이 독약 사건은 인조와 조소용이 꾸민 짓이다. 인조는 이 사건을 빌미로 어떻게 해서든 강빈을 죽이려했다. 그러나 강빈의 궁녀와 어선을 만든 궁녀들이 모두 자백하지 않은 채 고문을 받다 죽은 마당이었다. 결국 강빈의 죄를 입증하지 못했지만 인조는 대신들을 불러 강빈을 죽이라고 했다. 하지만 조정에선 증거도 없고 자백도 없는 상황에서 강빈을 죽일 수는 없다고 버텼다. 그러자 인조는 비망기에 이렇게 썼다.

강빈이 심양에 있을 때부터 은밀히 왕위를 바꾸려고 도모했다. 갑
신년 봄에 청나라 사람이 소현세자와 빈을 보내줬는데, 그때 내간
에서 강빈이 은밀히 청나라 사람과 도모하여 장차 왕위를 교체하
는 조처가 있을 것이라고 말했다. 이렇듯 군왕을 해치려 했으니,
해당 부서로 하여금 율문을 상고해 품의하여 처리토록 하라.

그 소리를 듣고 대신들은 서로 돌아보며 어떻게 대답해야 할
지 몰랐다. 그때 이시백이 말했다.

"시역弑逆(부모나 임금을 죽임)이야 말로 큰 죄인데, 어떻게 짐작
으로 단정할 수 있겠습니까?"

이렇게 대신들이 반대하자, 인조는 화를 내며 오히려 대신들
이 반란을 도모할까 의심하며 포도청에 명하여 대신들을 감시하
도록 했다.

이후 인조는 조정의 반대에도 불구하고 승정원에 강빈을 폐출
하고 사사하라는 말을 내리고 그 뜻을 조정에 알리라고 했다.

하지만 누구 하나 나서서 강빈을 죽여야 한다고 말하지 않자,
인조는 정승들과 삼사의 장관들을 모두 불러 강빈이 시역의 죄를
저질렀다고 강변하고, 죽일 것을 주장했다. 심지어 이 과정에서 성
종이 자신의 왕비를 죽인 것을 들먹이며 아내와 며느리 중에 누가
더 중하냐고 묻기도 했다. 말인즉, 성종이 아내인 왕비를 죽이는

것도 조정에서 받아들였는데 어째서 아내보다 먼 며느리를 죽이는 일을 받아들이지 않느냐는 다그침이었다.

이쯤 되자, 조정에서도 더는 인조의 뜻을 거스르지 못했다. 이미 인조가 강빈을 죽이기에 혈안이 된 이상 막을 방도가 없었던 것이다.

인조는 이처럼 자신의 왕위를 빼앗길까 염려하여 아무 죄도 없는 아들과 며느리는 물론이고, 아무 관련도 없는 궁녀들을 무려 십여 명이나 죽였다. 그것도 모자라 이듬해엔 강빈의 어머니와 형제들을 문초하고, 그 집 종들은 물론 조금이라도 강빈과 관계가 있었던 궁녀들을 문초하여 죄인으로 몰았다. 하지만 강빈이 사람 뼈와 구리로 형상을 만들어 왕과 세자를 저주했다는 고변을 한 궁녀 신생에 대해서는 끝까지 죄를 묻지 않았다. 헌사에서는 신생도 역모에 가담한 것이 분명하다고 했지만, 인조는 신생의 도움으로 궁궐 곳곳에 묻혀있던 흉물들을 찾아냈다며 그 공로를 생각하여 죄를 주지 말 것을 명령했다. 근본적으로 신생은 인조와 조소용에 매수된 것이었던 만큼 끝까지 그녀를 보호해주지 않을 수 없었던 것이다.

강빈을 죽인 인조의 시선은 이번에는 그녀의 세 아들에게 향했다. 인조는 그들을 머나먼 제주도로 유배시켰고, 이들 중 경선군과 경완군은 의문의 병에 걸려 죽었다. 다만 셋째 아들 경안군은 가까스로 살아남았다. 하지만 그도 역모의 불씨가 된다 하여 제주에서 남해로 다시 강화로 유배지를 전전하며 살아야 했다.

아들과 며느리, 손자까지 죽음으로 내몬 인조, 그렇지만 그도 이 일로 많은 스트레스를 받았던 모양이다. 그들을 죽인 지 4년이 채 못 된 1649년(인조 27년) 5월 7일, 인조는 갑작스럽게 드러누웠다. 하지만 당시 어의들은 인조의 병을 그다지 심각하게 받아들이지 않았다. 그다지 위급한 증세도 보이지 않았고, 심각한 상황도 아니라고 여긴 것이다.

하지만 인조는 다시 일어나지 못했다. 병명은 감풍感風이라 했으니, 뇌졸중이었다. 그의 나이 55세였다. 젊은 시절엔 언제 광해군의 금부도사가 들이닥칠지 몰라 노심초사하며 지냈고, 왕위에 오른 뒤에는 이괄의 난, 정묘호란, 병자호란 등으로 세 번이나 궁궐을 비우고 달아나야 했으며, 병자호란 이후에는 오랑캐에 무릎을 꿇고 항복한 스트레스에 시달리며 산 그였다. 거기다 장남 소현세자가 왕위를 노린다고 의심하여 독살하고, 맏며느리와 두 명의 손자까지 죽였으니, 그런 파란 많은 인생 치고는 비교적 오래 산 셈이었다.

의료사고로 남편을 잃다

인조가 사망하자, 그녀의 남편 세자 호가 왕위에 올라 효종이 되었다. 당시 그녀는 또 다른 젖먹이 아이를 돌보고 있었다. 막내딸 숙경공주의 돌이 막 지난 때였기 때문이다.

남편이 왕위에 오른 후, 인조의 삼년상이 끝난 1651년, 그녀는 정식으로 왕비에 책봉되었다. 이 무렵, 인조의 후궁 조씨가 권신 김자점과 연합해 역모를 꾸몄지만, 이들의 계획은 발각되어 조씨와 김자점 무리는 제거되었다.

　왕비가 된 그녀는 검소한 생활을 하며 효종 재위 기간 동안 비교적 무난하고 평화로운 삶을 살았다. 시집 온 후 거의 하루도 빠짐없이 겪었던 고난이 보상받듯, 그녀에게는 행복한 나날이 이어졌다.

　그러나 1659년 5월, 그녀의 행복은 산산이 깨지고 말았다. 얼굴에 난 종기를 치료하던 남편 효종이 의료사고로 급사한 것이다. 효종은 얼굴의 종기에서 고름을 제거하기 위해 어의들에게 침으로 종기를 절개하도록 했다. 그러나 절개 후 피가 멈추지 않아 과다출혈로 사망에 이르고 말았다. 정말 어이없는 의료사고였다.

　남편의 갑작스러운 죽음으로 그녀는 중궁을 내주고 대비전으로 물러나 효숙왕대비로 불리게 되었다.

　남편 효종의 죽음은 그녀에게 큰 충격을 주었다. 이로 인해 그녀는 점차 생기를 잃고, 육신에 병이 들었다. 이 병은 고질병으로 이어져 그녀는 늘 시름시름 앓아야 했다. 병의 원인을 알 수 없었던 그녀는 치료를 위해 여러 차례 온양으로 내려가 온천욕을 했지만, 모두 헛수고였다. 그녀는 결국 남편 사망 후 병마에 시달리며 15년을 더 살다가, 1674년 1월, 57세의 나이로 생을 마감했다.

명성왕후 김씨,
가문과 붕당을 위해 물불 가리지 않다

1642~1683년

명성왕후 김씨는 1642년 5월 17일, 청풍 김씨 김우명과 은진 송씨 사이에서 태어났다. 4남 2녀 중 장녀였던 그녀는 열 살 때인 1651년(효종 2년), 당시 열한 살이었던 세자 이연(현종)과 결혼하여 세자빈에 책봉되었고, 1659년 현종의 즉위와 함께 왕비가 되었다.

김씨가 왕비에 책봉된 배경은 매우 복잡한데, 이를 알기 위해서는 그녀의 친정 가문과 당시의 붕당들의 권력 상황을 알아야 한다. 김씨의 아버지 김우명은 대동법 확대 시행을 주장했던 서인의 핵심 인물 김육의 차남이었다. 김육은 효종과 현종 시기에 대동법을 추진하며 서인의 중심 인물로 떠올랐다. 그는 인조반정 이후

호조, 예조, 병조, 사헌부 등을 거쳐 영의정에 오르며 서인의 거두 중 한 명이 되었다.

사림의 핵심 가문에서 태어나다

서인은 인조반정 후 조정을 장악하자, 권력 투쟁과 이합집산의 과정을 거치면서 원당, 낙당, 산당, 한당으로 분열되었다.

원당은 원평부원군 원두표, 낙당은 상낙부원군 김자점, 산당은 김집, 한당은 김육과 신면이 우두머리였다. 김자점과 원두표는 원래 같은 당인으로 청서를 공격하던 인물들이었으나 권력을 다투는 과정에서 분리되었다. 원당과 낙당은 모두 부원군 명칭에서 유래되었고, 산당은 충청도 연산 회덕의 산림 세력이라는 데서 유래되었으며, 한당은 김육과 신면이 한강 위쪽에 사는 데서 유래됐다. 산당의 영수 김집을 좌우에서 보좌한 인물은 송준길과 송시열이었는데, 훗날 이들이 서인을 주도하게 된다.

1649년 5월 8일에 효종이 즉위하면서 조정의 판도는 크게 달라졌다. 효종 즉위 당시 김자점은 영의정에 올라 있었는데, 그로부터 한 달 조금 지난 뒤에 그는 파직되었다. 그해 6월 22일에 사헌부와 사간원 양사에서 김자점의 죄목을 조목조목 적어 올렸다. 이 탄핵을 주도한 인물은 사헌부 집의였던 송준길이었다.

산당 세력은 김자점이 유배되자 이번에는 원당의 영수 원두표를 공격하였다. 김자점과 함께 원두표가 분당하여 정치를 어지럽게 하였다는 이유였다.

한편, 유배된 김자점은 신변의 위협을 느끼고 역관 이형장을 통해 효종이 옛 신하들을 몰아내고 청나라를 공격하려 한다고 청에 고발하였다. 이 때문에 청나라 군대가 압록강 근처에 배치되고, 진상조사단이 파견되기까지 하였다. 하지만 영의정 이경석이 예조판서 조경과 함께 노련한 외교력을 발휘하여 이 사건을 무마시켰고, 김자점은 더 먼 곳으로 유배되었다. 이후 김자점은 유배지 광양에서 역모를 획책했는데, 귀인 조씨도 가담하였다.

김자점은 아들 김익이 수어청 군사와 수원 군대를 동원하여 도성을 공격하도록 계획을 세웠고, 성공하면 원두표, 김집, 송시열, 송준길 등을 제거하고 숭선군을 왕으로 추대코자 했다. 하지만 이 모의는 사전에 폭로되었고, 그는 목이 달아났다. 귀인 조씨도 사약을 받았으며, 김자점 세력으로 분류된 인사들도 모두 쫓겨났다. 이 과정에서 한당의 영수였던 신면도 함께 엮여 죽었다.

이렇듯 김집을 영수로 송시열과 송준길이 이끌고 있던 산당 세력은 원당, 낙당 세력을 무너뜨리고 한당 세력의 일부도 눌렀다. 하지만 효종은 충청도 연산 출신으로 이뤄진 산당 세력에 대해 확실한 믿음을 가지고 있지 못했다. 그들 산당 세력은 인조에 의해 죽은 소현세자의 빈 강씨의 죽음에 대한 원한이 있었고, 강빈의 신원을 요구하기까지 했다. 효종은 그 때문에 산당의 속내를 알 수 없다고 판단했다.

그런 까닭에 효종은 산당의 영수 김집과 대립하고 있던 한당의 영수 김육을 지지했다. 김육은 당시 대동법 확대 실시의 중심에 있었고, 김집은 대동법을 확대 실시하는 것에 반대하는 입장이었다. 또한 김집은 원로 대신의 천거로 인재를 등용해 줄 것을 효종에게 요청했는데, 김육이 이를 반대하여 두 사람은 완전히 등을 졌다.

김집과 김육의 권력 다툼을 지켜보던 효종은 김육의 손을 들어줬고, 결국 김집은 그 해 1월 21일에 자신의 고향 연산으로 돌아갔다. 이로써 산당은 낙당과 원당을 물리치고 한당의 영수 중 하나였던 신면까지 제거했으나, 한당의 또 다른 영수 김육에게 뒷덜미를 잡혀 밀려나고 말았다.

김집이 낙향하자, 그들의 제자들인 송시열과 송준길 등의 산당 세력도 밀려났다. 이후, 조정은 한당이 차지했고, 국혼까지 한당이 차지했다. 김육의 아들은 좌명과 우명인데, 차남 우명의 딸인 명성왕후 김씨가 세자빈에 간택되고, 다시 왕비가 됨으로써 서인의 일파인 한당이 조정의 중심 세력으로 자리매김하게 된다. 이후 그녀의 아버지 김우명과 큰아버지 김좌명의 아들 김석주가 조선 조정을 쥐락펴락하게 된다.

이렇듯 명성왕후 김씨가 왕비가 된 배경엔 당시 집권 세력이었던 서인들의 치열한 파벌 싸움이 있었음을 알 수 있다. 그런 의미에서 명성왕후 김씨의 존재는 곧 서인 한당의 건재함을 상징하는 것이며, 입궐 후 그녀가 보이게 될 모든 행동들의 이면엔 한당 세력의 정치적 책략이 도사리고 있음을 알아야 한다.

현종이 후궁을 두지 않은 이유

조선 18대 임금 현종은 재위 기간이 15년이나 되었으나, 후궁을 단 한 명도 두지 않은 왕이었다. 오로지 부인이라곤 명성왕후 김씨 한 명뿐이었다. 물론 공식적으로 그렇다는 이야기다.

사실, 조선 왕들이 후궁을 두는 것은 꼭 왕의 의지 때문만은 아니었다. 왕이 후궁을 두는 이유는 단순히 여색을 탐해서가 아니라 후사를 위해서였다. 대개의 왕들은 적어도 세 명 정도의 후궁을 두었는데, 이는 법적으로 보장된 일이었고 왕이 쉽게 거부할 수 없는 사안이었다. 왕실의 안녕을 위한 일이기 때문이다. 왕조 국가에서 왕위 계승권자가 없으면 정치적으로 매우 불안정해지기 때문에, 적자가 아니더라도 아들을 여럿 두는 것은 정치적 안정을 위한 방책이었다.

그러나 현종은 아들이라곤 명성왕후 김씨에게서 얻은 순(숙종) 하나뿐이었다. 그런데 왜 현종은 이런 상황에서도 후궁을 두지 않았던 것일까? 이에 대해 여러 해석이 있다.

첫 번째 해석은 현종이 명성왕후와 금실이 좋아 다른 여자에게 눈길조차 주지 않았다는 것이다. 사실, 현종이 명성왕후와 금실이 좋았던 것은 사실이다. 명성왕후는 결혼 후 계속 딸만 셋 낳다가 네 번째에 비로소 아들을 얻었다. 이후에도 딸 둘을 더 낳았는데, 모두 여섯 자녀 중 아들은 숙종 한 명이었다. 흔히 부부 금실이 좋으면 딸을 많이 얻는다고 하는데, 이들 부부가 그러했다. 그래서 명성왕후 외에는 어떤 여자에게도 눈길을 주지 않은 결과라는 말도 일리가 있다.

두 번째 해석은 현종의 건강이 좋지 않아 여러 여자를 가까이 할 수 없었다는 설이다. 현종은 어릴 때부터 지병이 있었다. 그는 눈병이 자주 생기고 몸에 종기도 자주 생겼으며, 치료를 받은 기록도 다수 남아 있다. 그러나 현종의 건강 상태가 후궁을 두는 데 위험할 정도로 나쁘지는 않았다. 역대 왕들 중에는 건강이 좋지 않아도 후궁을 여럿 둔 사례가 많다. 이런 측면에서 단순히 건강 때문에 후궁을 두지 않았다는 해석은 설득력이 떨어진다.

세 번째 해석은 외척의 힘이 너무 강해 현종이 처가의 눈치를 보느라 후궁을 들이지 못했다는 설이다. 명성왕후 김씨의 아버지 김우명은 당시 최대 권력자였다. 서인은 인조 이후 정권을 장악하며 한당과 산당으로 나뉘었는데, 한당의 영수는 김육, 산당의 영수는 김집이었다. 이 구도는 현종 대에도 이어져 김육의 아들 김우명이 한당의 당수로 있었고, 김집의 제자 송시열이 산당의 당수로 있었다.

김우명의 딸이 왕비가 되면서 당시 권력은 김우명 일가가 좌우했다. 거기다 명성왕후는 성격이 강하고 드센 인물로 알려져 있었다. 반면 현종은 성격이 순하고 주장이 약한 인물이었기에, 처가의 힘과 아내의 강한 성격 때문에 후궁을 두지 못했다는 해석이다.

이 주장은 앞의 두 가지보다 훨씬 설득력이 있다. 조선 왕들 중 단순히 아내와의 금실 때문에 후궁을 두지 않은 왕은 없었으며, 건강이 나빠도 후궁을 둔 왕은 많았다. 그런 만큼 현종이 후궁을 두지 않은 가장 결정적인 이유는 명성왕후 김씨가 이를 용납하지 않았기 때문이라고 보아야 할 것이다.

현종의 아이를 잉태하고도 쫓겨난 여인 김상업

명성왕후 김씨는 남편 현종에 대한 단속이 심했다. 주변 궁녀들을 엄격하게 감시하여 함부로 왕 곁에 다가오지 못하게 했을 뿐 아니라, 후궁을 들이는 것도 적극적으로 저지했다. 그녀가 남편의 여자 관계를 그토록 단속한 이유는 단순히 질투심 때문만은 아니었다.

만약 남편이 다른 여인에게서 아들을 낳게 된다면, 자신은 물론 자신의 집안과 서인들의 입지가 크게 흔들릴 수 있었다. 명성왕후에게는 아들이 딱 한 명(숙종)뿐이었고, 그 아들이 왕위를 이어야 자신의 가문과 서인 세력도 안전할 수 있었다. 하지만 현종에게 다른 아들이 생기면 상황은 급변할 가능성이 있었다.

당시 숙종은 아직 어렸고, 천연두나 홍역 같은 치명적인 병을 거치지 않은 상태였다. 혹여 천연두 같은 질병이라도 돌면 생명을 잃을 위험이 있었다. 그런데 만약 현종이 다른 아들을 얻는다면, 왕위 계승에 문제가 생길 수 있다는 위기의식이 명성왕후를 더욱 긴장하게 만들었다.

이러한 이유로 명성왕후는 항상 가문과 정치적 안정을 우선시했다. 남편 현종 몰래 왕의 아이를 임신한 궁녀를 궐 밖으로 내쫓은 것도 그와 같은 이유였다.

궁녀 김상업은 현종이 일생에서 왕비 외에 유일하게 취한 여인이었다. 그녀는 군기시 서리 김이선의 딸로, 본래 궁녀로 있던 중 왕의 승은을 입었다. 조선의 관례상, 궁녀가 왕의 승은을 입으면 후궁으로 책봉되는 것이 법도였다. 설사 아이를 낳지 못하더라도 특별상궁으로 불리며 후궁에 준하는 대우를 받았다. 그러나 김상업은 특별상궁은커녕, 궁궐에서 쫓겨나는 신세가 되었다.

그렇다면 그녀는 왜 승은을 입고도 후궁이 되지 못했을까? 더구나 그녀는 임신까지 한 몸이었다. 김상업이 후궁이 되지 못한 이유는 두 가지였다.

첫째는 김상업이 임신한 사실을 현종이 몰랐기 때문이고, 두 번째는 명성왕후가 그녀를 질투하여 궁궐에서 내쫓았기 때문이다.

현종이 그녀의 임신 사실을 몰랐던 이유는 그녀와 동침한 직후, 현종이 갑작스럽게 병을 얻어 병상에 눕게 되었기 때문이다. 현종이 병상에 눕게 된 날은 1674년 8월 1일이었고, 그는 십여 일 동안 사경을 헤매다 8월 18일에 사망했다.

결국 현종은 김상업이 자신의 아이를 잉태했다는 사실조차 알지 못한 채 세상을 떠났다.

홍수의 변을 획책한 대비 김씨

현종이 죽고 그녀는 왕대비가 되었다. 열네 살의 어린 아들 숙종이 왕위에 오르자, 잠시 수렴청정을 하다 물러났다.

그 무렵, 현종의 아이를 잉태했던 궁녀 김상업이 아이를 낳았다. 그러자 대비 김씨는 그 아이가 다른 남자의 아이라고 주장했다. 그 남자는 효종의 동생 인평대군의 아들 복창군이었다. 현종은 형제가 없었기에 복창군과 형제처럼 지내는 사이였다. 복창군은 현종을 대신해 김상업을 보살피고 있었다. 그런데 명성왕후는 복창군이 김상업과 간통하여 아이를 배게 했다고 몰아갔다.

이 사건은 흔히 '홍수의 변'이라고 불린다. 홍수紅袖란 '붉은 옷소매'라는 뜻으로, 궁녀를 의미한다. 궁녀들 중 나인들은 옷소매 끝동에 자주색 물을 들이고, 상궁들은 남색 물을 들이는 데서 연유한 표현이다. 홍수는 아직 상궁이 되지 못한 젊은 궁녀를 지칭한다.

이 사건은 겉으로는 왕족인 복창군이 궁녀를 건드린 단순한 치정 사건처럼 보인다. 하지만 사건의 내막을 살펴보면, 명성왕후가 김상업을 죽이기 위해 꾸민 음모였음이 드러난다.

이는 사건의 전말을 분석해보면 명백하게 드러난다. 사건의 전말은 다음과 같다. 명성왕후의 아버지 김우명이 숙종에게 올린 상소의 내용을 요약하면, 복창군과 그의 동생 복평군이 궁녀 김상업과 내수사의 비자秘子 귀례와 간통해 각각 아이를 임신시켰다는 것이다.

하지만 의금부에서 네 사람을 심문했을 때, 그들은 한결같이 이를 부인했다. 그러자 의금부에서는 고문을 가해 자백을 받아야 한다고 주장했으나, 숙종은 "내용이 애매하다"며 모두 석방하라고 명령했다.

당시 실록의 기록에 따르면, 숙종이 사건을 무마하려는 의도가 있었다는 평가도 있다. 하지만 이후 명성왕후가 나서서 간통 사실을 자신이 잘 안다며 소리를 지르고, 네 사람을 처벌할 것을 주장했다. 그 때문에 복창군 형제와 김상업, 귀례 등은 다시 의금부 옥에 갇히게 되었고, 명성왕후의 주장에 따라 사형이 결정되었다.

그러나 숙종의 환관 김현, 조희맹, 상궁 윤씨 등은 복창군 형제와 김상업, 귀례 등이 죄가 없다며 그들을 죽여서는 안 된다고 강력히 주장했다. 이에 숙종은 다시 복창군 형제를 석방했으나, 명성왕후가 울고불고하며 그들의 처벌을 강하게 요구하자, 결국 복창군 형제를 유배 보내는 것으로 사건을 마무리했다.

명성왕후가 김상업의 아이를 복창군의 아이로 몰아간 데는 정치적 계산이 있었다. 당시 복창군 형제는 남인들과 가까운 관계였는데, 명성왕후는 이 사건을 빌미로 집권당인 남인의 입지를 약화시키려 했다.

물론, 이 음모는 명성왕후 혼자만의 계획이 아니었다. 그녀의 배후에는 친정아버지이자 서인 한당의 거두인 김우명이 있었다. 김우명은 복창군 형제를 공격하면서 동시에 남인 세력을 엮어 제거하려 했던 것이다.

하지만 숙종이 복창군 형제를 두둔하면서 이들의 음모는 뜻대로 이루어지지 못했다.

가문과 아들을 위해서라면 무슨 짓이라도

명성왕후는 쉽게 물러날 인물이 아니었다. 그녀와 아버지 김우명은 기회를 엿보며 철저히 준비하고 있다가, 5년의 세월이 흐른 뒤 마침내 자신들의 계획을 실행에 옮겼다.

1680년 4월, 김우명의 조카이자 김좌명의 아들인 김석주가 앞장서서 남인의 영수 허적의 서자 허견이 복창군 형제와 함께 역모를 꾀하고 있다고 고변했던 것이다.

이 사건으로 허견은 능지처참에 처해졌고, 복창군과 복선군은 교수형을 당했으며, 복평군은 유배되었다. 또한 허적은 평민 신분으로 강등되며 정치적 몰락을 맞았다.

이 사건을 '경신환국'이라 부른다. 명성왕후의 질투심에서 비롯된 홍수의 변이 결국 거대한 정치 사건으로 비화되어 남인 세력이 대거 몰락하는 사태로 이어졌던 것이다.

경신환국 이후에도 명성왕후는 남인 세력이 다시 정권을 잡는 일을 철저히 차단했다. 남인이 정권을 잡게 된다면, 자신의 친정에 피바람이 몰아칠 것은 불 보듯 뻔했기 때문이다.

특히 그녀는 아들 숙종의 여자 관계를 집중적으로 단속했다. 숙종이 혹 남인 출신 궁녀에게 마음을 빼앗기거나, 덜컥 아이라도 임신시키는 일이 생긴다면, 후계 구도가 흔들릴 위험이 있었다.

당시 숙종에게는 아들이 없었기 때문에, 만약 남인 출신 여인이 아들을 낳게 되면 권력 판도는 요동칠 것이 분명했다. 이러한 이유로 명성왕후는 끝까지 가문과 아들의 안위를 지키기 위해 모든 수단을 동원하며 정치적 영향력을 행사했다.

아들의 첫사랑 장옥정을 내쫓다

명성왕후는 아들 숙종 주변의 궁녀들을 철저히 감시했지만, 숙종은 모후의 감시망을 뚫고 남인 출신의 궁녀 하나에게 마음을 빼앗기고 만다. 그 궁녀가 바로 장옥정, 후일의 장희빈이었다.

이 사실을 알게 된 명성왕후는 크게 노하여 장옥정을 궁궐에서 내쫓아버렸다. 혹여 그녀가 승은을 입어 아들을 낳기라도 한다면, 남인 세력이 다시 부활할 수 있었고, 이는 그녀의 가문과 서인 정권의 몰락으로 이어질 수 있는 중대한 위협이었다.

장옥정이 궁궐에서 쫓겨나자 숙종은 더는 그녀를 볼 수 없게 되었다. 모후가 살아 있는 한 장옥정을 다시 궁궐로 들이는 일은 꿈도 꿀 수 없는 상황이었다.

명성왕후는 여기에 그치지 않고 아들의 마음을 돌려놓기 위해 국혼을 서둘렀다. 숙종의 첫 왕비 인경왕후가 1680년 10월에 천연두로 사망하자, 그녀는 숙종이 장옥정을 다시 궁으로 들일 가능성을 차단하기 위해 빠르게 움직였다.

원래 왕비가 죽으면 3년 상복이 끝난 뒤에 새로운 국혼을 치르는 것이 법도였지만, 명성왕후는 장례식이 끝나자마자 곧바로 새 왕비 간택을 진행했다. 당연히 새로운 왕비는 서인 집안 출신이어야 했다. 이 과정에서 선택된 인물이 바로 민유중의 딸, 인현왕후였다.

새로운 왕비를 맞이한 뒤에야 명성왕후는 비로소 안심할 수 있었다. 그녀는 이제 남인 집안의 핏줄이 왕위를 계승하는 일은 없을 것이라고 확신했던 것이다.

아들의 건강을 위해 기도하다 죽다

한 치 앞을 알 수 없는 것이 인생이었다. 아들에게 온갖 정성을 다하며 단속에 단속을 거듭하던 명성왕후에게 뜻하지 않은 불행이 닥쳤다. 1683년 10월, 아들 숙종이 천연두에 걸리고 만 것이다.

당시 천연두는 치명적인 병으로, 감염되면 절반이 목숨을 잃던 시절이었다. 명성왕후는 크게 두려움을 느끼며 아들을 살리기 위해 할 수 있는 모든 일을 했다. 하지만 그녀가 할 수 있는 일이란

기도와 치성뿐이었다. 무당을 불러 굿을 하기도 하고, 음식을 끊으며 냉수욕을 한 뒤 소복 차림으로 밤낮없이 치성을 드렸다. 그러던 중 그녀는 덜컥 감기에 걸리고 말았다.

그럼에도 그녀는 멈추지 않았다. "아들을 위해서라면 감기쯤이야"라고 생각하며 치성에 더욱 열을 올렸다. 그러나 지속된 과로와 스트레스로 인해 그녀는 고열에 시달리기 시작했고, 결국 감기가 폐렴으로 악화되어 그녀의 생명을 앗아가고 말았다.

가문을 위해 평생 남편과 아들을 감시하고 보호했던 그녀는 1683년 12월, 42세의 나이로 허망하게 생을 마감했다.

그녀가 죽자, 그녀가 그토록 염려하던 일이 현실로 벌어졌다. 숙종은 궁 밖으로 쫓겨나 있던 장옥정을 불러들여 사랑을 나누었고, 장옥정은 아들을 낳아 세자로 삼았다. 결국 그 아들은 왕위까지 계승하게 되었다.

이것은 명성왕후가 살아 생전 가장 두려워했던 서인의 몰락과 남인의 부활을 의미했다.

제1왕비: 인경왕후 김씨, 서인 산당의 적통 출신 왕비

1661~1680년

인경왕후 김씨는 1661년 9월 3일, 광산 김씨 김만기와 청주 한씨 사이에서 4남 3녀 중 장녀로 태어났다.

그녀의 아버지 김만기는 조선 서인의 핵심 인물이었던 김장생의 증손자이다. 김장생은 송시열과 송준길의 스승으로, 서인의 주요 파벌인 산당의 영수였다. 김장생에게는 김은, 김집, 김반 세 아들이 있었는데, 장남 김은은 임진왜란 중에 일찍 사망하여 차남 김집이 산당의 영수 자리를 이어받았다. 김장생의 삼남 김반의 손자가 바로 인경왕후의 아버지 김만기이며, 김만기의 동생은 문학으로 이름을 떨친 서포 김만중이다.

붕당의 힘에 의해 왕비가 되다

이렇듯 인경왕후는 서인의 주요 파벌인 산당의 중심 가문에서 태어났다. 그녀의 혼인은 철저히 산당의 정략에 따라 이루어진 결과라 할 수 있다.

그녀가 세자빈에 간택되어 동갑나기였던 현종의 세자 이순(숙종)과 혼인한 것은 10세 때인 1670년이었다. 그리고 이듬해 3월, 그녀는 왕세자빈으로 책봉되었다.

그녀가 세자빈으로 책봉될 당시, 서인 내의 또 다른 파벌인 한당의 지도자 김육은 이미 사망했으며, 수적으로 우위에 있던 산당 세력이 조정을 장악하고 있던 때였다. 이로 인해 산당의 핵심 가문 출신인 그녀가 국혼의 주인공이 되어 국본의 빈이 될 수 있었다.

1674년, 현종이 사망하고 숙종이 즉위하자 그녀는 왕비에 책봉되었다.

짧은 왕비 생활

그러나 그녀의 궁궐 생활은 그다지 행복하지 못했다. 시어머니 명성왕후 김씨는 물론, 남편 숙종도 그녀를 탐탁지 않게 여겼다. 한당 출신인 시어머니 명성왕후는 산당의 영수 집안에서 온 그녀를 어쩔 수 없이 받아들였지만, 늘 꺼림칙하게 여겼던 것이다. 또한 남편 숙종 역시 가문과 붕당의 힘으로 왕비 자리를 차지한 그녀에게 부담감을 느낄 수밖에 없었다.

그런 상황에서도 그녀와 숙종은 부부로서 함께 생활하며 자녀도 낳았다. 그녀가 첫 아이를 낳은 것은 열일곱 살 때인 1677년 4월이었다. 그러나 첫 딸은 돌을 넘기지 못하고 죽었다. 두 번째 아이는 1679년 10월에 태어났는데, 역시 딸이었다. 하지만 이 둘째 딸도 태어난 다음 날 세상을 떠났다. 이어 그녀는 셋째 아이를 잉태했으나, 1680년 7월에 유산하고 말았다.

이렇듯 그녀는 입궐 후 세 아이를 잉태했으나 모두 잃고 말았다. 어미로서는 여간 가슴 아픈 일이 아니었을 것이다. 특히 셋째 아이는 제대로 낳지도 못한 채 유산했으니, 그녀의 슬픔은 이루 말할 수 없었을 것이다.

그러던 중 그녀는 천연두에 걸리고 말았다. 당시 천연두는 두창으로 불리며 가장 무서운 질병으로 여겨졌다. 천연두에 걸리면 절반 이상은 목숨을 잃을 정도로 치명적이었다. 그녀 역시 이 억세고 무서운 전염병을 이겨내지 못하고, 1680년 10월 26일, 스무 살의 꽃다운 나이로 생을 마감했다.

제2왕비: 인현왕후 민씨, 폐위되었다 복위한 유일한 왕비

1667~1701년

조선 역사상 폐위된 왕비가 살아있는 상태로 복위된 사례는 인현왕후가 유일하다. 그런 만큼 그녀만큼 삶의 부침이 심한 왕비도 드물 것이다. 그렇다면 그녀는 왜 그토록 힘든 삶을 살아야만 했을까? 그 배경에는 치열했던 당시의 붕당 정쟁과 그녀의 가문이 있었다. 그녀는 어떤 가문에서 태어났으며, 그 가문은 당시의 당파와 어떻게 얽혀 있었을까?

우선 그녀의 태생부터 좀 살펴보자. 인현왕후 민씨는 1667년 4월 23일, 여흥 민씨 민유중과 은진 송씨의 2남 3녀 중 차녀로 태어났다.

서인 산당 후원아래 왕비가 되다

그녀의 아버지 민유중은 송준길에게 학문을 배운 인물로, 송준길의 수제자였다. 하지만 후에 송준길이 아닌 송시열의 제자가 된다. 송준길과 송시열은 모두 서인 산당의 영수였으므로, 민유중은 산당의 두 거두를 스승으로 모신 특이한 이력을 지니게 되었다.

민유중이 송준길을 스승으로 삼다가 송시열의 제자가 된 데에는 특별한 사연이 있었다. 민유중은 세 번 결혼했는데, 첫 부인은 덕수 이씨로, 그녀는 일찍 사망했다. 이후 그는 두 번째로 은진 송씨와 결혼했는데, 이 송씨가 바로 인현왕후의 어머니였다. 은진 송씨는 송준길의 딸이었다. 다시 말해, 민유중은 스승인 송준길의 딸을 계실로 맞이한 것이다.

민유중이 송준길의 사위가 되자, 송준길은 송시열에게 민유중을 제자로 받아달라고 부탁했다. 이에 민유중은 송시열을 새로운 스승으로 모시게 되었고, 덕분에 그는 산당의 두 영수를 동시에 섬기는 수제자가 될 수 있었다. 이후 민유중은 두 스승의 뜻을 받들며, 그들의 정치적 신념을 따라 행보를 이어갔다.

이런 배경 속에서 인현왕후는 1681년 5월, 숙종의 두 번째 왕비로 책봉되었다. 당시 그녀의 나이는 열다섯, 숙종은 여섯 살 연상인 스물한 살이었다. 물론 그녀의 왕비 책봉은 산당의 두 영수 송준길과 송시열의 강력한 후원이 있었기에 가능했던 결과였다.

다른 여인을 마음에 품은 남편

열다섯 어린 나이에 왕비가 되어 입궐했지만, 남편 숙종은 그녀를 냉랭하게 대했다. 왜냐면 그는 이미 다른 여인에게 푹 빠져 있었기 때문이다. 그의 마음을 사로잡고 있던 여인은 흔히 장희빈으로 알려진 장옥정이었다.

장옥정은 원래 인조의 계비 장렬왕후 조씨 처소의 궁녀였다. 나이는 숙종보다 두 살 많았다. 그녀의 아버지는 사역원에서 종8품 봉사 벼슬을 지낸 장경이었다. 장경은 숙종이 왕위에 오르기 5년 전에 이미 사망한 상태였다.

장경의 첫 부인은 제주 고씨였는데, 아들 장희식을 낳고 일찍 세상을 떠났다. 이후 장경은 역관 윤성립의 딸 파평 윤씨를 둘째 부인으로 맞아들였는데, 옥정은 그녀 소생이었다. 윤씨는 장옥정 위로 아들 장희재와 딸 한 명을 더 낳았고, 장옥정은 이들 중 막내였다.

장옥정은 수려한 미모와 매력으로 주목받는 여인이었다. 그녀는 조사석이라는 인물의 의도로 장렬왕후 조씨 처소의 궁녀로 배치되었다. 조사석은 장렬왕후 조씨의 육촌 동생이자 장옥정의 당숙 장현과 친밀한 관계였다.

장현은 역관 출신으로 종1품 벼슬까지 오른 인물이었으며, 한양의 거부로 재력을 바탕으로 남인 세력을 후원했다. 그러나 1680년 경신환국으로 남인들이 몰락하면서 장현도 김육의 장손이자 김좌명의 아들인 김석주에게 탄핵당해 유배되는 신세가 되었다.

장현은 자신이 탄핵당하기 전에 나름대로 한 가지 방책을 세웠다. 그것은 오촌 조카인 장옥정을 궁녀로 만들어 조대비전에 배치하는 것이었다. 이는 장옥정의 미모를 활용해 왕의 마음을 사로잡으려는 정치적 의도에서 비롯된 것이었다. 조사석은 장현을 도와 이 계획을 실행한 인물이었다. 이처럼 장옥정은 조사석과 장현의 의도가 담긴 정치적 비밀병기와 같은 존재였다.

숙종은 이러한 내막을 알 리 없었고, 장옥정의 미모에 매료되어 그녀에게 빠져들었다. 그러나 서인 출신인 숙종의 모후 명성왕후는 이를 좌시하지 않았다. 만약 장옥정이 아이라도 임신하게 된다면 정치적 격변이 일어날 것을 우려했기 때문이다. 명성왕후는 장옥정을 남인 세력의 일원으로 간주하며 그녀를 사가로 내쫓아 버렸다. 이로 인해 숙종은 사랑하는 여인과 생이별을 해야만 했다.

이런 상황에서 민씨가 왕비로 책봉되었으니, 숙종의 마음속에 그녀가 차지할 공간은 없었다. 더구나 민씨는 서인의 영수 송시열과 명성왕후의 결탁으로 왕비 자리에 오른 것이었다. 남인을 밀어내기 위해 산당을 대표하는 송시열과 한당의 중심 인물인 명성왕후가 손을 잡았고, 그 결과로 민씨의 왕비 책봉이 이루어졌다.

숙종은 이러한 정략결혼을 달가워하지 않았지만, 국혼을 거부할 수는 없었다. 외가인 서인 한당과 조선 유림의 최대 세력인 서인 산당이 결탁하여 이루어진 혼사였기에 숙종은 이를 받아들일 수밖에 없었다.

그러나 당시 스물한 살의 청년 숙종은 여전히 대궐 밖으로 쫓겨난 장옥정을 그리워했고, 아직 소녀티를 벗지 못한 열다섯 살의 인현왕후에게는 관심을 주지 않았다. 이러한 이유로 민씨는 결혼 첫날부터 남편 숙종의 냉대를 받아야만 했다.

다시 돌아온 연적, 장옥정

숙종은 어떻게 해서든 장옥정을 다시 데려올 기회를 엿보고 있었다. 그러나 모후 명성왕후가 눈을 시퍼렇게 뜨고 지키는 한, 장옥정을 궁궐로 들이는 것은 불가능했다.

그 당시 장옥정은 포도청 부장으로 일하던 오빠 장희재의 집에서 어머니 윤씨와 함께 지내고 있었다. 또한 조대비의 부탁을 받은 숭선군 부인 신씨의 도움을 받고 있었다. 신씨는 조대비의 외질녀였다.

숙종은 장옥정에게 도움을 줄 방도를 찾던 중, 유배 중이던 장옥정의 당숙 장현과 장찬 형제를 석방시켰다. 하지만 모후 명성왕후의 존재로 인해 그 이상의 조치를 취할 수 없었다.

그로부터 얼마 지나지 않아, 1683년 10월 숙종은 천연두에 걸리고 말았다. 명성왕후는 아들의 쾌차를 빌기 위해 온갖 노력을 기울였다. 무당을 불러 굿을 하거나, 음식을 끊고 속옷 차림으로 냉수욕을 하며 치성을 드렸다. 원손도 두지 못한 아들이 죽으면 왕실은 위기에 처할 것이고, 자신의 처지도 곤궁해질 것이 뻔했기 때문이다.

그러나 그녀의 지나친 정성은 결국 자신에게 화로 돌아왔다. 추운 겨울에도 매일같이 냉수욕을 강행하던 그녀는 감기에 걸렸고, 이 감기가 악화되어 폐렴으로 진행되었다. 결국, 명성왕후는 고열로 시달리다 1683년 12월 5일에 세상을 떠났다.

명성왕후가 세상을 떠나고 삼년상이 끝난 뒤, 숙종은 마침내 장옥정을 대궐로 다시 불러들였다. 대왕대비 조씨가 숙종의 뜻을 알고 인현왕후를 설득하여 장옥정의 재입궁을 성사시켰다.

장옥정이 궁으로 돌아오자, 숙종은 인현왕후를 소홀히 하고 장옥정의 처소만 찾았다. 이에 서인들은 숙종에게 새로운 후궁을 간택하라고 요청했다. 이는 인현왕후와 서인 세력이 장옥정을 견제하기 위한 고육지책이었다.

숙종은 서인의 요청을 받아들여 후궁 간택을 진행했으며, 송시열의 최측근이자 서인의 영수였던 김수항의 종손녀인 영빈 김씨를 후궁으로 맞아들였다. 김수항은 김상헌의 손자이며, 인목대비의 친인척이었기에 그의 종손녀인 영빈 김씨는 뼛속까지 서인 산파였다.

영빈 김씨가 숙의의 첩지를 받고 입궐한 것은 1686년이었다. 당시 그녀의 나이는 열여덟 살로, 조선시대 기준으로 한창 꽃다운 나이였다. 서인과 인현왕후는 영빈 김씨가 숙종의 사랑을 받아 아들을 낳아줄 것을 기대했지만, 숙종의 마음은 온통 장옥정에게 향해 있었다.

숙종은 혹시 인현왕후와 영빈 김씨가 장옥정을 해칠까 염려하여, 장옥정의 처소를 창덕궁에서 멀리 떨어진 창경궁에 마련했다. 이 공사는 비밀리에 진행되었고, 장옥정에게 종4품 숙원의 첩지를 내려 정식 후궁의 지위를 부여했다. 이는 서인과 인현왕후 세력으로부터 장옥정을 보호하기 위한 조처였다.

인현왕후는 장옥정이 남인의 후원으로 궁에 복귀했다고 주장하며 다시 출궁시키려 했지만, 숙종은 더는 그런 요구를 하지 못하도록 확고한 결정을 내렸다. 장옥정은 그렇게 화려하게 다시 궁으로 돌아왔다.

장옥정의 아들을 원자로 삼은 숙종

후궁 첩지를 받은 장옥정은 그에 대한 보답이라도 하듯 임신했고, 1688년 10월 아이를 낳았다. 숙종이 그토록 기다리던 아들이었다. 비록 서자지만 첫아들이었기 때문에 숙종의 기쁨은 대단했다. 그러나 인현왕후와 서인들은 싸늘한 반응을 보였다. 당시 대왕대비 조씨의 상중이라는 이유로 득남 축하 인사조차 올리지 않았다. 심지어 사헌부 지평 이익수는 산후조리를 위해 입궁하려던 장옥정의 어머니 윤씨의 가마를 가로막고, 가마꾼들을 매질하는 사태를 일으켰다.

이 사건은 숙종의 분노를 불러일으켰고, 숙종은 즉시 장옥정의 아들 윤을 원자로 지정하겠다는 뜻을 조정에 밝혔다. 이는 훗날 윤을 세자로 책봉하여 왕위 계승자로 삼겠다는 선언이었다. 서인들은 강력히 반발했으나, 숙종은 뜻을 굽히지 않았다. 어머니 명성왕후도 없는 상황에서 그를 말릴 사람은 아무도 없었다.

숙종은 정승, 6판서, 삼사의 요직 인사들을 불러 모아 단호히 선언했다.

"지금 원자의 호를 정하고자 한다. 따르지 않을 자는 벼슬을 버리고 물러가라."

숙종의 이 말에 가장 먼저 나선 이는 이조판서 남용익이었다. 그는 거부 의사를 밝히며 말했다.

"신이 물러가기는 하겠으나, 중전의 춘추가 한창이시니 이번 일은 너무 성급합니다."

남용익의 발언은 사실 논리적이었다. 그를 비롯한 대다수 신하들은 이에 동의했으나, 숙종은 이들을 물리치고 윤에게 원자 명호를 내렸다.또한 이내 원자 정호를 종묘사직에 고해버렸다.

당시 윤은 태어난 지 겨우 백일 된 서자였고, 정비인 인현왕후는 아직 23세의 젊은 나이였다. 그녀가 후사를 생산할 가능성은 충분했음에도 숙종은 후궁의 아들을 원자로 지정하고, 장옥정에게 정1품 빈의 첩지를 내렸다. 이는 서인 세력에 대한 전면적인 도전이었다.

원자 정호를 종묘사직에 고한 지 약 보름 후, 1689년 2월 초하

루 서인 영수 송시열이 이를 철회하라는 상소를 올렸다. 이는 종묘
에 고한 일을 무효로 하고 숙종의 결정을 번복하라는 뜻으로, 사
실상 숙종에게 굴복을 요구한 것이나 다름없었다.

송시열의 상소에 숙종은 격노하며 그를 잡아 치죄하라는 명
령을 내렸다. 그러나 승정원을 장악한 서인들은 숙종의 명령을 따
르지 않았다. 이에 숙종은 승정원을 비롯한 삼사의 서인 관료들을
모두 파면하고 그 자리에 남인을 임명했다. 송시열뿐만 아니라 김
수항, 김익훈, 이사명, 홍치상 등 서인 지도부는 유배되거나 처형되
었다.

이 사건이 바로 기사환국이다. 숙종이 기사환국을 일으킨 목
적은 오직 하나, 사랑하는 여인 장옥정과 그녀의 아들 윤을 지키
는 데 있었다.

중궁을 내주고 쫓겨나다

서인들을 대거 내친 숙종은 서인과 밀접한 연관이 있던 왕비
와 영빈도 가만두지 않았다. 숙종의 감시망에 가장 먼저 걸린 이
는 김수항의 종손녀 영빈 김씨였다.

영빈 김씨는 서인들의 권력을 회복시키기 위해 은밀히 왕의
동정을 친정에 알리고 있었다. 또한, 장옥정의 어머니와 조사석이
불륜 관계라는 유언비어를 퍼뜨렸다. 그러나 그녀를 예의주시하던

숙종은 이 사실을 알아내고 곧바로 그녀를 폐출시켰다. 김씨와 내통한 김수항에게는 사약을 내려 죽였다.

숙종은 영빈 김씨의 배후로 인현왕후를 의심하며 강하게 비난했다. 이를 계기로 숙종은 왕비 폐출 의사를 더욱 명확히 드러냈다. 당시 숙종과 인현왕후는 자주 언쟁을 벌이고 있었다.

1689년 4월 23일, 인현왕후의 생일이었으나 숙종은 조대비의 상중이라는 이유로 탄일 하례를 금지했다. 그러나 인현왕후는 국모로서 탄일에 하례를 받는 것이 당연한 권리라며 어명을 무시하고 하례를 받았다. 이 사건으로 숙종과 인현왕후는 심한 갈등을 겪었고, 언쟁 중 인현왕후는 "나를 폐출할 테면 폐출하라"고 소리쳤다.

숙종은 이 사건을 조정에 알리며 왕비 폐출 의사를 공론화했다. 이에 86명의 신하들이 왕비 폐출 반대 상소를 올렸으나, 숙종은 이를 강경히 밀어붙였다. 반대 의견을 낸 수십 명의 신하들은 국문을 받았고, 끝내 숙종은 인현왕후 민씨를 폐출했다.

폐출된 인현왕후는 자신의 친정집인 안동별궁(훗날 감고당)에서 5년 동안 외로운 생활을 이어갔다.

왕비가 된 장옥정

숙종이 인현왕후를 내쫓은 목적은 단 하나였다. 장옥정을 왕비로 삼아 그녀와 그녀의 아들 윤을 보호하기 위함이었다. 비록 서인들이 대거 몰락했지만 인현왕후가 그대로 있는 한 서인의 세력은 언제든 다시 일어날 수 있었고, 장옥정이 왕비가 되지 않은 상태에서는 원자 윤도 여전히 서자의 신분에서 벗어나기 어려웠다.

더군다나 인현왕후나 다른 후궁들 중 누군가가 아들을 낳는다면, 장옥정과 원자의 입지는 크게 흔들릴 것이 분명했다.

숙종은 인현왕후를 내쫓은 직후에 바로 장옥정을 왕비로 확정했다. 마침내 자신의 연인 옥정을 정부인의 자리에 앉힌 것이다. 이뿐 아니라 원자 윤을 세자로 책봉했다. 대개 세자 책봉은 여덟 살에 이루어지는 것이 관례였으나, 혹여 또 다른 시비가 생길까 불안했던 숙종은 두 돌도 되지 않은 갓난아이를 세자로 삼았다.

숙종이 인현왕후를 내쫓고 급히 장옥정을 왕비로 삼은 데는 또 다른 이유가 있었다. 당시 장옥정은 임신 중이었다. 만약 그녀가 후궁 신분으로 아이를 낳게 되면, 태어날 아이는 서자나 서녀로 기록될 운명이었다. 숙종은 이를 막기 위해 서둘러 인현왕후를 폐출하고 장옥정을 왕비로 삼았던 것이다.

인현왕후가 쫓겨난 지 두 달쯤 지난 후, 장옥정은 또다시 아들을 출산했다. 하지만 아이는 오래 살지 못했다. 숙종은 아이가 오래 살라는 뜻으로 '성수盛壽'라는 이름을 내렸지만, 아이는 태어난 지 두 달 만에 세상을 떠났다. 이 일로 숙종은 둘째 아들을 잃은 슬픔에 눈물을 흘리며 몹시 고통스러워했다.

게다가 장옥정 역시 출산 후유증으로 건강이 크게 악화되었다. 아들은 1690년 7월에 태어나 9월에 죽었고, 장옥정은 아들의 죽음으로 시름시름 앓고 있었다. 그러나 숙종은 그녀를 위로하기 위해 선물을 준비했다. 이미 그녀를 왕비로 확정했지만 임신 중이라 책봉식을 미뤘던 터였다. 숙종은 아들을 잃은 장옥정을 위로할 겸 그해 10월에 왕비 책봉식을 거행했다.

이렇게 장옥정은 인현왕후를 밀어내고 중전의 자리에 오르게 되었다.

중궁을 되찾다

정식으로 왕비의 자리에 오른 후에도 장옥정은 여전히 건강을 회복하지 못했다. 몸 곳곳에 종기가 나고, 머리에도 자주 부스럼이 생겼다. 흔히 긴병에 효자 없다는 말이 있지만, 긴병에 열부는 더 없는 법이다. 연인 옥정이 병치레로 자주 드러누워 있는 동안 숙종은 새로운 여자에게 눈이 팔렸다.

숙종의 눈길을 끈 여인은 궁궐에서 물을 길어 나르던 천비 출신의 숙빈 최씨였다. 숙종은 최씨에게 마음을 빼앗기고, 장옥정에 대한 애정은 식어갔다. 더구나 최씨는 아이를 잉태했고, 1693년 10월에 아들을 출산했다. 숙종은 아이에게 오래 살라는 뜻으로 '영수永壽'라는 이름을 지어주었다. 그러나 영수는 태어난 지 두 달 만에 세상을 떠났다.

첫아이의 슬픔이 가시기도 전에 최씨는 다시 임신했고, 1694년 10월에는 건강한 아들을 낳았다. 최씨가 연이어 아이를 낳으며 숙종의 총애는 더욱 깊어졌다. 이를 기회로 삼아 서인들은 장옥정을 왕비 자리에서 끌어내리기 위해 복위운동을 계획했다. 서인 노론의 김춘택과 소론의 한중혁이 손을 잡고 은밀히 폐출된 인현왕후 민씨의 복위를 추진했다.

한편, 이 사실을 파악한 남인 측에서는 이를 역이용해 서인들을 완전히 조정에서 몰아낼 계획을 세웠다. 그래서 복위운동 주모자들을 심문하여 그 내막을 파악한 다음에 숙종에게 보고했다.

그러나 숙종의 반응은 의외였다. 숙종은 민씨 복위운동을 빌미로 서인들을 몰아내려는 남인의 계획을 질책하며 오히려 남인들을 궁지로 몰아넣었다.

숙종의 이러한 태도에는 숙빈 최씨의 영향이 컸다. 숙빈 최씨는 숙종에게 장옥정이 질투심으로 자신을 괴롭히고 있으며, 그 배후에 남인들이 있다고 하소연했다. 그녀의 주장은 숙종의 마음을 움직였고, 결국 남인들은 숙종의 신임을 잃고 대거 쫓겨났다.

남인들을 몰아낸 숙종은 서인의 폐비 복위 요구를 받아들여 인현왕후를 다시 환궁시켰다. 동시에 장옥정을 왕비에서 빈으로 강등하고, 왕비전에서 취선당으로 쫓아냈다. 이 사건이 바로 1694년에 벌어진 갑술환국이다.

복위 후 7년 동안 중궁을 지키다

왕비 민씨는 가까스로 복위하여 중궁의 자리를 되찾았지만, 그간 겪은 마음고생으로 건강이 크게 훼손된 상태였다. 환궁 후에도 그녀는 계속 시름시름 앓으며 병세가 나아지지 않았다.

한편, 취선당으로 밀려난 장옥정은 분노와 울화증에 시달렸다. 자신을 지극히 사랑하던 숙종이 돌연 태도를 바꾸어 다른 여인에게 마음을 주고, 자신을 헌신짝처럼 버렸으니 분하고 서러울 수밖에 없었다. 그러나 장옥정은 여전히 희망을 품고 있었다. 환궁한 민씨가 잦은 병환으로 시름시름 앓고 있었고, 그녀가 병상에서 일어나지 못한 채 생을 마감한다면 중전의 자리를 되찾을 기회가 올 것이라 믿었던 것이다.

하지만 민씨는 쉽게 무너지지 않았다. 병색이 짙어지고 잔병치레가 잦았으나 치명적인 병증은 나타나지 않았다. 오히려 민씨는 약해진 몸으로도 장옥정의 아들 세자 윤을 살뜰히 챙겼다. 세자역시 생모 장옥정보다 왕비 민씨를 더 따랐고, 이는 장옥정을 전전긍긍하게 만들었다.

그렇게 시간이 흘러 1700년 3월경, 민씨의 병세가 갑작스럽게 악화되기 시작했다. 이후 그녀는 1년 6개월 동안 병상에서 일어나지 못하고 지냈고, 장옥정은 그녀의 죽음을 기다렸다. 결국, 1701년 9월, 왕비 민씨는 35세를 일기로 생을 마감했다.

장옥정을 죽이는 숙종, 웃음 짓는 노론

인현왕후가 세상을 떠나자, 장옥정은 중궁으로 복귀할 수 있다는 희망에 들떠 있었다. 그녀는 자신이 다시 중전의 자리를 차지할 날을 기다렸지만, 상황은 그녀의 바람대로 흘러가지 않았다.

반면 숙빈 최씨는 인현왕후의 죽음으로 자신의 입지가 흔들릴까 두려워했다. 장옥정이 다시 중전으로 복위한다면 자신의 처지가 위험에 처할 것이 분명했기 때문이다. 이에 숙빈은 선제공격을 감행했다.

장옥정은 세자 윤의 건강을 빌기 위해 취선당에 신전을 차리고 무당을 불러 굿을 벌였다. 숙빈 최씨는 이를 숙종에게 고변하며, 장옥정이 신전을 차린 목적은 인현왕후를 저주해 죽이기 위한 것이었다고 주장했다.

숙빈의 고변을 들은 숙종은 크게 분노하며 즉시 비망기를 내려 궁녀들과 관련자들을 친국할 것을 명령했다.

"내수사에 갇힌 죄인들을 금부 도사를 보내 잡아오라. 내일 인정문 밖에서 내가 친국할 것이다."

왕이 궁녀를 친국하는 일은 매우 이례적인 일이었다. 역모와 관련한 일이라 해도 왕이 궁녀를 직접 국문하는 일은 거의 없었고, 종친과 관련된 일이라도 그 처리를 내명부에 일임하거나 의금부에서 다루도록 하는 것이 상례였다.

숙종의 궁녀에 대한 친국 하교는 그날 밤 늦게 이뤄졌다. 승지 서종헌과 윤지인, 부응교 이정구, 부수찬 이관명 등이 그 소식을 듣고 급히 임금을 찾아와 아뢨다.

먼저 서종헌이 말했다.

"엎드려 비망기의 내용을 보고 놀랍고 두려워 벌벌 떨립니다. 설령 그 죄상이 모두 하교하신 바와 같다고 하더라도 전하께서는 어찌 밝은 성심으로 후일의 난제를 생각하시지 않으십니까? 갑술년 초에 장희재의 죽음을 용서한 것은 오로지 동궁을 위한 것이었는데, 금일의 처분은 되려 동궁에 대한 염려를 간과한 것이니, 바라건대 명을 도로 거둬주십시오."

서종헌에 이어 윤지인이 덧붙였다.

"신 등은 장씨가 범한 죄가 무엇인지 정확하게 알지 못하고 있습니다만, 장씨는 세자를 낳은 사람인데, 전하께서 장씨를 생각하지 않더라도 세자를 생각하여 차마 이렇게 하실 순 없습니다."

서종헌이 말한 장씨는 바로 장옥정이다. 즉, 궁녀들을 친국하는 것은 장옥정의 죄를 밝히겠다는 뜻이었다.

윤지인의 말이 끝나자 이정구가 아뢨다.

"장씨의 죄상은 외부 사람은 알 수 없는 것입니다. 그리고 장씨는 세자에게는 낳아준 사람인데, 후일의 염려를 어찌 다 말할 수 있겠습니까?"

이렇듯 신하들은 여러 말로 비망기를 거둬들일 것을 청했지만, 숙종은 끝내 자신의 뜻을 굽히지 않았고, 이튿날 친국을 단행했다. 궁녀, 무당, 그리고 그들의 가족들까지 가혹한 국문이 이어졌다.

친국이 끝난 뒤, 숙종은 숙빈의 고변이 모두 사실이라는 결론을 내리고 장옥정을 죽일 결심을 하였다. 결국 장옥정에게 자진 명령이 내려졌다.

이 사건을 두고 대개 사극에서는 장옥정을 대단한 악녀로 설정하는 반면 인현왕후는 천하에 둘도 없는 마음씨 고운 왕비로 설정하곤 한다. 그러나 이 사건의 실상을 살펴보면 전혀 다른 내용들을 발견할 수 있다. 장옥정이 악녀도 아니고 인현왕후도 마음씨 고운 왕비가 아니었다. 오히려 숙종과 말다툼까지 벌이며 힘싸움을 벌인 쪽은 인현왕후이지 장옥정이 아니었다. 장옥정이 신당을 차려놓고 인현왕후를 저주했다는 것도 숙빈 최씨의 주장일 뿐이고, 장옥정이 악녀처럼 묘사된 것도《인현왕후전》같은 소설 속의 픽션일 뿐이다. 역사적 사실은 오히려 장옥정이 숙종이라는 남자에게 철저히 배신당하고 이용당한 정치적 희생양이었다는 것이다. 하지만 정권을 장악한 서인들은 장옥정을 철저하게 악녀로 묘사했고, 서인 출신의 인현왕후는 천하에 둘도 없는 천사로 만들어놓았던 것이다. 물론 서인들이 이렇게 하도록 방치한 인물은 장옥정의 연인이었던 숙종이었다. 그런 의미에서 보자면 숙종은 치졸하고 잔인한 변덕쟁이 남자였던 셈이다.

한편, 장옥정에게 자진 명령이 떨어지자, 그녀의 아들이자 세자인 윤은 궁문 밖에 거적을 깔고 정승들에게 하소연했다.

"나의 어머니를 살려주시오."

그 말을 듣고 좌의정 이세백은 옷을 털며 자리를 피했고, 여의정 최석정은 울면서 이렇게 대답했다.

"신이 감히 죽을 각오를 하고 저하의 은혜를 갚겠습니다."

하지만 최석정은 오히려 탄핵당해 유배 길에 올랐고, 장옥정을 죽이지 말 것을 청하는 모든 신하들이 벼슬에서 쫓겨났다. 그리고 숙종은 기어코 한때 그토록 사랑했던 여인에게 자살을 명령했고, 장옥정은 스스로 목을 매고 생을 마감해야 했다.

이렇듯 장옥정은 목숨을 건 애정전쟁에서 한낱 무수리 출신의 숙빈 최씨에게 패배하고 말았다. 물론 이것은 단순히 그녀만의 패배는 아니었다. 그녀 뒤에 버티고 있던 남인과 소론 세력 전체의 패배였다. 동시에 숙빈 최씨와 그녀의 뒷배가 되어 줬던 서인 노론의 승리이기도 했다. 사랑과 권력의 전선에서 숙빈 최씨와 노론이 최종 승자로 남게 된 것이다.

제3왕비: 인원왕후 김씨, 중립적인 처신으로 안정된 삶을 누리다

1687~1757년

인원왕후 김씨는 1687년 9월 29일 경주 김씨 김주신과 임천 조씨의 2남 3녀 중 차녀로 태어났다. 김주신은 임진왜란 때 도원수를 지낸 김명원의 고손자로, 호조, 예조, 공조, 병조의 판서를 거쳐 좌의정까지 역임한 인물이다. 소론 가문에서 성장한 그는 서계 박세당에게 학문을 익혔으며, 사헌부 감찰과 순안현령 등을 거쳤다. 순안현령 시절 둘째 딸인 인원왕후가 숙종의 세 번째 왕비로 간택되어 책봉된 덕분에 돈녕부 영사에 오르기도 했다. 김주신은 정쟁에 깊이 관여하지 않았으나 소론계와 교류하며 당색을 완전히 버리지는 않았다.

인원왕후가 왕비로 간택된 것은 1702년, 나이 열여섯 살 때였다. 당시 숙종은 42세로 그녀와는 스물여섯 살 차이가 났다. 게다가 며느리인 세자빈 심씨(단의왕후)는 열일곱 살이었으니, 그녀는 며느리보다 어린 시어머니가 된 셈이었다.

후궁과 의붓아들까지 평화롭게 품다

입궁 후 인원왕후는 후궁인 영빈 김씨, 숙빈 최씨 등과 원만한 관계를 유지했다. 이들은 노론 계열이었으나, 소론 출신인 인원왕후는 그들을 경계하거나 배척하지 않았으며, 오히려 노론을 후원하고 지지했다. 또한 의붓아들인 세자 윤(경종)과 연잉군(영조)과도 우호적인 관계를 유지하며 궁중 생활을 평화롭게 이끌었다.

이렇듯 그녀는 원만한 궁중생활을 했지만, 아이를 잉태하지는 못했다. 그녀가 아이를 잉태하지 못한 이유는 자세히 기록되지 않았지만, 아마도 숙종이 고의로 그녀를 멀리했기 때문일 것이다. 숙종은 한 여인에게 정을 뺏기면 다른 여인은 돌아보지 않는 성격이었다. 당시 숙종은 숙빈 최씨와 관계가 매우 돈독했고, 숙빈 최씨에게서 여러 자녀를 얻었다. 이로 인해 인원왕후는 숙종의 사랑을 전혀 받지 못했고, 자연히 후사를 얻을 기회도 없었다.

이렇듯 인원왕후는 정치적 소용돌이에서 비켜선 채 조용히 궁중 생활을 이어갔다. 그녀는 당파를 가리지 않고 세자 윤과 연잉군을 진심으로 대했으며, 두 아들도 그녀를 존경하고 따랐다.

그러나 그녀의 궁중 생활은 쓸쓸한 편이었다. 특히 왕비가 된 뒤, 그녀는 천연두와 홍역이라는 당대 가장 치명적인 전염병을 모두 앓았다. 스물다섯 살 때 천연두를, 서른두 살에는 홍역을 앓아 목숨 잃을 위기에 처했으나, 두 번 모두 회복하는 데 성공했다.

정치적 중립과 안정된 삶

인원왕후 김씨는 1718년, 천연두와 홍역을 가까스로 넘기며 건강을 회복했지만, 이 과정에서 몸이 크게 상하여 계속 병마에 시달렸다. 그해 말, 깊은 병에 걸려 사경을 헤매며 아버지 김주신이 며칠간 대궐에 머물며 경과를 살필 정도였다.

이듬해 건강을 회복한 그녀는 남편 숙종의 중병 소식을 접하고 정성을 다해 간병했으나, 숙종은 1720년 4월 결국 생을 마감했다. 숙종의 사망 당시, 세자 윤(경종) 역시 건강이 좋지 않았다. 숙종의 죽음 이후 조정은 경종을 지지하는 소론과 연잉군(영조)을 지지하는 노론으로 나뉘어 격렬히 대립했다. 이 갈등은 신축년과 임인년에 벌어진 신임사화로 이어졌고, 노론의 핵심 인물인 김창집 등 네 대신이 사약을 받고 처형되는 등 엄청난 피바람이 몰아쳤다.

이 시기 왕비에서 물러나 왕대비가 된 그녀는 정치적 중립을 지켜 화를 피할 수 있었다. 그녀의 아버지 김주신 역시 정쟁에 깊이 관여하지 않은 덕에 무사했다. 김주신은 국구로서 소론 인사들과 어울렸으나, 당색을 강하게 드러내지 않는 소극적 태도를 유지하며 그녀에게도 중립적인 입장을 주문했다.

그러나 왕대비로서 늘 중립을 지킬 수만은 없었다. 당시 경종은 건강이 좋지 않았고 후사가 없었기에, 연잉군을 세제로 삼아 후계자로 삼는 문제가 대두되었다. 소론과 노론의 대립 속에서, 왕실 최고 어른인 그녀는 중요한 결정을 내려야 했다.

1721년 8월, 그녀는 당색을 버리고 연잉군을 세제로 삼는 교지를 내렸다. 이 결정은 경종의 건강 악화와 소론의 영향력이 약해진 상황에서 왕실을 안정시키는 데 크게 기여했다. 이 교지를 내린 시점은 그녀의 아버지 김주신이 사망한 지 한 달 후의 일이었다.

이 과감한 선택은 왕실뿐만 아니라 그녀 자신의 안위를 지키는 데도 큰 도움이 되었다. 병상에 누워있던 경종은 1724년 사망했고, 연잉군이 왕위에 올라 영조가 되면서 정권은 소론에서 노론으로 교체되었다. 이 과정에서 이인좌의 난이 일어나 전국이 혼란에 빠지기도 했으나, 그녀는 별다른 해를 입지 않았다.

영조는 즉위 후에도 그녀를 극진히 보살피며 왕대비로서의 위상을 존중했다. 이후 조정은 노론과 소론 모두를 아우르는 영조의 탕평책에 의해 안정되었고, 그녀는 비교적 평온한 여생을 보냈다.

1757년 3월 26일, 그녀는 71세로 생을 마감했다. 어린 나이에 나이 많은 남편과 결혼해 자식 하나 얻지 못하고 쓸쓸한 삶을 살았으나, 정치적 소용돌이 속에서도 55년간 궁중 생활을 유지할 수 있었던 것은 그녀의 중립적이고 현명한 선택 덕분이었다.

제20대 **경종의 왕비**

제1왕비: 단의왕후 심씨,
세자빈 시절만 22년, 짧은 생을 마치다

1686~1718년

단의왕후 심씨는 1686년 5월 21일, 청송 심씨 심호와 고령 박씨의 2남 2녀 중 장녀로 태어났다. 심호는 명종의 장인이었던 심강의 6대손이며, 단의왕후는 청송 심씨 가문에서 세 번째로 왕비에 추존된 인물이다. 청송 심씨는 세종의 왕비 소헌왕후와 명종의 왕비 인순왕후를 배출한 바 있다.

단의왕후는 왕비가 아닌 세자빈으로서 생을 마감한 후, 추존된 왕후였다. 그녀가 세자빈으로 책봉된 것은 1696년, 그녀의 나이 열한 살, 세자 윤(경종)의 나이 아홉 살이었다. 당시 그녀의 아버지 심호는 벼슬이 없었으나, 딸이 세자빈에 책봉되면서 영소전 참봉 자리를 얻었다. 이후 낮은 관직을 거쳐 1704년 사옹원 첨정에 올랐으나, 37세의 젊은 나이로 사망하였다.

동궁 생활만 22년

심호는 주로 낮은 한직에 종사했기 때문에 당파 싸움에 크게 휩쓸리지 않았다. 또한 그의 딸인 세자빈 심씨는 아이를 잉태하지 못했기 때문에 궁중에서 별다른 실권이 없었다. 물론 그녀가 아이를 얻지 못한 것은 남편 세자 윤이 성불구였기 때문이다.

심씨는 어린 시절 입궐 이후 병마에 자주 시달렸다. 그녀가 병마에 시달리기 시작한 것은 1701년부터였다. 당시 열여섯 살이었던 그녀는 풍질을 앓았다고 기록되어 있다. 당시 풍질이란 신경에 문제가 생겨서 일으키는 질병을 총칭하는 것인데, 정확하게 어떤 병인지는 알 수 없다. 당시 그녀의 증세는 심신이 편안하지 못하여 말을 횡설수설한다는 것이었다. 이는 그녀가 정신적으로 매우 허약해진 상태에서 자주 헛소리를 했다는 의미다. 이는 공황장애나 우울증과 유사한 증상이었을 가능성이 높다.

그녀가 이런 증세를 보인 것은 열여섯 살 때인 1701년 9월이었는데, 이보다 한 달 앞선 8월에 인현왕후 민씨가 죽었다. 심씨와 인현왕후는 사이가 좋은 편이었다. 하지만 남편의 생모인 희빈 장씨와는 관계가 나빴다. 희빈 장씨는 세자와 함께 문안을 온 심씨를

자주 나무라며 공포감을 심어주었다. 인현왕후가 보호막 역할을
했으나 그녀의 죽음 이후 심씨는 희빈 장씨의 복귀 가능성을 두려
워하며 병증이 심화되었다.

평온했으나 짧았던 인생

다행히 같은 시기 희빈 장씨는 무속과 저주 의혹으로 조사를
받고 있었고, 숙종의 명으로 사사되었다. 장씨의 죽음으로 심씨는
정신적 압박에서 벗어나 병세를 회복했다.

이후 아버지 심호의 상을 당한 것 빼고는 그녀의 삶은 비교적
평온했다. 다만 남편 세자 윤과의 관계에서 자식이 없는 것을 큰
아쉬움으로 여겼다.

비록 평온한 삶이었지만 그녀는 건강하지 못했다. 그래서
1718년 2월에 33세의 젊은 나이로 생을 마감했다. 이때 그녀의 신
분은 여전히 세자빈이었다. 세자빈 생활만 22년 하다가 끝내 중전
의 자리에 오르지 못하고 죽은 것이다.

그녀가 세상을 떠난 지 2년 뒤인 1720년, 남편 세자 윤이 왕위
에 올라 경종이 되었고, 그녀 역시 왕비로 추존되어 단의왕후라는
시호를 받았다.

제2왕비: 선의왕후 어씨,
병 수발에 지쳐서 병을 얻다

1705~1730년

경종의 두 번째 왕비 선의왕후 어씨는 1705년 10월 29일, 함종 어씨 어유구와 전주 이씨 사이에서 1남 2녀 중 장녀로 태어났다. 어유구는 현종 시절 서인의 일원으로 활동하며 좌승지, 강원도 관찰사를 역임한 어진익의 손자다. 서인이 노론과 소론으로 분당된 후 어유구는 노론을 택했는데, 그 이유는 노론의 핵심 인물인 김창집이 그의 스승이었기 때문이다.

선의왕후가 세자빈으로 간택된 것은 열네 살 되던 해인 1718년 9월로, 세자빈 심씨가 사망한 지 반년이 지난 시점이었다. 이때 어유구는 홍문관 수찬, 동부승지 등을 거쳐 병조참지로 재직하고 있었다.

노론의 당세에 힘입어 세자빈으로 간택되다

어씨가 세자빈에 책봉된 당시 조정은 노론이 정권을 장악하고 있었으며, 이들의 지지에 힘입어 그녀가 세자빈에 오를 수 있었다. 그러나 이 결혼은 그녀에게 불운의 시작이었다. 남편 세자 윤(경종)은 건강이 몹시 좋지 않았으며, 선의왕후는 입궐과 동시에 병약한 남편을 간병해야 하는 처지에 놓였다.

어쨌든 가까스로 목숨을 부지하고 있던 세자 윤(경종)은 1720년에 숙종이 사망하자 곧바로 왕위를 계승하였고, 이에 세자빈 어씨도 왕비에 책봉되었다.

그런데 그녀가 왕비로 책봉된 이후 남편 경종의 병세는 점점 악화되었다. 이에 노론은 연잉군(영조)을 세제로 삼아 왕의 서무를 대신 처리해야 한다고 주장했다. 하지만 소론은 이를 역모로 간주하며 강력히 반발했고, 결국 노론의 핵심 세력이 대거 파직되고 소론 정권이 수립되는 사태가 벌어졌다.

이 와중에 왕비 어씨의 아버지 어유구는 노론을 강력히 지지하다 소론의 집중적인 공격을 받아 관직에서 물러나 양주 해등촌면으로 낙향하게 되었다.

친정아버지 어유구가 소론의 표적이 된 상황은 왕비 어씨에게도 큰 시련이었다. 남편 경종은 소론을 중심으로 국정을 운영하는 상황이었고, 친정아버지는 노론을 지지하며 소론을 강력히 비판하고 있었으니, 그녀는 몸둘 바를 몰라 했다.

병수발만 하다가 끝난 왕비 생활

이처럼 살얼음판 같은 시간이 2년 동안 지속되었고, 그동안 경종의 건강은 더욱 악화되었다. 결국, 경종은 병상에서 계속 지내다 1724년 8월, 즉위 4년 3개월 만에 생을 마감하였다.

경종의 사망과 함께 어씨의 중궁 생활도 막을 내렸다. 스무 살의 젊은 나이에 왕대비로 물러난 그녀는 이후 오랜 세월 동안 뒷방에서 한적한 삶을 살아야 했다.

1724년, 영조가 즉위했지만 조정은 여전히 소론이 장악하고 있었다. 이로 인해 대비 어씨의 친정아버지 어유구는 관직에 복귀하지 못했다. 오히려 노론 일부에서는 어유구가 신임사화 당시 소론과 내통했다는 의혹을 제기하며, 그를 불러 심문해야 한다고 영조에게 건의했다. 그러나 영조는 대비 어씨의 입장을 고려해 노론의 요청을 받아들이지 않았다.

영조는 대비 어씨의 처지를 생각해 여러 차례 어유구에게 관직에 복귀할 것을 권유하며 벼슬을 내렸으나, 어유구는 이를 계속 사양했다.

그런 가운데 1728년, 이인좌의 난이 발생했다. 소론과 남인이 중심이 되어 영조를 폐위하려 했던 내란으로, 명분은 영조가 경종을 시해했다는 것이었다. 어유구는 이인좌의 난을 진압하는 데 참여했고, 이에 난이 평정된 후 분무원종공신奮武原從功臣 1등에 책록되었다.

대비전으로 물러나 병마에 시달리다 죽다

이로 인해 왕대비 어씨의 입지는 강화되었으나, 그 무렵 그녀는 이미 건강이 심각하게 악화되어 있었다. 2년 동안 병상에 누워 지내던 그녀는 1730년에 위독한 상태에 이르렀다. 이에 영조는 어유구를 불러 그녀의 병상을 지키게 했다. 하지만 결국 그녀는 그해 6월 27일, 26세의 젊은 나이로 생을 마감하고 말았다.

어린 나이에 당파의 힘으로 세자빈에 책봉되어 입궐한 그녀는 남편 경종의 병수발로 궁궐 생활을 시작했으며, 남편의 죽음 이후에는 자신이 병마에 시달리다 그렇게 스물여섯 꽃다운 나이에 생을 마감하고 말았다.

제1왕비: 정성왕후 서씨, 남편의 여인이 낳은 자식들을 키우다

1692~1757년

정성왕후 서씨는 1692년 12월 7일 대구 서씨 서종제와 우봉 이씨 사이에서 1남 1녀 중 장녀로 태어났다. 서종제는 세조 때 정승을 지낸 서거정의 형 서거광의 후손이며, 서문도의 아들이다. 서문도는 장례원 정6품 관직인 사평(당시 실무 담당관)을 지냈다. 사평은 원래 장례원 좌랑이라 불렸으나, 육조의 좌랑과 구분하기 위해 변경된 명칭이었다. 이는 서문도가 요직이나 고위직에는 오르지 못했음을 의미한다.

서종제는 딸이 연잉군 이금(훗날 영조)과 혼인할 당시 관직에 오르지 못한 상태였다. 생원시와 진사시에 합격하긴 했으나, 대과에는 실패했기 때문이다. 딸의 혼인 덕분에 그는 왕실의 사돈으로 특별히 사릉 참봉에 임명되어 관직을 처음 얻었다. 이후 몇몇 벼슬을 거쳐 1719년 신천 군수로 있다가 사망했다.

혼인 첫날밤부터 남편에게 미움받은 여인

정성왕후 서씨가 숙종의 서자이자 숙빈 최씨의 아들 연잉군 이금과 혼인한 것은 1704년으로, 서씨가 열세 살, 이금이 열한 살 때였다.

당시 연잉군 이금은 왕의 서자로 정치적 기반이 약했고, 힘 있는 집안과 혼인할 처지가 아니었다. 따라서 그는 별다른 정치적 영향력이 없는 집안의 사위가 되었다. 그러나 연잉군은 처가의 배경을 그다지 중요하게 여기지 않았다. 어머니가 무수리 출신이었기에 권세 있는 처가가 없는 것을 오히려 다행으로 여겼다. 그는 왕위에 오를 가능성을 꿈꾸는 것조차 어려운 상황이었으며, 처가의 도움도 필요하지 않은 처지였다.

이렇듯 어린 나이에 두 살 연상의 서씨와 혼인한 그는 혼인 첫날밤 이후로 아내에게 냉랭한 태도를 보였다. 이를 설명하는 일화가 전한다.

혼인 첫날밤, 연잉군 이금이 서씨의 손을 보고 물었다.

"어째서 손이 이리도 곱습니까?"

서씨가 대답했다.

"고생을 한 적이 없어 손에 물을 묻히지 않아서 그렇습니다."

이 말을 들은 연잉군은 그녀가 자신의 어머니 최씨(천비 출신 숙빈)를 비하한 것으로 오해했고, 이후로 그녀를 멀리했다는 것이다.

이 일화의 진위 여부는 알 수 없으나, 역사적으로 정성왕후 서씨는 연잉군으로부터 사랑받지 못했다. 또한 그녀는 평생 자녀를 두지 못한 왕비로 기록되었다.

다른 여인을 사랑하는 남편

결혼 이후, 늘 그녀를 냉랭하게 대했던 남편 연잉군은 청년으로 성장한 뒤에는 다른 여인과 사랑에 빠졌다. 그로서는 첫사랑이었다. 1716년, 연잉군의 나이 스물세 살 때였다. 그의 첫사랑이 된 여인은 이준철의 딸로 훗날 정빈 이씨로 불린 여인이었다.

그녀의 신분과 집안은 분명치 않다. 대개 궁녀 출신으로 알려져 있는데, 그것도 정확한 근거는 없다. 또한 그녀가 언제 어떤 경로로 이금을 만났는지도 자세히 알 수 없다. 이금을 만날 당시 그녀가 몇 살이었는지도 불분명하다. 정빈 이씨가 영조와 동갑이었다고 알려져 있지만 정확한 내용도 아니다. 다만 그녀가 이금의 첫아이를 낳은 것이 1717년이었다는 사실에 근거할 때, 이금과 그녀는 적어도 1716년 이전에 만난 것은 분명하다.

1716년 당시 이금의 신분은 그저 숙종의 서자 연잉군이었을 뿐이다. 또한 어머니 숙빈이 비천한 신분이었고, 장희빈의 아들 윤이 세자로 있었기 때문에 왕위를 노릴 입장도 아니었다. 하지만 당시 세자 윤의 건강이 좋지 않았기 때문에 숙종은 연잉군 이금을 후계자로 생각하고 있었다. 실제로 이듬해인 1717년에 숙종은 노론 영수 이이명과 독대하고 이금을 후계자로 정해줄 것을 부탁한다. 따라서 이금이 이준철의 딸 이씨를 만났던 시점은 정치적으로 매우 민감한 시절이었다.

그런데 이런 상황에서 연잉군 이금은 그녀와 사랑에 빠졌다. 23세 혈기왕성한 시절이었던 만큼 이금은 그녀에게 집착했고, 결국 그녀는 아이까지 잉태했다.

구체적인 내용은 전해지지 않지만, 그녀는 이금이 첩으로 들인 여자였다. 일설에는 궁녀 출신이라고 하지만, 왕자가 궁녀를 건드리는 것은 있을 수 없는 일이었다. 궁녀는 모두 왕의 여자였기 때문이다. 혹 그가 세자였다면 동궁의 궁녀는 취할 수 있었겠지만, 당시 세자는 장희빈의 아들 이윤이었다. 따라서 이금이 궁녀를 첩으로 들일 가능성은 별로 없다.

그렇다면 그녀는 그가 개인적으로 첩으로 들인 여인이라 봐야 할 것이다. 당시 연잉군 이금은 이미 정성왕후 서씨와 결혼한 지 12년이 되었으나, 서씨는 아이를 갖지 못했다.

이씨와 연잉군 사이에 태어난 첫 아이는 딸이었다. 훗날 화억옹주로 불리는 이 딸은 돌도 채 넘기지 못하고 세상을 떠났다.

화억옹주가 죽고 이듬해인 1719년에 이씨는 둘째를 낳았는데, 그 아이가 영조의 장남 행(효장세자)이었다. 행의 아명은 만복이었다. 만복은 연잉군(영조)의 장남이기도 했지만 숙종의 첫 손자이기도 했다. 당시 숙종은 와병 중이었는데, 만복이 태어났다는 소식을 듣고 매우 기뻐했다고 한다.

이씨는 만복을 낳고 연년생으로 딸 한 명을 더 낳았는데, 화순옹주였다. 화순옹주를 낳을 당시 조선 조정은 긴박한 상황을 맞이하고 있었다. 숙종은 병마가 깊어 죽음을 앞두고 있었고, 세자 이윤 또한 병이 깊었다. 그래서 숙종은 연잉군으로 하여금 세자를 대신하게 하는 조치를 했다. 하지만 세자 이윤을 지지하고 있던 소론 세력은 이를 용납하지 않았고, 그 때문에 이금은 정치적 소용돌이 속으로 빨려들곤 했다. 조정의 구도는 어느덧 세자 이윤을 지지하는 소론 세력과 연잉군 이금을 지지하는 노론 세력으로 갈려 팽팽한 힘 싸움을 전개하고 있었다.

그렇게 두 세력이 한 치도 양보할 기미가 없는 가운데 숙종이 죽고 세자 이윤(경종)이 용상에 올랐다.

그리고 이어 1721년에 연잉군 이금은 세제에 책봉되었다. 그러자 만복의 생모 이씨도 후궁이 되어 종5품 소훈의 첩지를 받았다. 만약 훗날 이금이 왕위에 오르면 그녀의 아들이 세자가 될 것은 자명해진 것이다.

이금의 정부인이었던 서씨는 이런 상황에서 세제빈이 되어 동궁으로 거처를 옮겼다. 하지만 그녀는 허울뿐인 동궁의 빈이었다.

남편의 사랑도 없고 자식도 없는 처지의 그녀는 아무런 힘도 없는 빈껍데기 신세였다.

그런 가운데 그녀는 소훈 이씨가 낳은 아들을 친자처럼 대해야 했다. 자칫 그 아들을 소홀히 대했다간 남편에게 어떤 대접을 받을지 불을 보듯 뻔했기 때문이다.

독살로 죽은 남편의 첫사랑, 궁지에 몰린 서씨

1721년 겨울, 소훈 이씨(정빈 이씨)가 아침 식사 후 갑자기 배를 움켜쥐고 쓰러졌다. 이씨는 곧 눈을 까뒤집고 의식을 잃었으며, 어의들이 온 힘을 다했으나 결국 회복하지 못하고 숨을 거두었다. 당시 사인은 명확하지 않았지만, 정황상 독살일 가능성이 높았다. 범인은 오리무중이었고, 이씨의 죽음은 곧바로 미궁 속으로 빠져들었다.

이씨의 죽음에 대한 진실은 몇 개월이 지난 뒤에 윤곽을 드러냈다. 경종 2년(1722년) 3월 27일에 남인의 서얼 출신인 목호룡이 노론 측에서 경종을 시해하고자 모의했다는 이른바 삼급수설(대급수大急手: 칼로 살해, 소급수小急手: 약으로 살해, 평지수平地手: 모해하여 폐출함)을 주장하며 역모를 고변했는데, 이 고변 중에 정빈 이씨의 죽음이 거론되었다.

목호룡의 고변에 따르면 경종을 시해하려 했던 인물들은 정인중, 김용택, 이기지, 이희지, 심상길, 홍의인, 김민택, 백망, 김성행 등이었는데 이들은 모두 노론 4대신의 아들 또는 조카이거나 아니면 추종자들이었다.

목호룡은 이들 세력이 숙종의 죽음 전후에 당시 세자였던 경종을 해치려고 모의하였다고 주장했다. 목호룡은 남인 서얼로서 풍수를 공부하여 지관이 된 사람이다. 정치적 야심을 품고 있던 그는 풍수설을 이용하여 노론에 접근하여 처음에는 왕세제편(연잉군)에 섰으나, 정국이 소론의 우세로 돌아서자 배반하여 이 같은 음모사실을 고변하였다.

목호룡의 고변 당시 정국의 상황은 소론이 노론을 공격한 후, 노론 핵심 세력이 모두 유배된 때였다. 그 내막은 이렇다.

숙종이 죽고, 경종 즉위 초년에는 여전히 노론이 정권을 잡고 있었다. 그들은 경종의 건강이 점차 악화되는 데다, 후사마저 없다는 이유를 내세워 건저(세자를 세우는 일)할 것을 주장한다. 즉, 경종이 너무 병약하여 언제 죽을지 모르니 연잉군을 세제로 삼아 왕위가 흔들리지 않게 해야 한다는 것이었다.

경종은 소론의 반대에도 불구하고 1721년 노론 측의 주장에 따라 연잉군을 세제에 책봉하였다. 그런데 노론측은 두 달 뒤인 그해 10월 경종이 병약하여 정사를 주관할 수 없다며 이번에는 연잉군이 대리청정을 해야 한다고 주장했다. 이는 곧 경종에게 정사에서 손을 떼라는 말이었다.

노론측이 대리청정을 주장하자 소론측이 왕을 보호한다는

명분을 내세우며 거세게 반발하였다. 하지만 경종은 와병중이어서 세제청정을 받아들였다가, 소론측의 반대로 다시 거둬들였다. 이후 경종은 세제청정을 명했다가 다시 거둬들이기를 반복한다.

이 과정에서 노론과 소론 간에 당쟁만 더욱 격화되었다. 그리고 1721년 12월에 경종의 지지를 얻은 소론은 과격파인 사직 김일경을 우두머리로 한 7명이 앞장서서, 세제대리청정을 요구한 집의 조성복과 청정 명령을 받들어 행하고자 한 노론 4대신 영의정 김창집, 좌의정 이건명, 영중추부사 이이명, 판중추부사 조태채 등을 '왕권 교체를 기도한 역모자'라고 공격하는 소를 올렸다.

이 상소로 인하여 1716년 병신처분 이래 지속되던 노론의 권력 기반이 무너지고 대신 소론 정권으로 교체되는 환국이 단행되었다. 이 결과 노론 4대신은 파직되어 김창집은 거제부에, 이이명은 남해현에, 조태채는 진도군에, 이건명은 나로도에 각각 유배되었고, 그 밖의 노론 대신들도 삭직, 문외출송 또는 정배되었다. 그리고 소론파에서 영의정에 조태구, 좌의정에 최규서, 우의정에 최석항 등이 임명됨으로써 소론 정권의 기반을 굳혔다. 이 사건을 일러 신축옥사라고 한다.

이렇게 신축옥사를 통해 조정을 장악한 소론은 이참에 아예 노론을 완전히 무너뜨릴 계획을 세웠는데, 그것이 바로 목호룡의 역모 고변이었던 것이다.

목호룡은 고변을 통해 노론 세력이 은을 모아 그것으로 궁녀들을 매수하여 경종을 독살하려 했다고 주장했다. 하지만 목호룡

자신이 나서서 이를 저지하는 바람에 실행되지 못하였다는 것이다. 목호룡은 또 자신의 저지로 경종의 독살에 실패한 노론 세력은 소론을 궁지에 몰기 위해 세제(영조)의 후궁인 소훈 이씨(정빈 이씨)를 독살했다고 주장했다. 노론 무리들이 이씨를 독살하고 소론의 소행이라고 뒤집어씌워 소론을 몰아내려고 했다는 것이다. 그는 이 사건이 경종을 독살하려 했던 사전 실험에 지나지 않는다고도 주장했다.

목호룡은 노론의 사주를 받고 소훈 이씨가 먹던 음식에 독을 탄 인물로 환관 장세상을 지목했다. 그의 주장에 따르면, 이 사건의 주도자는 세제빈 서씨의 조카 서덕수였다. 서덕수는 1721년 6월에 은자 300냥을 장세상에게 보내 독약을 구입하도록 지시했고, 같은 해 11월에 장세상이 동궁 주방 나인 이씨를 시켜 음식에 독을 넣어 소훈 이씨를 독살했다는 것이다.

목호룡이 정빈 이씨를 독살한 주범으로 지목한 환관 장세상은 세제 이금(영조)의 최측근이었다. 그런데 이금의 연인을 정치적 희생양으로 삼아 독살했다는 사실을 이금은 도저히 받아들일 수 없었다. 이금은 연인이자 자식들의 어미를 잃고, 동시에 가장 신뢰했던 최측근마저 잃어야 하는 처지에 놓였다.

이렇듯, 세제 이금이 연인을 잃고 깊은 고통과 불안에 시달리고 있을 때, 그의 아내인 세제빈 서씨 또한 죽음의 공포 속에서 살아야 했다.

남편이 그토록 애지중지하던 이씨를 죽인 주범으로 몰린 서덕수, 그는 바로 서씨의 오빠 서영백의 장남이었다. 서덕수는 세제인 남편을 지지하는 노론 측 인물이기도 했다.

서덕수는 의금부에 갇혀 극심한 고문을 당하였고, 결국 사형해야 한다는 여론이 형성되었다. 서씨는 조카를 구명하기 위해 애썼지만, 동궁에 갇혀 있는 그녀는 바깥 출입조차 할 수 없는 처지였다.

결국, 서덕수가 극심한 고문을 견디지 못하고 사망했다는 소식이 전해졌다. 그러나 서덕수의 죽음으로 사건이 끝난 것은 아니었다. 연좌법이 적용되어 서덕수의 아버지 서명백마저 유배되었다.

이씨의 죽음은 세제 이금뿐만 아니라 세제빈 서씨에게도 엄청난 불행을 가져왔다. 조카가 남편이 가장 사랑했던 여인을 독살한 주범으로 몰렸으니, 남편을 볼 면목조차 없는 처지가 되었다.

그녀는 이러지도 저러지도 못한 채, 말문을 닫고 동궁에 갇혀 조용히 살아갈 수밖에 없었다.

가까스로 살아남다

한편, 목호룡의 고변이 있자 국청이 설치되어 역모 관련자들이 체포되고 처단되었다. 유배 중이던 노론 4대신도 한성으로 압송되어 모두 사사되었다.

국청에서 처단된 사람 중에 법에 의해 사형된 사람이 20여 명,

맞아서 죽은 이가 30여 명, 그 밖에 그들의 가족이라는 이유로 체포되어 교살된 자가 13명, 유배 114명, 스스로 목숨을 끊은 부녀자가 9명, 연좌된 사람이 173명에 달하였다.

반면에 권력을 잡은 소론파에서는 윤선거와 윤증을 복관시키고 남구만, 박세채, 윤지완, 최석정 등을 숙종묘에 배향하였으며, 목호룡에게는 동지중추부사의 직이 제수되고 동성군의 훈작이 수여되었다. 이 대대적인 옥사가 신축년과 임인년에 연이어 일어났다고 해서 '신임사화'라고 한다.

신임사화 후, 세제 이금의 처지는 한 치 앞을 바라볼 수 없는 안개 속이었다. 목호룡의 고변 속엔 노론이 추대하려던 임금이 세제 이금이었고, 전례로 봐서 모역에 가담한 왕자가 살아남은 경우는 없었다.

하지만 연잉군 외에는 왕통을 이을 왕자가 전혀 없었기 때문에 그는 목숨을 부지할 수 있었다. 그러나 이 사건 때문에 연잉군은 갖가지 고초를 겪게 된다. 자신이 수족처럼 부리던 장세상이 소론 측 사주를 받은 내관 박상검, 문유도 등의 모함으로 쫓겨나고, 소론 측 대신들에 의해 경종을 문안하러 가는 것도 금지당했다. 말하자면 동궁에 유폐되는 지경에 처한 것이다. 거기다 신변의 위협마저 느끼게 되자 혜순대비(인원왕후 김씨)를 찾아가 왕세제 자리를 내놓는 것도 불사하겠다며 자신의 결백을 호소했다.

김 대비는 평소 노론 측 입장에 서서 왕세제를 감싸왔던 터여서 왕세제의 간절한 호소를 담은 언교를 몇 차례 내려 소론 측의 전횡을 누그러뜨렸다. 그 덕택으로 이금은 가까스로 목숨을 부지할 수 있었다.

하지만 연인의 독살에 대한 진실에 대해선 밝혀낼 엄두도 내지 못했다. 아직 기저귀도 떼지 못한 아이들의 어미가 하루아침에 독살당해 그 혼백이 구천을 떠돌고 있었지만, 남편이자 연인인 그는 그녀의 죽음에 대한 슬픔조차도 드러내지 못하고 자신의 목숨을 지키는 데 급급했다. 그는 그야말로 비극의 주인공이었다.

남편이 가까스로 살아남은 덕분에 빈궁 서씨 또한 화를 면할 수 있었다. 만약 남편이 반역의 수괴로 몰려 죽었다면 그녀 역시 무사하지 못했을 것이다. 늘 냉랭하고 거리를 두던 남편이었지만, 그가 살아남았다는 사실만으로도 서씨는 감사해야 할 처지였다.

다른 여인의 아들을 선물로 생각하며 살다

남편 이금(영조)이 대비 인원왕후 김씨에 의지해 가까스로 목숨을 보전하던 중, 병상에 있던 경종이 세상을 떠났다. 덕분에 이금은 1724년 8월, 조선 제21대 왕으로 등극했고, 서씨 또한 왕비에 책봉되었다. 숨죽이며 동궁을 감옥 삼아 2년을 견딘 끝에 맞이한 해방의 순간이었다.

2년간의 고통스러운 세월을 함께 넘긴 남편은 비로소 서씨를 조강지처로 인정해주었다. 그는 과거처럼 그녀를 냉대하거나 무시하지 않았다. 그러나 여전히 그녀를 사랑하지는 않았다. 서씨는 영조에게 단지 고난을 함께 넘긴 동지와 같은 존재였다.

영조는 여전히 죽은 첫사랑(정빈 이씨)을 잊지 못했다. 그래서 오랫동안 다른 여인에게 눈을 돌리지 않았으나, 왕위에 오른 지 2년이 지난 1726년에 그의 마음을 사로잡은 새로운 여인이 등장했다. 영조의 눈길을 끈 여인은 서른을 넘긴 궁녀였다. 당시 기준으로 31세의 처녀는 혼인 적령기를 한참 지나 환갑을 넘긴 듯한 나이에 해당했다. 그런 나이에 왕의 승은을 입었으니, 그야말로 천재일우였다. 게다가 그녀는 승은을 입은 뒤 아이까지 잉태하며 더욱 특별한 존재가 되었다.

그녀는 이유번의 딸로, 여섯 살 때 입궁하여 25년 동안 궁녀로 지내왔다. 긴 세월 동안 한 번도 왕의 눈에 들지 못했으나, 뜻밖에 33세의 영조의 마음을 사로잡았다.

그들이 처음 만난 경위는 전해지지 않으며, 그녀의 외모에 대한 기록도 남아 있지 않다. 다만, 그녀는 승은 이후 영조의 사랑을 독차지했다. 영조는 그녀를 만난 뒤로 다른 후궁을 들이지 않았고, 다른 여인에게도 눈길을 주지 않았다.

그들의 금실은 매우 좋았고, 그녀는 연이어 아이를 낳았다. 그녀가 아이를 낳을 때마다 품계는 올라, 결국 정1품에 이르러 영빈으로 불렸다. 그러나 그녀가 낳은 아이들은 모두 딸이었다. 그럼에도 영조는 그녀에게서 마음을 돌리지 않았다.

서씨는 이런 남편을 그저 바라볼 뿐이었다. 남편의 사랑은 이미 기대하지도 않았다. 다만, 영조가 자신을 본처로 인정하며 내쫓지 않는 것만으로도 다행이라 여겼다.

그 가운데 서씨는 한 가지에 온 정성을 쏟았다. 바로 정빈 이씨가 남기고 간 양자 만복(효장세자)을 돌보는 일이었다. 그녀는 만복을 친아들처럼 정성껏 보살폈고, 만복 또한 그녀를 친어머니처럼 따랐다.

그렇게 서씨는 연적이 남기고 간 아들을 자신의 인생에 주어진 선물로 여기며 살아갔다.

세자 만복의 죽음과 서씨의 쓸쓸한 삶

1719년에 태어난 만복(효장세자)은 1724년 경의군에 책봉되었고, 이듬해 영조가 왕위에 오르면서 세자에 책봉되었다. 만복은 여덟 살이 되던 1726년에 조문명의 딸(효순왕후)과 혼인하였으며, 이듬해에는 성균관 입학례와 관례를 올리며 왕세자로서의 성장 과정을 차근히 밟아갔다.

영조는 만복의 성장에 대해 늘 왕비 서씨에게 고마움을 느끼고 있었다. 서씨가 만복을 친아들처럼 정성껏 돌보며 훌륭히 길렀기 때문이다. 덕분에 서씨는 왕비로서의 위신을 잃지 않을 수 있었고, 만복은 영조와 서씨의 관계를 유지시키는 중요한 매개체였다. 서씨는 만복을 향한 애정을 아낌없이 쏟았다.

하지만 1726년, 만복이 성균관 입학례를 마칠 무렵 세자빈 조씨가 홍역을 앓게 되었다. 이에 만복은 급히 경춘전으로 거처를 옮겼고, 다행히 세자빈의 병세는 안정되었다. 그러나 이듬해인 1727년, 만복이 시름시름 앓기 시작했다. 처음에는 가벼운 미열에 머물렀지만, 곧 안질과 고열이 동반되었고, 결국 상태가 악화되며 일어나지 못하게 되었다. 끝내 만복은 1728년, 열 살의 어린 나이에 세상을 떠나고 말았다.

만복이 죽을 당시 서씨의 나이는 37세였다. 서씨는 죽어가는 만복을 지켜보며 수일간 오열했고, 이로 인해 건강까지 크게 악화되었다. 그녀에게 만복은 친아들과 다름없는 존재였기에 그의 죽음은 더없이 큰 상실감을 남겼다.

만복의 죽음은 영조에게도 깊은 충격과 고통을 안겼다. 영조는 세자의 죽음을 받아들이기 어려워했으며, 이후로는 중궁을 찾는 일조차 거의 없었다. 서씨는 이후 사실상 과부와 다를 바 없는 쓸쓸한 나날을 보내야 했다.

죽어서도 독수공방 신세

만복이 죽은 뒤, 영조는 영빈이 아들을 낳길 학수고대했다. 하지만 영빈은 내리 5명을 딸만 낳았다. 그 때문에 영조는 후계자를 얻지 못할까 봐 노심초사했다. 그럼에도 그는 새로운 후궁을 들이

지 않았다. 그는 사랑하는 여인 영빈 이씨가 자신의 후사를 낳아 줘야 한다고 생각했다. 오직 그녀에게서 태어난 아들만이 자신의 후계자가 되어야 한다는 것이었다. 그만큼 영빈 이씨에 대한 그의 사랑은 지극했다.

영빈 이씨가 계속 딸만 낳자, 시어머니격인 숙종의 3비 인원왕후는 그녀에게 거처를 옮겨보라고 했다. 인원왕후가 점쟁이에게 점을 쳐보니, 거처를 옮기면 왕자를 낳을 수 있다고 했다는 것이다. 이씨는 인원왕후의 명령에 따라 거처를 창경궁 집복헌으로 옮겼다. 그런데 정말 점쟁이의 말처럼 1735년에 마흔의 나이로 아들을 낳았다. 영조는 장남을 잃은 후에 얻은 이 아들을 몹시 귀하게 여겼다.

영조는 둘째아들의 이름을 '선'이라고 하였다. 그리고 선이 백일이 되자, 영조는 선을 왕비 정성왕후 서씨의 양자로 삼았고, 돌이 지나자 원자로 삼았다. 이후 원자 선은 다시 세자로 책봉되었다. 불과 두 살밖에 되지 않은 아이를, 그것도 서자로 태어난 아이를 세자로 삼았다는 것은 당시 영조가 왕위 계승자의 탄생을 얼마나 학수고대하고 있었는지 잘 보여주는 대목이다. 더구나 자신이 그토록 총애하는 여인의 아들이었기에 온갖 애정을 쏟아부었다.

정성왕후 서씨 또한 양자 이선을 친아들처럼 정성을 다해 양육했다. 그녀의 헌신 덕분에 영조는 다시 중궁을 드나들었다. 비록 남편이 사랑으로 그녀를 찾는 것은 아니었지만, 서씨는 그마저도 기뻐하며 받아들였다.

정성왕후 서씨는 그렇게 33년 동안 중궁의 자리를 지키다 1757년 2월에 66세로 생을 마감했다. 그녀가 세상을 떠난 뒤, 영조는 그녀의 능을 정하면서 자신도 죽으면 그녀와 함께 묻히겠다고 약속했다. 이에 따라 정성왕후의 능 옆에 자신의 자리를 마련하도록 지시했다.

하지만 이 약속은 지켜지지 않았다. 영조가 세상을 떠난 뒤, 정성왕후의 옆자리는 그녀가 죽은 후 계비로 들인 정순왕후가 차지했다. 정성왕후 서씨는 생전에 남편의 사랑을 얻지 못했을 뿐만 아니라 죽어서도 독수공방 신세를 면치 못했던 것이다.

제2왕비: 정순왕후 김씨, 탁월한 정치 감각으로 벽파의 보루 되다

1745~1805년

1759년 6월 22일, 조선 제21대 왕 영조는 66세의 나이로 새 장가를 들었다. 왕비는 1745년 11월 10일생이니 겨우 열다섯 살 소녀였다. 당시 66세면 손자는 물론이고 증손자도 둘 나이였다. 그런 나이에 영조는 51세나 차이 나는 열다섯 살 소녀와 결혼한 것이다. 조선 개국 후 치른 국혼 중에 가장 나이 차가 큰 혼인이었다.

결혼 당시 소녀의 아버지 김한구는 37세였고, 김한구의 아버지 김선경은 62세였다. 물론 두 사람 모두 생존해 있는 상태였다. 또 그녀의 며느리인 혜경궁 홍씨보다도 열 살이 어렸고, 의붓아들인 사도세자보다도 열 살이 어렸다. 이렇듯 자기 할아버지보다 늙은 남자와 결혼한 여인이 영조의 계비 정순왕후 김씨였다.

가문의 영화를 위해 할아버지뻘 남자와 결혼하다

그녀의 아버지 김한구는 본관이 경주이고 서인 산당 출신인 김홍욱의 4대손이었다. 김홍욱은 효종 때 소현세자의 부인 강빈의 신원을 주청하다 장살당했고, 이후 이 집안은 가세가 기울었다. 말하자면 서인 노론 집안 출신인 셈인데, 그녀가 결혼할 당시 그는 만년 과거 낙방생이었다. 1758년에 사마시 초시에 겨우 합격했으나 복시에서는 떨어져 생원도 되지 못했다. 그런 그가 딸이 왕비가 되자 일약 정1품 보국숭록대부에 오위도총부 도총관을 거쳐 어영대장 자리에 올랐다. 딸을 희생양으로 삼아 본인의 출세는 물론이고 단숨에 집안을 명문가의 반열에 올려놓은 셈이다.

이렇듯 정순왕후는 열다섯 어린 나이에 가문과 당파를 위해 일생을 바친 여인이 되었다. 이후로 그의 집안은 승승장구했다. 아버지의 출세는 당연했고, 오빠 김귀주도 그녀 덕에 벼슬을 얻어 순식간에 승지의 자리를 꿰찼다. 그리고 삼촌 김한기도 요직을 두루 거쳐 노론의 핵심 인사가 되었다.

어쨌든 그녀는 결혼 후 늙은 남편의 총애를 받았다. 하지만 아이는 잉태하지 못했다. 그런 까닭에 왕위계승을 두고 다툴 처지는 되지 못했다. 그럼에도 그의 친정 세력은 세자 이선(사도세자)과 대립하고 있었다. 사도세자가 소론 측에 기울어져 있었던 탓에 노론 세력인 그녀의 친정은 사도세자의 반대편에 설 수밖에 없었고, 그녀 역시 마찬가지였다.

혼란한 정치 상황, 타고난 정치 감각

당시 세자 이선은 영조와 사이가 좋지 못했다. 영조는 세자의 능력을 늘 시험하고, 세자는 그로 인해 정신적인 고통을 받고 있었다. 그 고통은 결국 엄청난 분노로 돌변하여 주변인들을 죽이기까지 하는 광포함으로 드러났다.

영조와 세자의 갈등이 표면화된 때는 1760년이었다. 이때 세자의 나이는 26세였고, 영조는 67세였다. 세자는 한창 무르익는 때였고, 영조는 시들어가는 시기였다. 이 해에 '조진도 삭과 사건'이 일어났다. 조진도는 조덕린의 손자인데, 조덕린은 소론이었다. 조덕린은 1736년에 서원이 남발되는 것을 비판하다가 노론의 탄핵을 받아 유배 중에 죽은 인물인데, 그의 손자 조진도가 1759년 별시에서 과거에 합격하였다. 그러자 이듬해인 1760년에 대간들이 죄인 조덕린의 손자라며 삭과, 즉 과거 합격을 취소해야 한다고 주장했다.

하지만 이때 서무를 대리하고 있던 세자 선은 대간들의 요구를 들어주지 않았다. 영조가 뒤늦게 노론들로부터 이 소식을 전해 듣고 세자에게 몹시 화를 내며 삭과를 허용했다.

이 사건이 터질 무렵, 하필 후궁 문씨가 임신 중이었는데, 이 때문에 세자의 입지는 더욱 약화되었다. 이에 영의정이던 소론 이종성이 적극적으로 세자를 보호했다.

그런데 이듬해인 1762년(영조 38년) 5월 22일에 나경언이라는 자가 형조에 세자가 역모를 꾸미고 있다는 고변을 했다. 세자가 내시들과 결탁하여 왕을 밀어내고 왕위에 오르려 한다는 것이었다.

영조는 곧 나경언을 친국하였고, 친국 중에 나경언은 품에 숨기고 있던 문서 하나를 내놨다. 그 속엔 세자의 비행을 나열한 십여 조목의 내용이 담겨 있었다. 그 내용을 보고 영조가 세자를 불러 다그쳤지만, 세자는 변명으로 일관했다. 그래서 영조는 세자의 죄를 덮고 나경언을 죽였다.

사실, 나경언의 배후엔 왕비 김씨의 오빠들인 김귀주와 김관주가 있었다. 그들은 나경언을 사주하여 세자 이선을 제거하려 했던 것이다. 그런데 나경언은 죽임을 당하고, 세자는 위기를 넘겼다. 이 때문에 김관주와 김귀주는 자칫 위기에 몰릴 판이었다.

하지만 나경언의 죽음으로 세자의 악행은 덮어지지 않았다. 20일쯤 뒤인 그해 윤5월 13일에 세자의 생모인 영빈 이씨가 영조에게 나경언이 했던 말을 되풀이하며 울면서 세자를 죽여 달라고 요청했다.

이후, 영조는 도저히 세자를 살려둘 수 없다며 그에게 뒤주에 들어가라고 명령했다. 세자가 뒤주에 들어가려 하자, 신하들이 말렸고, 세자는 살려달라고 애원하였다. 하지만 영조는 세자를 뒤주에 들여보내고 직접 뚜껑을 닫고 자물쇠를 잠갔다. 그리고 널빤지를 가져오라고 하여 그 위에 대고 못을 쳤다. 그리고 세자는 그 속에서 7일 만에 굶어서 죽었다. 이를 임오화변이라고 한다.

세자가 굶어 죽고 있는 동안 영조는 세자의 비행에 관계된 자들을 차례로 잡아와 죽였고, 세자를 보호해야 한다고 주장하던 조재호에게 사약을 내려 죽였다. 그렇게 아비는 아들을 죽이고, 아들을 지키려던 신하도 죽였다.

열여덟 살의 어린 왕비 김씨는 그 상황을 냉철하게 지켜보았다. 비록 나이는 어렸지만 그녀는 상황 판단이 빨랐고, 매우 현실적인 사람이었다. 그리고 자신이 가문을 위해 어떤 태도를 취해야 하는지 잘 알고 있었다. 그녀는 철저히 무심한 태도를 보였다. 친정의 피붙이들이 어떤 행동을 하고 있든 그녀는 속내를 전혀 드러내지 않았다.

영조가 세자 이선을 죽일 수 있었던 것은 세손 이산이 그를 대신할 수 있다는 판단에 따른 것이었다. 따라서 왕위 계승은 사도세자의 아들 이산의 몫이 될 게 뻔했다. 왕비 김씨는 그런 상황을 예상하고 세손 이산을 매우 우호적으로 대했다. 그만큼 그녀는 타고난 정치 감각을 지니고 있었던 것이다.

이산, 목숨을 건 투쟁 끝에 왕위 계승에 성공

예상대로 사도세자가 죽은 뒤 왕위 계승자는 사도세자의 아들 산으로 결정된다. 하지만 이산은 사도세자의 아들로서 세손의 지위를 유지한 것이 아니라 사도세자에 앞서 죽은 효장세자의 양자로 입적되어 세손이 되었다.

이때 조정은 노론이 완전히 장악한 상태였다. 그러자 노론 내부에서 권세 있는 가문끼리 권력 다툼이 발생했다. 이러한 권력 다툼은 탕평책이 무르익은 영조 20년 이후에 불거졌는데, 당시 노론의 핵심 가문은 김재로, 민진원, 김진규, 신만, 홍봉한 등의 가문이었다.

우선 김재로 가문을 살펴보면, 김재로가 영의정을 거친 것을 비롯하여 김약로가 좌의정, 김치인이 영의정을 지냈으며, 그들의 외족 중에는 좌의정을 지낸 서명균, 영의정을 지낸 서명균의 아들 서지수, 그리고 영의정을 지낸 한익창, 좌의정을 지낸 이관명 등이 있었다.

김재로를 제외한 나머지 가문은 모두 왕실과 인척 관계에 있었다. 민진원은 숙종의 비 인현왕후 민씨와 남매지간이고, 김진규는 숙종의 왕비 인경왕후 김씨와 남매지간이었다. 따라서 족보상으로는 영조의 외숙부가 되는 셈이었다. 신만은 영조의 차녀 화평옹주의 남편 월성위 신광수의 아버지이기 때문에 영조와는 사돈 관계였고, 홍봉한은 사도세자의 비 홍씨의 아버지였기에 역시 영조와 사돈지간이었다.

이들은 모두 탕평파였는데, 영조는 외척들을 중용하는 정책을 썼기 때문에 그들의 권력이 비대해져 있었다. 특히 홍봉한은 사도세자가 대리청정을 하던 시기엔 권세가 하늘을 찔렀다. 심지어 홍봉한은 사도세자의 비리를 숨겨주기 위해 정치 자금을 통해 주변 세력에 대한 입막음을 하기도 했는데, 이 때문에 많은 뇌물을 받왔던 인물이다. 이와 관련하여 조정 신료들이 홍봉한을 공격하는 공홍파와 홍봉한을 옹호하는 부홍파로 나눠질 정도였다.

그런데 사도세자가 죽고, 그의 아들 산이 효장세자의 양자로 입적되어 세손이 되자, 홍봉한을 제외한 노론 세력들은 세손에 대해 적대적인 입장을 취했다. 특히 홍봉한의 동생 홍인한조차도 노골적으로 세손의 왕위 계승을 반대할 정도였다. 그런 까닭에 세손의 유일한 보호막은 할아버지 영조뿐이었다.

하지만 영조는 재위 42년(1766년)경부터 병이 깊어져 정사를 제대로 처리하지 못했다. 그 때문에 화완옹주와 같은 궁중 세력이 영조의 총애를 등에 업고 간병을 핑계로 대궐을 오가며 권력을 농단하였고, 평민 출신의 화완옹주의 양자 정후겸은 승지와 참판 벼슬을 하며 권력을 장악했다.

영조가 병상에 누워있던 10년 동안 조정의 권력은 정후겸과 홍인한이 좌지우지했다. 그들은 서로 결탁하여 세손을 죽이려 하였고, 세손의 왕위 계승을 막기 위해 갖은 수단을 동원하였다. 이런 상황에서 세손은 세자익위사와 홍국영의 도움을 받으며 가까스로 목숨을 부지할 수 있었다.

당시 세손은 정치적인 행동이나 발언을 일절 하지 않았고, 오로지 자신이 만든 도서관에 처박혀 책을 읽는 것으로 세월을 보냈다. 그런 상황에서 1775년 11월에 영조는 세손에게 대리청정을 시킬 것을 결심했다. 그의 병세는 점점 심해져 정신이 오락가락하는 상태였고, 몸도 제대로 가눌 수 없는 처지였다. 그래서 세손으로

하여금 대리청정을 시키려 했다. 하지만 좌의정 홍인한은 노골적으로 세손의 대리청정을 반대하고 나섰다.

그러자 그해 12월 3일에 행부사직 서명선이 상소를 올려 홍인한을 탄핵하였다.

"신이 삼가 듣건대, 지난달 20일 대신이 입시하였을 때 좌의정 홍인한이 감히 '동궁이 알게 할 필요 없다.'라는 말을 함부로 전하 앞에서 진달하였다고 합니다. 저군儲君(세자)이 알지 못한다면 어떤 사람이 알아야 하겠습니까? 아성亞聖(맹자)이 임금을 공경하는 의義를 비록 이런 사람에게 책임지우기는 어렵겠으나, 그 무엄하고 방자함은 아주 심한 것이었습니다."

영조는 서명선을 직접 불러 상소의 내용을 확인하였다. 하지만 홍인한과 그 무리들이 반박 상소를 올려 대응하였고, 그런 상황에서 영조는 1776년 3월 5일에 생을 마감하였다. 이어 세손 산이 왕위에 오르니, 곧 조선 22대 왕 정조였다.

정조와 우호관계를 유지하며 때를 기다리다

정조가 즉위하자, 그녀는 왕대비가 되었다. 그녀는 왕실의 최고 어른으로서 되도록 정조와 우호적인 관계를 유지하기 위해 애썼다. 심지어 정조의 왕위 계승을 막기 위해 혈안이 되었던 화완옹주와 정후겸, 그리고 홍인한을 제거하는 데 협조하기도 했다. 정순왕후는 그의 오빠 김귀주와 친정 세력을 동원하여 정조에게 힘을 실어주었다.

그런데 막상 홍인한과 정후겸이 제거되자, 정조는 대비 김씨의 오빠 김귀주를 귀양보내버렸다. 죄목은 김귀주가 정조의 생모 혜경궁 홍씨에게 문안하지 않았다는 것이었다. 이는 사실 정조가 김귀주를 제거하기 위해 억지 죄목을 만든 것이었다.

유배된 친정 오빠 김귀주는 유배지에서 사망하고 말았다. 또 한 명의 친정오빠인 김관주는 영조 말년인 1772년에 혜경궁 홍씨의 부친 홍봉한을 탄핵하다가 역풍을 맞아 이미 유배된 상태였다.

이렇듯 그녀는 정조에게 협조했지만, 되레 정조에게 뒤통수를 맞은 격이 되고 말았다. 내심 그녀는 분하고 억울했지만 겉으론 전혀 내색하지 않았다.

한편, 정조가 왕위에 오른 뒤, 조선의 정치 세력은 급격히 시파와 벽파로 나뉘어져 대립했다. 시파는 정조의 아버지 사도세자의 죽음을 동정하는 세력이었고, 벽파는 사도세자의 죽음을 마땅하게 여기는 세력이었다. 시파를 이루는 세력은 서인의 소론과 노론 일부, 그리고 남인 등으로 구성되어 있었고, 벽파는 노론의 일부로만 구성되어 있었다. 따라서 시파의 무리는 많고 벽파의 무리는 적었다. 요즘 말로 여대야소 상황이었다.

이런 정치 지형 속에서 정순왕후는 벽파에 속해 있었다. 그녀가 벽파로 분류된 것은 그녀의 선택과는 무관했다. 그녀의 집안이 벽파였기에 그녀는 당연히 벽파의 일원이 될 수밖에 없었다. 당파는 단순히 개인의 선택이 아니라 가문의 선택이었기 때문이었다.

하지만 그녀의 가문이 벽파인 것과는 무관하게 정순왕후는 정조와 비교적 관계가 좋았다. 흔히 세간에서는 정조와 정순왕후가 적대관계였다는 말이 돌고 있으나 실상은 그렇지 않았다. 정순왕후는 늘 정조에게 호의적이었고, 정조는 정순왕후에게 효성을 다했다. 덕분에 벽파 가문에 대한 정조의 태도도 그렇게 적대적이지 않았다. 더구나 정조를 왕위에 올린 즉위 공신 중 한 명인 김종수가 벽파의 영수였고, 정조가 신임하던 대신인 심환지 또한 벽파의 핵심이었다. 그런 까닭에 정조는 그들 벽파를 적으로 대하지 않았다.

정조가 벽파를 적대시하지 않았던 배경엔 물론 정순왕후가 있었다. 정순왕후는 정조의 즉위를 당연시했고, 이에 대해 정조는 그녀를 이렇게 표현했다.

"나의 자전慈殿(정순왕후)이 과인의 몸을 보우保佑하였음은 인원성후(숙종의 세 번째 왕비)가 선대왕(영조)을 보우함과 같았습니다."

이는 정순왕후의 아버지인 오흥부원군 김한구의 제문을 통해 정조가 밝힌 내용이다.

이렇듯 정순왕후는 정조와 우호적인 관계를 유지함으로써 벽파에 대한 정조의 적대감을 해소했다. 덕분에 심환지를 비롯한 벽파들이 조정의 요직에 등용될 수 있었다. 이런 측면에서 보자면 그녀는 자신의 가문은 물론이고 벽파의 보루 역할을 했음을 알 수 있다.

벽파 권력의 중심으로 우뚝 서다

하지만 정조가 죽자, 그녀는 24년 동안 숨기고 있던 발톱을 유감없이 드러냈다. 1800년 6월 28일, 정조는 다소 급작스러운 죽음을 맞이한다. 그리고 열한 살의 어린 왕 순조가 즉위하자, 왕실의 최고 어른이었던 정순왕후는 수렴청정을 통해 섭정이 되었다. 이후로 순조가 열다섯 살이 될 때까지 4년 동안 그녀가 왕권을 행사했다.

이 4년 동안 모든 권력은 노론 벽파가 거머쥐었다. 동시에 정조가 24년 동안 심혈을 기울여 가꾼 모든 치적이 한꺼번에 무너졌다. 정약용, 이가환, 박제가 등 정조가 아끼던 신하들은 모두 죽거나 유배되었고, 애써 다져왔던 문예부흥의 기틀들은 천주교 박해의 소용돌이에 휘말려 풍비박산이 났다.

정조시대의 잔재들을 깡그리 부수는데 앞장선 인물은 물론 벽파의 영수 심환지였고, 그를 가장 적극적으로 후원한 인물은 당연히 정순왕후였다. 그들은 천주교를 사악한 종교로 규정하고, 천주교인들을 대대적으로 색출하여 학살을 자행했다. 이른바 신유사옥으로 불리는 이 사건을 통해 그들은 천주교에 대해 호의적이던 남인들을 뿌리째 뽑아 절멸시켰으며, 정치적으로 대립 관계에 있던 시파들도 철저히 숙청했다.

그러나 1802년에 그 선봉에 섰던 심환지가 노환을 이기지 못하고 죽으면서 벽파의 힘은 다소 약화되었다. 그럼에도 여전히 정순왕후가 섭정의 자리에 있었기 때문에 벽파의 세상은 계속되고 있었다. 정순왕후는 김관주, 김용주 등의 친정 세력들을 앞세워 권력을 독식했던 것이다.

무너지는 벽파, 외척 독재의 서막

그런데 그 와중에 그녀의 권력을 앗아갈 새로운 바람이 형성되고 있었다. 김조순의 딸을 순조의 왕비로 책봉했는데, 이것이 화근이었다. 김조순은 시파였고, 천주교 박해 과정에서 그의 친인척들 중 상당수가 천주교도로 지목되어 목이 달아났다. 그런 까닭에 김조순에게 권력이 주어지면 벽파 또한 피바람에 휩쓸려갈 수밖에 없었다. 하지만 정순왕후는 설마 하는 마음으로 김조순의 딸을 왕비로 책봉했다. 물론 벽파 내부에서는 강한 반발이 있었지만, 정순왕후는 정조의 유지라며 왕비 책봉을 강행했다.

사실, 김조순의 딸은 이미 정조가 죽기 전에 세자빈으로 간택된 상태였다. 그런데 국혼이 진행되고 있던 상황에서 정조가 사망한 것이다. 그 때문에 순조가 왕위에 오른 뒤에도 그녀는 왕비에 책봉되지 못했다. 벽파가 어떻게 해서든 그녀의 왕비 책봉을 막으려 했기 때문이다. 하지만 정순왕후는 정조의 유지를 받드는 차원에서 김조순의 딸(순원왕후)을 왕비로 삼았다. 물론 그때만 하더라도 그것이 자신의 가문과 벽파 세력을 모두 무너뜨리는 결과를 낳을 줄 몰랐다.

　1803년 음력 12월 28일, 정순왕후는 수렴을 거두고 섭정에서 물러나야 했다. 순조가 이제 열다섯 살이 되어 친정을 할 수 있는 나이가 되었기 때문에 더는 수렴청정을 할 수 없었기 때문이다.

　이후, 순조의 친정이 선포되자마자, 조정의 권력은 순식간에 김조순에게 돌아갔다. 김조순은 권력을 잡자 곧바로 조정에서 벽파 세력을 내쫓기 시작했고, 정순왕후의 영향력도 완전히 없애버렸다.

　이렇게 되자 그녀는 다시 수렴을 내리고 섭정이 되겠다고 나섰지만, 그땐 이미 늦은 상태였다. 설상가상으로 그녀의 건강 상태가 극도로 악화되었다. 그리고 1805년 1월 12일, 그녀는 창덕궁 경복전에서 61세로 생을 마감했다.

　그렇게 벽파의 마지막 보루였던 그녀가 죽자, 김조순은 더는 눈치 볼 것이 없어졌다. 이듬해인 병인년에 남아있던 벽파의 잔당들을 무자비하게 숙청하고 조정을 자신의 혈족들로 채워버렸다. 이른바 병인갱화로 불리는 이 사건 이후 조선에서는 이제 붕당정치를 찾아볼 수 없게 되었다. 이후론 오로지 안동 김씨 중심의 외척독재만 60년 동안 지속되었다.

효의왕후 김씨,
평생 남편의 뒷모습만 바라본 왕비

1753~1821년

효의왕후 김씨는 1753년 12월 13일에 청풍 김씨 시묵과 남양 홍씨의 딸로 태어났다. 김시묵은 두 번 결혼하여 첫부인 의령 남씨에게서 장남 기대를 얻었고, 둘째부인 남양 홍씨에게서 효의왕후를 얻어 모두 1남 1녀를 두었다.

김시묵은 현종의 왕비인 명성왕후의 아버지 김우명의 고손자이고, 아버지는 병조판서를 지낸 김성응이다. 그는 영조 때에 진사시에 합격한 후 관리로 진출하여 중앙의 주요 관청인 홍문관과 사헌부, 사간원, 승정원 등에서 지평, 장령, 대사간, 도승지 등을 역임하고 병조판서와 공조판서를 지냈다.

영조가 간절히 바라던 손자며느리

그의 딸 효의왕후가 영조의 세손 이산(정조)과 혼인한 1762년 2월에 그는 승정원 주서 벼슬에 있었다. 당시 효의왕후는 열 살이었고, 세손 이산은 열한 살이었다. 그녀는 원래 아홉 살 때 삼간택을 거쳐 세손빈으로 간택되어 입궐했으나 천연두를 앓는 바람에 1년 뒤에 혼인하게 된 것이다.

영조는 그녀를 세손빈으로 맞은 것을 매우 흡족해했다. 영조가 이 혼사를 반긴 것은 그녀가 숙종의 외가인 청풍 김씨 출신이었기 때문이다. 사실, 영조는 이미 간택을 시작했을 때부터 그녀를 세손빈으로 낙점한 상태였다. 그만큼 영조는 청풍 김씨 집안의 여인에게서 후손을 보길 원했던 것이다.

하지만 그녀는 입궐하자마자 궐 밖으로 쫓겨 나는 신세가 되었다. 그녀가 입궐한 지 불과 4개월 만에 임오화변이 발생하여 사도세자가 뒤주에 갇혀 죽자, 영조는 세손 이산의 생모 혜경궁 홍씨와 세손빈이었던 그녀를 모두 사가로 내쫓았다. 이때 영조는 그들을 각기 자기 친정으로 돌아가라고 했지만, 세손빈 김씨는 자기 친정으로 가지 않고 혜경궁 홍씨를 따라가길 원했다. 영조는 이 말을 듣고 매우 기꺼워하며 그녀를 혜경궁과 함께 머물게 했다.

영조는 불과 열 살밖에 되지 않은 어린아이가 사리를 분별할 줄 알고 어른을 공경할 줄 안다고 말하면서 김씨에 대한 칭찬을 아끼지 않았다. 덕분에 김씨는 영조의 인정을 받았고, 곧 다시 대궐로 돌아갈 수 있었다.

남편과 합방조차 힘든 생활

이렇듯 시할아버지 영조의 신임은 얻었지만, 정작 그녀는 남편인 세손과는 그다지 잘 지내지 못했다. 그녀가 세손과 화합하지 못한 배경엔 왕권을 장악하려고 했던 화완옹주의 방해도 있었다. 혜경궁 홍씨의 《한중록》에 따르면 화완옹주는 그들 부부의 합방을 노골적으로 방해할 정도였다고 한다. 혹 세손빈 김씨가 임신이라도 하면 세손에게 권력이 기울어질까 봐 염려한 까닭이었다.

심지어 화완옹주는 세손인 이산에게는 아들을 낳지 못할 병환이 있다고 소문을 내고 다니기도 했다. 그래서 세손과 세손빈이 서로 가까이하지 못하도록 막아서기까지 했다. 실로 목숨을 걸고 세손빈 김씨가 잉태하는 것을 방해했던 것이다.

이런 까닭에 세손 이산은 제대로 그녀와 합방한 적이 없었고, 그 때문에 김씨는 아이를 잉태할 기회조차 얻지 못했다.

그녀가 남편 이산과 부부생활을 제대로 하지 못한 것은 꼭 화완옹주의 훼방 때문만은 아니었다. 세손 이산은 어릴 때부터 마음에 둔 소녀가 있었고, 그는 늘 그녀만 바라보았다. 그런 까닭에 본인의 의사와 상관없이 결혼은 했지만, 그의 마음엔 항상 그녀로 가득 차 있었다.

다른 여인만 바라보는 남편

이산이 아주 어릴 적부터 마음에 품고 있던 소녀는 성윤우의 딸 성덕임이었다. 몰락한 양반이었던 성윤우는 본래 승지였던 한준승의 청지기로 일했는데, 한준승이 사망한 뒤에 이산의 외조부 홍봉한 집으로 옮겨 청지기 생활을 했다. 그래서 덕임은 어릴 때부터 홍봉한의 집에서 자랐다. 이산은 유년 시절부터 외가를 드나들며 덕임을 알고 지냈고, 점차 소년으로 자라면서 그녀를 마음에 품게 되었다. 하지만 너무 어린 시절부터 보아왔던 터라 소녀에 대한 그의 마음이 어떤 감정인지 명확히 깨닫지 못했다.

그런 상황에서 소년 이산은 세손이던 열한 살에 결혼을 하여 김씨와 부부관계가 되었지만, 이산은 이때 이미 마음속에 덕임이 자리하고 있었기 때문에 김씨에게 마음을 열지 못했다. 그래서 김씨와의 관계는 돈독할 수 없었다.

이산이 결혼을 한 것이 1762년 2월인데, 그 무렵에 덕임이 아기나인이 되어 어머니 혜경궁 처소로 왔다. 혜경궁 홍씨는 덕임을 딸처럼 귀엽게 여기며 직접 키우다시피 했고, 이산 또한 한 살 어린 덕임을 친누이처럼 다정하게 대했다.

그렇게 4년이 흘러 1766년이 되었다. 이산은 이제 열다섯 살이 되어 마침내 관례를 올리고 세손빈 김씨와 합혼례도 올렸다. 그리고 이제 공식적으로 후궁을 둘 수도 있었다. 그러자 이산은 곧바로 덕임에게 사랑 고백을 하고 자신의 후궁이 되어 줄 것을 청했다. 이산의 어머니 혜경궁 역시 찬성한 일이었다.

하지만 덕임은 후궁이 될 수 없다고 울면서 거절했다. 그 이유를 물으니, 아직 세손빈이 아이를 낳지 않았기 때문에 자신은 후궁이 될 수 없다고 했다. 당시 세손빈이 덕임과 같은 열네 살의 나이였으니, 임신을 하기엔 아직 이른 나이였다. 그래서 덕임은 세손이 우선 세손빈에게서 자손을 보는 것이 순서라고 했던 것이다. 그리고 덕임은 만약 그래도 후궁이 되어야 한다면 자신은 죽을 수밖에 없다면서 강한 태도로 버텼다. 사실, 궁녀가 왕이나 세자의 승은을 거부하는 것은 있을 수 없는 일이었다. 하지만 덕임의 말을 듣고 보면 사리에 맞는 일이었다.

결국, 이산은 덕임의 의견을 받아들여 그녀를 후궁으로 삼는 것을 보류했다. 하지만 세월이 흘러도 이산은 아내 김씨에 대한 애틋함이 생기지 않았고, 그런 탓인지 김씨는 임신을 하지 못했다.

왕비가 되어도 여전히 찬밥 신세

그렇게 10년이 흘러 이산은 영조에 이어 왕위에 올랐고, 세손빈 김씨 또한 왕비에 책봉되었다. 왕비에 책봉될 당시 김씨는 24세의 성숙한 여인이었다. 그간 남편 이산이 정을 주지 않아 아이를 잉태하지는 못했지만 여전히 잉태하기에 무리 없는 젊은 나이였다.

하지만 합혼례를 올린 지 무려 10년이 지났지만, 여전히 남편 이산은 그녀에게 곁을 주지 않았다. 남편은 왕위에 오르자마자 곧장 덕임에게 달려가 다시 자신의 후궁이 되어 달라고 요청했다.

그런데 이번에도 덕임은 이산의 요청을 거절했다. 그녀는 왕비에게서 자손을 보지 못했으니 관례에 따라 세 명의 후궁을 들이는 것이 순서라고 했다. 이번에도 덕임의 의지는 완강했다. 이산은 별수 없이 이번에도 물러나야만 했다.

이후로 이산은 원빈 홍씨와 화빈 윤씨 등 두 명의 후궁을 들였다. 그런 뒤, 1780년에 다시 덕임을 찾아가 승은을 받아들일 것을 요청했다. 그런데 덕임은 여전히 세 명의 후궁을 먼저 들인 뒤, 승은을 받겠다고 버텼다. 그러자 이번에는 이산도 물러서지 않았다. 이산은 덕임의 하녀들을 무섭게 꾸짖고 벌을 내렸다. 그때서야 덕임은 이산이 물러나지 않을 것을 알고 마침내 승은을 받아들였다. 이에 대해 정조는 자신이 직접 쓴 그녀의 묘지문에서 당시 심정을 이렇게 이렇게 밝히고 있다.

처음 승은을 내리려 했으나 내전(효의왕후)이 아직 아이를 낳고 기르지 못했으니 울면서 감히 못한다고 사양하고 죽음을 맹세하고 명을 따르지 않았다. 나는 이를 받아들여 더는 재촉하지 않았다. 이후 15년 동안 널리 후궁(원빈 홍씨, 화빈 윤씨)을 뽑았고 다시 빈에게 다시 승은을 내렸으나 거듭 사양했다. 이에 빈이 사사로이 부리는 하인에게 죄를 꾸짖고 벌을 내리자 빈은 비로소 내 마음을 받아들였다.

이렇듯 이산은 어린 시절부터 마음에 품고 있던 첫사랑을 15년 동안 끈질기게 공략한 끝에 마침내 자신의 여인으로 만드는 데 성공했다. 이때 정조는 29세였고, 덕임은 28세였다.

덕임과 같은 28세의 왕비 김씨는 남편과 덕임의 사랑놀음을 지켜보기만 할 뿐 어떤 반응도 보이지 않았다. 김씨의 성품이 워낙 온화한 데다 입궐했을 때부터 그 두 사람의 관계를 익히 알고 있던 터라 별다른 질투심조차 드러내지 않았다. 김씨는 그야말로 남편의 사랑을 받는 문제에 있어서는 완전히 체념 상태였던 것이다.

연적의 아이를 양자로 삼다

정조의 후궁이 되어 승은을 입은 성덕임은 곧바로 임신을 했다. 정조는 그녀의 임신을 너무나 반겼고, 매일같이 그녀를 찾았다. 이 때문에 왕비 김씨는 남편인 그를 만나기조차 어려웠다. 기껏해야 공식적인 행사라도 있어야 겨우 얼굴이라도 볼 수 있는 그런 처지였다.

하지만 김씨는 그런 상황에서도 질투심을 드러내거나 서운한 표정을 짓지 않았다. 김씨는 그저 시어머니 혜경궁 홍씨를 섬기는 데 성의를 다했다.

그런데 불행인지 다행인지 알 수 없지만, 임신을 했던 후궁 성덕임은 아이를 유산하고 말았다. 그러자 정조는 더욱 애틋한 마음으로 성덕임의 처소만 찾았고, 덕분에 그녀는 또다시 임신했다. 하지만 이번에도 그녀는 유산하고 말았다.

이렇듯 성덕임이 두 번이나 유산을 하자, 혜경궁 홍씨를 비롯한 왕실 사람들은 크게 실망감을 드러냈다. 하지만 여전히 정조는 성덕임의 처소만 찾았다. 그는 어떻게 해서든 성덕임에게서 후사를 이을 아들을 얻으려 했다.

그때 즉위 직후 후궁으로 들였던 원빈 홍씨는 죽고 없었고, 이후에 들인 화빈 윤씨는 한두 번 동침을 하긴 했지만 대부분의 세월을 그저 독수공방으로 보내고 있었다. 그래도 화빈 윤씨는 잉태한 적은 있었다. 비록 곧바로 유산하긴 했지만 잉태의 경험은 있었다. 그에 비하면 왕비 김씨는 잉태조차도 한 번 하지 못하고 그저 과부처럼 독수공방해야만 했다.

그런 왕비 김씨의 처지를 비웃기라도 하듯 성덕임은 세 번째 아이를 임신했다. 그리고 이번에는 유산도 되지 않았다. 거기다 아들이었다. 1782년 9월 7일 새벽, 덕임이 서른이 넘은 나이로 아들을 낳자, 왕실은 온통 잔치 분위기였다.

사랑하는 여인 덕임에게서 아들을 얻은 정조 이산은 기뻐서 어쩔 줄 몰랐다. 그것도 처음으로 얻은 자식이었다. 그래서 승지와 각신들을 불러놓고 이렇게 하교했다.

"궁인 성씨가 태중胎中더니 오늘 새벽에 분만하였다. 종실이 이제부터 번창하게 되었다. 내 한 사람의 다행일 뿐만 아니라, 머지 않아 이 나라의 경사가 계속 이어지리라는 것을 확실히 알 수 있으므로 더욱더 기대가 커진다. '후궁은 임신을 한 뒤에 관작을 봉하라.'는 수교受教가 이미 있었으니, 성씨를 소용으로 삼는다."

이렇듯 덕임에게 소용 첩지를 내린 이산은 그 기쁨을 이렇게 표현했다.

"비로소 아비라는 호칭을 듣게 되었으니, 이것이 다행스럽다."

이후 두 달 뒤에 정조는 덕임이 낳은 왕자를 원자로 삼고 명호를 내렸다. 또한 1783년 2월에는 덕임을 빈으로 삼고 의빈이라 칭하게 하였다. 그녀의 빈호 '의宜'는 정조가 직접 정했다.

정1품 빈의 첩지를 받은 덕임은 이후 다시 임신했다. 그리고 이듬해인 1784년 윤3월에 옹주를 낳았다. 아들에 이어 딸까지 얻은 정조는 이제 진정 아비가 되었다고 너무 좋아했다. 그런데 불행히도 두 달 뒤인 그해 5월에 아이는 경기에 들려 죽고 말았다. 당시 덕임이 아이를 낳은 후 피접을 나갔는데, 피접 중에 그런 일이 발생했던 것이다.

딸을 잃은 정조와 덕임은 몹시 고통스러워했다. 특히 덕임은 그 슬픔을 이기지 못하고 앓아눕기까지 했다. 정조는 그녀를 위로하기 위해 뭔가 그녀에게 선물을 안기고자 했고, 그래서 그해 7월에 원자였던 덕임의 아들을 전격적으로 세자로 삼았다. 당시 세 살의 어린 나이였던 이 아이가 바로 문효세자 이양이다.

덕임의 아들 이양이 세자가 되었다는 것은 왕비 김씨가 세자 이양을 양자로 삼아야 한다는 뜻이었다. 김씨는 기꺼이 세자 이양을 양자로 삼아 양육했다. 비록 연적의 아들이었지만, 후사를 낳지 못한 그녀로서는 그를 양자로 삼을 수밖에 없는 것이 현실이었다. 김씨는 그 현실을 슬퍼하거나 통탄해하지 않았다. 오히려 매우 기쁜 마음으로 세자 양에게 정성을 다했다.

홍역으로 사망한 양자, 연적의 죽음

덕임의 아들이 세자가 된 뒤로도 정조와 덕임의 금실은 매우 좋았다. 그래서 덕임은 1786년에 또 임신을 했다. 이때 덕임의 나이는 35세였고, 노산이었다. 거기다 그녀에겐 엄청난 충격을 주는 사건이 발생했다. 천신만고 끝에 얻은 아들 세자 양이 그해 5월에 홍역으로 사망한 것이다. 당시 양의 나이 겨우 다섯 살이었다.

덕임은 임신한 몸으로 세자의 빈소를 지켰고, 장례식 때는 무덤까지 따라가 서럽게 울었다. 정조 또한 통곡을 거듭하며 아들의 죽음을 애통해 했고, 자신이 직접 묘지까지 가서 밤을 꼬박 지새우기까지 했다. 당시 효창묘에 장사 지내던 날의 상황을 실록은 다음과 같이 기록하고 있다.

문효세자를 효창묘에다 장사지냈다. 이날 새벽에 발인을 하였는데, 임금이 홍화문 밖에 나와서 곡하고 전별하였다. 다시 홍화문 안의 악차幄次로 돌아와서 영여가 도성 밖에서 떠나기를 기다렸다. 임금이 흑립과 백포 철리白布帖裏를 다시 입고 묘소에 나가 최복衰服으로 바꾸어 입고서 일을 지켜보았다. 장사가 끝나자, 임금이 친히 신주를 쓰고 초우제를 지내고 그대로 하룻밤을 지냈다.

문효세자가 죽은 뒤, 덕임은 정신적으로 완전히 무너졌다. 그것이 병이 되어 앓아누웠고, 결국 궁궐 밖으로 피접을 가야만 하는 상황에 이르렀다.

이에 대해 정조는 이렇게 말했다.

"부인의 마음이 약하여 칠정 증세가 있다. 5월 이후 중병에 걸렸고 이에 본궁으로 피접을 보냈다."

질정 증세란 곧 마음의 병을 말한다. 문효세자의 죽음 때문에 정신적으로 너무 큰 타격을 입어 중병에 걸렸던 것이다.

이후로 덕임은 경희궁에서 지냈다. 그녀는 경희궁에서 두 달쯤 머물다가 그해 9월에 이르러 창덕궁으로 돌아왔다. 그때 덕임은 만삭이었다. 또한 병증도 심각하였다. 몸이 너무 상해 출산이 가능할지 의문이었다.

정조는 그녀를 회복시키기 위해 늘 그녀 곁에 있었다. 약을 달일 때도 직접 검열했고, 약봉지와 약그릇도 직접 챙겼다. 혹 누군가가 약에 엉뚱한 짓을 할 수도 있다는 생각에 그녀의 약봉지와 그릇은 항상 침실에 보관하도록 엄명을 내리기까지 했다. 하지만 정조의 그런 정성에도 불구하고 의빈 성덕임은 1786년 9월 14일 한낮에 창덕궁 중희당에서 숨을 거두고 말았다.

연적의 죽음에 남편과 슬픔을 나누다

그토록 사랑하던 연인 덕임이 허망하게 죽자, 정조는 매일같이 눈물로 지새며 고통스런 나날을 보냈다. 당시 정조의 고통을 승정원일기는 9월 15일의 기록에 이렇게 남겼다.

김치인 등이 아뢰었다.

"천만뜻밖의 변고를 당하니 아뢸 말씀이 없습니다."

임금이 말하였다.

"병이 이상하더니 결국 이 지경에 이르고 말았다. 실로 참혹하고 측은하다."

서명선이 아뢰었다.

"온 나라가 잘되게 해달라고 간절히 빌었는데 이런 의외의 변고를 당하고 말았습니다. 마음이 억눌려서 답답하고 어찌해야 할지 모르겠고, 전하께는 어찌 아뢰어야 할지 모르겠습니다."

홍낙성이 아뢰었다.

"5월 이후 온 나라의 소망이 오직 여기에 달려서 4, 5개월 동안 나가지 아니하였는데 또 이런 변을 당하였습니다. 전하의 마음을 삼가 헤아리면 참혹함을 이르기 어렵습니다. 아직 야간의 침수 절차를 모르는데 어떠셨습니까?"

이에 임금이 말하였다.

"잘 자고 잘 먹어도 마음이 편치 못한 형세는 매우 놀라 움직일만

한 일이 별로 없으니 가히 마음이 답답하고 괴롭다. 이제부터 그 뒤, 국사를 의탁할 데가 더욱 없게 되었다."

김치인 등이 아뢰었다.

"지금 염려되는 온갖 일 중에서 오로지 옥체를 지키고 아끼는 일에 십분 유의 하셔야 합니다."

이렇듯 정조는 대통을 이을 아들에 사랑하는 연인마저 잃게 되자, 마음이 답답하고 괴롭다고 토로하고 있었다.

사실, 정조는 의빈 성씨가 독살되었을지도 모른다는 생각도 하고 있었다. 만약 그렇다면 독살을 막지 못한 자신의 책임이 컸다. 정조가 의빈 사망 당시 '병이 이상하더니 결국 이 지경에 이르고 말았다'는 말을 한 것도 그런 이유였다.

그런 상황에서 내관 이윤묵이 의빈을 독살했다는 말이 돌았다. 정조는 이 말을 듣고 분노하여 이윤묵의 목을 베려 했다. 하지만 주변에서 만류했다. 마땅한 증거가 없는 상황이었다. 더구나 의빈이 먹는 모든 약을 정조 자신이 직접 챙기고 검열했다. 그래서 정조는 이윤묵을 풀어주고 덕임의 죽음을 현실로 받아들였다. 그리고 자신이 직접 그녀의 묘지명을 썼다. 그 묘지명 말미에 그는 의빈의 죽음에 대한 심정을 이렇게 쓰고 있다.

저 지체가 낮고 천한 여염에서 이같이 빼어난 사람이 태어나서 세자를 낳고 영화로움을 받들어 빈의 자리에 올랐으니 마땅히 우연이 아닌 듯했다. 그러나 문효세자의 무덤에 흙이 마르기도 전에 빈이 뱃속의 아이와 함께 급히 세상을 떠났다. 내가 죽음을 슬퍼하며 아까워함은 특별히 빈의 죽음 때문만은 아니다. 빈이 세상을 떠난 지 세 달이 되는 경인에 고양군 율목동 임좌(묏자리)의 언덕에 장사를 지냈는데 문효세자의 묘와 백 걸음 정도 떨어져 있다. 이는 빈의 바람을 따른 것인데 죽어서도 빈이 나를 알아준다면 바라건 대 장차 위로가 될 것이다.

내가 빈의 언행을 표본으로 하여금 기록하여 광중(시체가 놓이는 무덤의 구덩이 부분)에 묻고 묘비에 요점만 간단하게 요약해서 썼다. 찾아오는 사람이 빈의 현명함을 애석해 하도록 할 따름이다.

사랑하는 빈의 불행한 운명은 위에 적힌 사실과 같다.

이렇듯 남편 정조가 연인을 잃고 고통에 몸부림치는 모습을 왕비 김씨는 그저 쳐다만 보아야 했다. 그녀로서는 그를 위로할 방도를 찾을 길이 없었다.

당시 그녀 또한 세자를 잃고 충격이 몹시 컸다. 비록 양자이긴 하나 엄연히 왕비인 자신이 세자의 공식적인 모후였기 때문이다. 또한 비록 연적이긴 했지만 김씨는 덕임을 싫어하지 않았다. 덕임은 수년 동안 후궁 책봉을 거부하며 자신에게 연인을 양보한 의기 넘치는 여인이었기 때문이다. 그래서 덕임의 죽음에 대해 그녀 또한 몹시 슬퍼하였고, 실로 고통스러웠다. 비록 남편 정조만큼은 고통스럽지 않아도, 그의 고통을 이해할 정도는 되었던 것이다.

남편을 잃고 왕대비로 여생을 보내다

성빈 성씨가 죽고 1년이 지나자, 정조는 후사를 얻기 위해 다시 후궁을 간택했다. 삼간택을 통해 후궁이 된 여인은 수빈 박씨였다. 입궐 당시 그녀는 열여덟 살 처녀였고, 2년 뒤인 1790년에 왕자 이공(순조)을 낳았다.

아들을 얻은 정조는 크게 기뻐했다. 하지만 이번엔 세자 책봉을 서두르지 않았다. 문효세자를 너무 일찍 세자로 세워 동티가 났다는 생각을 했는지, 이공이 열 살이 넘을 때까지 세자 책봉을 미뤘다. 그리고 1800년 이공이 열한 살이 되자, 곧 세자로 책봉했다.

이공이 세자로 책봉되자, 왕비 김씨는 당연히 이공을 양자로 받아들였다. 다행히 세자 공은 건강하였다. 하지만 그 무렵, 남편 정조의 건강이 좋지 않았다. 계속 피부병에 시달리며 약을 달고 사는 상황이었다. 그러다 그해 6월에 그만 생을 마감하고 말았다.

정조의 죽음과 함께 평생을 남편의 뒷모습만 바라보던 왕비 김씨도 24년 동안 머물던 중궁전에서 물러나야 했다. 이제 왕대비가 되어 뒷방 늙은이로 살아야 하는 처지가 된 것이다.

이후 그녀는 21년을 더 살았다. 왕대비 생활 21년 중 15년은 시어머니 혜경궁 홍씨를 모시는 일에 몸을 아끼지 않았다. 혜경궁 홍씨가 사망하던 1815년 여름엔 그녀도 이미 환갑을 훌쩍 넘긴 노구였지만 약 시중과 반찬 관리를 직접 했다. 그리고 6년 뒤인 1821년 3월 9일에 69세의 나이로 세상을 떠났다.

제3부

외척시대의 왕비들

- 제23대 순조부터 제27대 순종까지 -

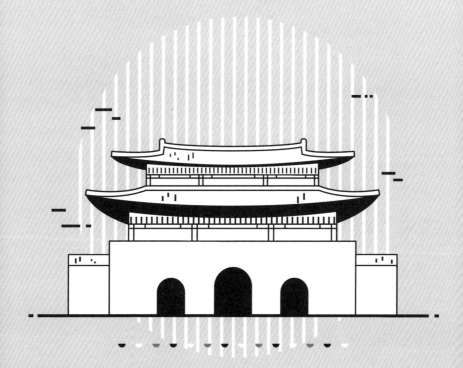

1800년에 정조가 서거하고, 순조가 왕위에 오른 뒤에 영조의 계비 정순왕후와 심환지를 주축으로 한 벽파 세력이 잠시 정권을 장악한다. 하지만 1804년 1월에 정순왕후가 수렴청정을 끝내고 순조가 친정을 시작하면서 조정은 순조의 장인 김조순을 위시한 안동 김씨 세력이 장악한다. 이때부터 조선 역사는 본격적으로 외척시대에 진입한다.

외척시대는 제23대 순조에서 조선의 마지막 왕 순종에 이르기까지 100년 정도 이어지는데, 이 시기의 왕비들은 모두 외척의 권력 독점을 위한 도구가 되거나 스스로 권력의 중심에 서게 된다.

외척시대는 안동 김씨 출신의 김조순 가문으로부터 시작되는데, 이들의 권력 독점은 약 60년 동안 이어진다. 따라서 순조, 헌종, 철종 시대는 김조순 가문 또는 김조순 가문과 밀접한 집안 출신의 왕비들만 배출되었다.

하지만 1863년에 철종이 죽자, 풍양 조씨 출신의 신정왕후와 흥선군이 결탁하여 고종을 왕위에 세우면서 판도는 완전히 달라진다. 흥선대원군 이하흥이 조정을 장악하면

서 김조순 가문은 일거에 조정에서 밀려나고 약 10년 동안
외척에 의한 정치는 거의 사라진다.

그런데 흥선대원군이 고종의 왕비 민자영에게 밀려나
면서 다시 여흥 민씨 세력이 조정을 장악한다. 이로써 다시
여흥 민씨 중심의 외척시대가 전개되고, 왕비도 여흥 민씨
에서 배출한다. 하지만 고종이 일본에 의해 강제 퇴위되고,
순종이 잠시 용상을 지키다 일본에 의해 조선의 주권이 강
탈당하면서 외척의 시대도 끝이 난다.

조선의 왕과 왕비

순서	왕	왕비
제1대	태조	신덕왕후 강씨
제2대	정종	정안왕후 김씨 (순덕왕태비)
제3대	태종	원경왕후 민씨 (후덕왕태비)
제4대	세종	소헌왕후 심씨
제5대	문종	현덕왕후 권씨
제6대	단종	정순왕후 송씨 (의덕왕대비)
제7대	세조	정희왕후 윤씨 (자성왕대비)
제8대	예종	장순왕후 한씨 ｜ 안순왕후 한씨 (인혜왕대비)
제9대	성종	공혜왕후 한씨 ｜ 폐비 윤씨 ｜ 정현왕후 윤씨 (자순왕대비)
제10대	연산군	폐비 신씨
제11대	중종	단경왕후 신씨 ｜ 장경왕후 윤씨 ｜ 문정왕후 윤씨 (성렬왕대비)
제12대	인종	인성왕후 박씨 (공의왕대비)
제13대	명종	인순왕후 심씨 (의성왕대비)
제14대	선조	의인왕후 박씨 ｜ 인목왕후 김씨 (소성왕대비)
제15대	광해군	폐비 류씨
제16대	인조	인열왕후 한씨 ｜ 장렬왕후 조씨 (자의왕대비)
제17대	효종	인선왕후 장씨 (효숙왕대비)
제18대	현종	명성왕후 김씨 (현렬왕대비)
제19대	숙종	인경왕후 김씨 ｜ 인현왕후 민씨 ｜ 인원왕후 김씨 (혜순왕대비)
제20대	경종	단의왕후 심씨 ｜ 선의왕후 어씨 (경순왕대비)
제21대	영조	정성왕후 서씨 ｜ 정순왕후 김씨 (예순왕대비)
제22대	정조	효의왕후 김씨 (왕대비 김씨)
제23대	순조	순원왕후 김씨 (명경왕대비)
제24대	헌종	효현왕후 김씨 ｜ 효정왕후 홍씨 (명헌왕대비)
제25대	철종	철인왕후 김씨 (명순대비)
제26대	고종	명성황후 민씨
제27대	순종	순명효황후 민씨 ｜ 순정효황후 윤씨

순원왕후 김씨,
안동 김씨 외척 독재의 주춧돌

1789~1857년

김조순이 벽파 세력을 몰아내고 안동 김씨의 외척 독재시대를
연 배후에는 순조의 왕비 순원왕후가 있었다. 순원왕후는 서인 노
론 집안의 명문가에서 태어났다. 그녀의 아버지는 영조를 즉위시
키려다 죽임을 당한 노론 4대신 중 하나인 김창집의 후손 김조순
이었고, 어머니는 청송 심씨 집안 출신이었다. 김조순은 정조 시절
에 노론이 시파와 벽파로 갈릴 때 시파 계열에 합류한 인물이었고,
덕분에 정조 말년에 딸 순원왕후가 세자빈으로 간택될 수 있었다.

순원왕후는 1789년 5월 15일에 태어났으며, 세자빈으로 간택
된 1800년 당시 순조보다 한 살 많은 열두 살이었다. 정조가 죽을

당시 그녀는 초간택과 재간택을 거쳤고, 삼간택만 남겨둔 상태였다. 하지만 삼간택이 이루어지기 전에 정조가 사망하면서 국혼은 성사되지 못했다. 이후 세자빈의 최종 간택은 정조의 삼년상이 끝난 뒤로 미뤄졌다. 논란 끝에 1802년, 열네 살에 순조의 왕비로 책봉되었다.

외척독재의 서막을 연 열네 살 소녀

하지만 그녀는 왕비에 책봉된 뒤에도 몸을 사려야 했다. 순조가 어린 탓에 왕권은 섭정을 하고 있던 정순왕후가 장악하고 있었기 때문이다. 그러다 1803년 말에 이르러 정순왕후가 섭정에서 물러나고 순조가 친정을 시작하면서 순원왕후의 입지는 크게 강화됐다. 이후로 조선의 권력은 그녀의 아버지 김조순의 손아귀에서 놀아났다. 이른바 안동 김씨의 세도정치가 본격화되었다.

김조순 집안인 안동 김씨 내부에는 천주교 신자들이 다수 있었다. 때문에 안동 김씨가 정권을 장악한 뒤에는 천주교에 대한 박해는 다소 완화되었다. 또한 정치적으로 시파와 대립하고 있던 벽파들이 조정에서 거의 퇴출되었기 때문에 안동 김씨 중심의 시파 권력의 권력 농단이 심화되었다. 이는 곧 외척이 왕권을 능가하는 외척 독재로 이어졌다.

김조순과 안동 김씨 일가의 권력 독식

김조순은 순조의 친정 직후에는 섭정이 되어 권력을 장악했지만 순조가 열여섯 살이 되어 친정을 본격화한 다음에는 요직에서 물러났다. 하지만 그것은 형식적인 행위에 불과했다. 조정은 이미 김이익, 김이도, 김이교, 김문순, 김희순, 김명순, 김달순 등의 안동 김씨 일가가 요직을 독점하고 있었고, 김조순은 그들을 배후에서 지휘하고 있었다.

이러한 안동 김씨의 권력 독식은 1809년에 순원왕후가 왕자 영(효명세자)을 출산하면서 더욱 심화되었다. 왕자 영은 네 살 때인 1812년 7월에 세자에 책봉되었고, 이후로 김조순 가문의 세도정치는 더욱 날개를 달았다. 그의 아들들인 김유근, 김원근, 김좌근 등이 권력의 정점에 포진했던 것이다.

순조는 그들의 세도 정치를 견제하기 위해 다양한 방책을 강구했고, 그 일환으로 1819년에 조만영의 딸(신정왕후)을 세자빈으로 들였다. 조만영의 본관은 풍양으로, 당색은 벽파였다. 이후로 순조는 풍양 조씨 일문을 중용하여 안동 김씨를 견제하게 했다. 또한 1827년에는 열아홉 살의 효명세자에게 대리청정을 시키고 서무 결제권을 넘겨줬다. 이는 풍양 조씨의 힘을 더욱 강화시켰다.

효명세자는 강단이 있고 명민한 인물이었다. 그는 어떻게 해서든 왕권을 회복하기 위해 처가인 풍양 조씨와 벽파의 인물들은 물론이고 소론 세력까지 영입하며 조정을 쇄신하기 위해 애썼다. 그러나 대리청정을 한 지 불과 2년 만인 1829년 5월에 22세의 젊은 나이로 요절하고 말았다. 이후 다시 순조가 친정을 시작하자, 조정은 다시 안동 김씨 수중에 떨어졌다.

당시 순종은 효명세자를 비롯한 여러 자녀의 잇따른 죽음으로 절망에 사로잡혀 있었고, 그로 인해 건강이 크게 악화되었다. 소화불량이 심해져 음식을 제대로 먹지도 못했고, 이 때문에 병상에서 보내는 날들이 많아졌다. 그리고 1834년 11월 재위 34년 만에 45세를 일기로 세상을 떠났다.

헌종의 섭정이 되다

순조가 죽자, 왕위는 효명세자의 아들 환이 이어받으니, 그가 제24대 헌종이다. 즉위 당시 헌종은 불과 여덟 살이었고, 그 때문에 왕대비였던 순원왕후가 수렴청정을 하게 되었다. 순원왕후로서는 처음으로 섭정이 된 셈이다.

순원왕후가 왕권을 장악했으니, 조정의 권력은 당연히 안동 김씨 일문이 차지했다. 안동 김씨는 이미 그때 30년 동안 세도정치를 이어온 상황이라 조정의 그 누구도 그들의 독주를 저지할 수 없었다. 비록 헌종의 외가인 풍양 조씨가 호시탐탐 틈을 노렸으나, 그들의 힘은 안동 김씨에게 한참 못 미쳤다. 실권을 모두 순원왕후가 차지하고 있던 상황이라 풍양 조씨도 고개를 숙일 수밖에 없었다. 풍양 조씨는 안동 김씨에게 적절히 협조하며 사돈 관계를 맺어 자신들의 입지를 유지하는 수준에 머물러야 했다.

순원왕후의 섭정은 헌종 즉위 후 약 7년 동안 이어졌다. 그리고 헌종은 열다섯 살이 되던 1841년부터 왕권을 넘겨받아 친정을 시작했다.

헌종의 친정은 곧 외가인 풍양 조씨의 세력 강화를 의미했다. 헌종의 외조부 조만영은 어영대장과 훈련대장을 겸임했고, 그의 동생 조인영과 조카 조병헌, 아들 조병구 등이 요직에 앉았다. 이후 풍양 조씨 일가의 세도정치가 몇 년 동안 이어졌다. 하지만 풍양 조씨는 안동 김씨에 비해 수적으로 부족했고, 내부 결속력도 약했다. 그래서 가문 내부에서 권력 다툼을 일으켰는데, 설상가상으로 1846년에 풍양 조씨의 버팀목이었던 조만영마저 사망했다. 이를 계기로 조정의 권력은 다시 안동 김씨에게 넘어갔다.

이렇듯 안동 김씨와 풍양 조씨가 권력 투쟁을 벌이는 틈바구니에서 헌종은 왕으로서 아무런 능력도 발휘하지 못했다. 그의 재위기간 동안 남응중 모반사건과 민진용의 옥 등 두 번의 역모 사건이 벌어져 왕의 권위는 더욱 무너졌고, 그 바람에 헌종은 정사는 뒷전으로 미루고 호색으로 세월을 보냈다. 또한 나날이 건강이 악화되어 병상에 누워있는 날이 늘어났다. 그리고 결국, 1849년 6월에 23세의 나이로 요절하고 말았다.

또다시 철종의 섭정이 되다

헌종은 죽을 당시 후사가 없었다. 이에 순원왕후는 풍양 조씨 일파가 개입할 틈을 주지 않고 급히 왕위 계승자를 물색했다. 당시 왕가에는 헌종과 6촌 이내에 해당하는 왕족이 없었기 때문에, 그 녀는 헌종의 7촌 아저씨뻘 되는 이원범을 왕으로 지목했다. 그는 바로 흔히 '강화도령'으로 불리는 제25대 왕 철종이다.

당시 이원범은 강화도에 유배 중이었다. 그는 정조의 이복동생인 은언군의 손자였다. 이원범이 강화도에서 유배 생활을 하게 된 내막은 이러하다.

정조의 아버지 장헌세자가 죽고 정조가 세손이 되자, 정조의 즉위를 반대하던 무리들은 장헌세자의 서자들 중에서 왕위 계승자를 물색했다. 그러나 이 음모가 발각되면서 정조의 이복동생 세 명 중 은전군은 자결했고, 은언군과 은신군은 제주도로 유배되었다. 제주도 유배 중에 은신군은 죽고, 은언군은 유배지를 강화도로 옮겼다.

은언군에게는 아들이 셋 있었는데, 그중 유일하게 살아남은 아들이 둘째 아들이었다. 그 둘째 아들 이광에게는 또다시 세 명의 아들이 있었다. 그러나 이광의 장남 원경은 민진용의 옥에 연루되어 처형되었고, 둘째 아들 경응과 셋째 아들 원범만이 살아남아 강화도에서 유배 생활을 하고 있었다. 이들 중 안동 김씨 일문은 원범을 선택해 왕위에 앉힌 것이다.

철종이 왕위에 올랐을 당시 그의 나이는 열아홉 살이었다. 대체로 조선 왕들은 열다섯 살 이상이면 친정을 시작하였기 때문에 나이만 두고 본다면 섭정을 둘 이유가 없었다. 그러나 유배지에서 제대로 된 교육을 받지 못하고 자란 철종은 문맹에 가까운 상태였고, 정사를 처리할 능력은 더더욱 없었다. 이에 이런 상황을 두루 참작하여 왕실의 최고 어른인 순원왕후가 또다시 수렴청정을 하게 되었다.

순원왕후와 안동 김씨 일가가 원범을 왕으로 선택한 것은 가문의 권력 독점을 위한 것이었다. 그러니 철종을 대신해 순원왕후가 섭정을 맡는 것은 이미 예정된 수순이었다.

더불어 철종의 왕비 자리 또한 안동 김씨 가문에서 차지하도록 시나리오가 짜여 있었다. 그 계획대로 철종 재위 2년째인 1851년, 김문근의 딸이 왕비로 책봉되니 그녀가 곧 철인왕후다. 당시 철인왕후는 열다섯 살이었고, 철종은 스물한 살이었다.

철인왕후가 왕비가 되면서 조정의 권력은 다시금 안동 김씨의 손아귀로 들어갔다. 이후 순원왕후는 수렴청정을 끝냈다. 이미 왕권과 조정은 안동 김씨 가문이 장악했고, 철종의 나이도 스무 살이 넘었으므로 순원왕후가 섭정의 자리에 계속 머물 이유는 더는 없었다.

순원왕후의 빈자리

순원왕후가 섭정의 자리에서 물러났을 때, 그녀의 나이는 이미 환갑을 지나 60대 중반으로 접어들고 있었다. 조정은 이미 그녀의 조카들이 장악하고 있었고, 풍양 조씨의 세력은 미미했다. 따라서 그녀는 더는 가문의 안녕에 신경 쓰지 않아도 되는 상황이었다. 그저 뒷방으로 물러나 지내면서 이따금 자신이 살아 있음을 인식시키는 정도면 충분했다.

그녀는 그렇게 정치 일선에서 물러난 뒤에도 몇 년을 더 살았다. 그리고 1857년 8월에 69세의 나이로 세상을 떠났다. 그녀가 세상을 떠날 당시 조정은 안동 김씨 일문이 장악하고 있었지만, 안동 김씨에게 그녀의 죽음은 커다란 손실이었다. 순원왕후는 안동 김씨에게 권력의 뿌리이자 마지막 보루였기 때문이다.

순원왕후가 사망하자, 왕실의 최고 어른 자리는 효명세자의 빈인 신정왕후 조씨가 차지했다. 이는 안동 김씨로서는 매우 불안한 일이었다. 만약 철종이 왕위 계승자를 정하지 못한 채 사망한다면, 다음 왕을 지명할 권리는 풍양 조씨에게 돌아가기 때문이었다. 풍양 조씨가 왕위 계승권을 갖게 되면, 그것은 곧 안동 김씨 일문의 몰락을 의미했다.

그 불안감은 결국 현실이 되고 말았다. 철종은 다섯 명의 아들을 얻었지만 모두 일찍 죽었고, 후사를 두지 못한 채 1863년 33세의 나이로 세상을 떠났다. 철종이 죽자, 왕대비 신정왕후는 은신군의 양자인 남연군의 손자 고종을 왕위에 올렸다. 이에 고종의 아버지 홍선대원군이 실권을 장악했고, 순식간에 안동 김씨들은 조정에서 내쫓겼다.

철종이 죽을 당시, 만약 순원왕후가 살아 있었다면 결코 일어나지 않았을 일들이 벌어진 셈이었다. 그만큼 안동 김씨에게 순원왕후의 빈자리는 막대한 영향을 미쳤다. 그녀가 생존해 있을 때는 그 존재의 중요성을 깨닫지 못했지만, 그녀가 떠난 뒤에야 비로소 안동 김씨의 모든 영화가 그녀로부터 나왔다는 사실을 처절하게 깨달아야 했다.

제1왕비: 효현왕후 김씨,
최연소 왕비 간택, 최연소 사망

1828~1843년

효현왕후 김씨는 1828년 음력 3월 14일, 안동 김씨 조근과 한산 이씨 사이에서 1남 2녀 중 차녀로 태어났다.

김문근은 숙종 대 노론의 핵심 인물인 김수항의 후손이다. 김수항의 아들은 노론의 중심이었던 김창집이며, 김창집의 현손이 순조의 장인이자 안동 김씨 세도 정치를 시작한 김조순이었다.

김문근의 아버지 김지순은 김조순과 6촌지간이고, 김문근은 김조순의 7촌 조카였다. 따라서 김문근과 순조의 왕비 순원왕후는 8촌 지간, 순원왕후와 효현왕후는 9촌 지간이었다. 이렇듯 효현왕후는 순원왕후와 가까운 친척 관계였음을 알 수 있다.

안동 김씨의 권력 독점을 위한 도구

이는 안동 김씨 일문의 권력 독점을 위한 책략의 일환으로, 효현왕후가 헌종의 왕비로 간택되었음을 의미한다. 물론 그녀를 왕비로 간택한 사람은 당시 수렴청정을 하고 있던 대왕대비 순원왕후 김씨였다.

효현왕후 김씨가 왕비에 책봉된 때는 1837년이었다. 당시 그녀는 열 살, 헌종은 열한 살이었다. 헌종이 여덟 살에 왕위에 올랐으니, 재위 3년째에 해당한다. 이후 김씨는 헌종이 열다섯 살이 된 1841년에 합혼례를 올리고 부부 생활을 시작하였다.

그러나 합혼례를 올린 지 2년 만인 1843년, 김씨는 자식을 남기지 못하고 사망하고 말았다. 실록에 따르면 그녀에게 환후가 있었다는 기록만 남아 있으며, 구체적인 병명은 전하지 않는다.

이로써 효현왕후는 조선 왕비들 중 가장 어린 나이에 왕비가 되었으며, 가장 어린 나이에 죽은 인물로 기록되었다.

제2왕비: 효정왕후 홍씨,
가문을 위해 60년을 희생한 여인

1831~1903년

효현왕후가 죽자, 왕실에서는 새로운 왕비를 들이기 위해 서둘렀다. 예법으로 보면 첫 왕비의 삼년상을 지내야 다음 왕비를 들이는 것이 맞지만, 대왕대비 순원왕후는 이 예법을 따르지 않았다. 헌종이 아직 열일곱 살의 어린 나이였고, 하루라도 빨리 후손을 봐야 한다는 절박함에 국혼을 서둘렀던 것이다.

순원왕후가 간택령을 내린 것은 효현왕후가 사망한 지 얼마 되지 않아서였다. 이후 왕비 간택이 시작되었고, 삼간택을 거쳐 왕비로 간택된 여인이 효정왕후 홍씨였다.

효정왕후는 1831년 1월 22일에 남양 홍씨 재룡과 죽산 안씨의 2남 2녀 중 장녀로 태어났다.

집안을 일으키다

홍재룡은 홍기섭의 아들인데, 홍기섭은 순조 때에 주로 지방 관을 역임하고 목사 벼슬에 이르렀던 인물로 당색이 별로 없었다. 물론 정치적 영향력도 없었다. 또한 그의 아들 홍재룡은 헌종 4년 (1838년)에 한림원 소시에 합격하였고, 헌종 8년(1842년)에 홍문관 회권에 낙점되었다. 하지만 아직 벼슬을 얻지는 못한 상태였고, 당 색을 가진 인물도 아니었다.

그런데 이듬해에 효현왕후가 죽고, 그의 장녀가 왕비 간택에 서 삼간택에 오르자, 급속히 벼슬이 올랐다. 홍재룡은 딸이 삼간택 에 오른 헌종 10년(1844년) 5월 15일에 단번에 성균관 대사성에 임 명되었다. 그리고 20일 뒤인 6월 5일엔 이조참판이 되었고, 한 달 뒤인 7월 4일엔 병조판서, 9월 8일엔 금위대장이 되었다. 물론 모 든 것이 순원왕후의 특별 지시에 의한 것이었다.

순원왕후는 당색도 별로 없고 정치적 기반도 없는 홍재룡을 택해 안동 김씨의 영향력을 유지하려 했던 것이다.

어쨌든 이런 일련의 과정을 볼 때, 그의 딸 홍씨는 이미 1844 년 5월에 왕비로 내정된 것으로 보인다. 그리고 형식적인 과정을 거쳐 10월 18일에 열네 살의 나이로 왕비에 책봉된다. 이때 헌종 은 그녀보다 네 살 많은 열여덟 살이었다.

그녀가 왕비에 책봉된 뒤에 홍재룡은 돈녕부 영사가 되어 익풍 부원군으로 불리었고, 그의 아내 안씨는 연창부부인으로 불리었다. 이후, 홍재룡은 훈련대장과 어영대장 등의 벼슬을 지내게 된다.

이렇듯 홍재룡의 집안은 장녀 홍씨가 왕비가 되면서 순식간에 명문가의 대열에 합류하게 되었다.

후궁 뒤꽁무니만 쫓아다닌 남편

하지만 홍씨의 가문에 대한 기여는 거기까지였다. 모두 그녀가 대통을 이을 후사를 낳아줄 것을 기대했지만 그녀는 잉태하지 못했다. 물론 나이가 어린 탓도 있었다. 그래서 순원왕후는 3년을 기다렸는데, 그래도 태기가 없자 결국 후사를 위해 후궁을 들이기로 결정했다.

순원왕후가 후궁을 들일 것을 결정할 당시, 왕비 홍씨는 겨우 열일곱 살이었다. 성장이 느린 여인이었다면 아이를 잉태하긴 이른 나이였을 수도 있었다. 하지만 후손이 절실했던 순원왕후는 기다려주지 않았다.

1847년에 헌종의 후궁이 들어왔는데, 그녀는 김재청의 딸 경빈이었다. 김재청은 광산 김씨로 역시 홍재룡처럼 당색이 강하지 않고, 정치적 기반이 별로 없는 인물이었다.

경빈이 입궁하자, 헌종은 더는 왕비 홍씨를 가까이 하지 않았다. 그의 눈은 오직 경빈 김씨에게 쏠려 있었다. 헌종은 경빈을 위해 특별히 별방을 지어주고 석복헌이라고 하였다. 그리고 자신은 석복헌의 사랑채인 낙선재에 머물렀다. 그야말로 후궁의 처소에 눌러앉기로 작정한 셈이었다. 하지만 왕비 홍씨는 이에 대해 별다른 반응을 보이지 않았다. 그녀는 되레 경빈이 아름답고 덕스럽다며 칭찬까지 늘어놓았다. 속내야 어떻든 그녀는 경빈에 대해 전혀 질투심을 드러내지 않았다.

그런데 헌종이 그토록 좋아하던 경빈 김씨도 아이를 갖지는 못했다. 거기다 그녀가 입궁한 지 불과 2년 뒤인 1849년에 헌종이 23세의 나이로 요절하고 말았다. 경빈은 물론이고 왕비 홍씨도 졸지에 과부 신세가 되었다. 그때 경빈의 나이는 열여덟 살, 왕비 홍씨의 나이는 열아홉 살이었다. 그렇게 홍씨는 스물도 되지 않은 어린 나이에 남편을 잃고 왕대비가 되어 뒷방으로 물러나야 했다.

궁궐귀신으로 60년을 살다

이후 효정왕후는 54년의 세월을 그야말로 궁궐귀신으로 살았다. 남편이 죽고, 철종이 왕위를 잇고, 다시 철종이 죽고 고종이 왕위를 이어 대한제국을 선포하고 황제가 된 뒤에도 그녀는 마치 오래된 소나무처럼 궁궐에서 살았다.

그 세월 동안 안동 김씨의 영화는 대원군에 의해 무너지고, 대원군은 명성황후에 의해 쫓겨났으며, 운요호사건과 강화도 조약, 임오군란과 갑신정변, 동학혁명과 청일전쟁, 을미사변과 아관파천,

대한제국 선포와 고종의 황제 즉위 등 수많은 사건이 지나갔다. 그리고 어느덧 왕비가 된 지 60년이 도래하였고, 그녀는 명헌태후로 불리우고 있었다. 그때 조정에서는 그녀의 왕비 책봉 60주년 기념식 준비에 한창이었는데, 정작 그녀는 병을 얻어 쓰러지고 말았고, 1904년 1월 2일에 73세를 일기로 생을 마감했다. 그렇게 궁궐 귀신으로 60년을 보낸 그녀의 삶은 종결되었고, 그녀의 그런 60년의 희생 덕분에 남양 홍씨 집안은 조선의 명문가로 우뚝 서게 되었다.

철인왕후 김씨,
가문의 권력 유지를 위한 도구

1837~1878년

　　철인왕후 김씨는 1837년 3월23일에 안동 김씨 문근과 여흥 민씨의 1남 1녀 중 장녀로 태어났다. 김문근은 5대조가 김창집의 5대손이고, 경종 때 연잉군 이금(영조)를 추대하려다 사형당한 김성행의 증손이다. 따라서 순조의 왕비인 순원왕후의 아버지 김조순, 헌종의 왕비인 효현왕후의 아버지 김조근 등과 가까운 친척 관계였다.

　　김조근은 두 번의 결혼을 했는데, 첫 부인은 형조판서를 지낸 이용수의 딸 연안 이씨였고, 둘째 부인이 민번현의 딸 여흥 민씨인데, 그녀가 철인왕후의 생모이다.

안동 김씨 세도정치의 새로운 교두보가 되다

철인왕후 김씨가 왕비로 책봉된 것은 열다섯 살 때인 1851년 (철종 2년) 9월이었다.

철종은 헌종이 후사 없이 죽자, 대왕대비 순원왕후에 의해 갑자기 즉위한 왕이었다. 철종은 정조 때에 역모 혐의로 강화도에 유배되었다가 죽은 은언군 이인(사도세자의 아들이자 정조의 이복동생)의 손자이고, 이인의 차남 이광의 삼남이다. 이광은 헌종 때에 민진용의 역모사건에 연루되어 강화도에 유배되었고, 그 바람에 이원범도 강화도에서 무지렁이 농사꾼으로 살고 있었다. 그런데 이원범은 열아홉 살 때인 1849년에 갑자기 왕통을 이으라는 순원왕후의 명을 받고 왕위에 오르게 된다.

철종은 왕위에 오를 당시 장가를 가지 않은 상태였고, 이후 2년 동안 제왕수업을 받은 후에 스물한 살 때 혼인을 하게 되는데, 이때 그와 혼인한 여인이 바로 김문근의 딸 철인왕후였다.

물론 그녀의 결혼은 장김으로 불린 순원왕후 일문의 권력 독점을 위한 정치적 묘략에 의한 것이었다. 그녀가 왕비가 됨으로써 안동 김씨 장김 집안은 순조, 헌종, 철종으로 이어지는 3대 왕의 왕비를 배출하였고, 덕분에 조정은 요직을 독식할 수 있었다. 그녀의 아버지 김문근은 금위대장, 총융사, 훈련대장 등을 역임하고 군권을 장악하였고, 그의 김수근은 이조판서, 김조순의 아들 김좌근은 좌의정, 그녀의 사촌들인 김병학, 김병국, 김병기 등도 육조의 판서를 지내며 인사권과 행정권을 장악했다.

이렇듯 철인왕후 김씨는 자기 가문의 권력 독점을 위한 새로운 교두보 역할을 하기 위해 왕비에 책봉되었던 것이다.

하나뿐인 아들을 잃다

철인왕후가 왕비로 책봉될 당시 그녀 위로는 왕실의 어른을 자처하는 여인들이 줄줄이 있었다. 가장 위에는 안동 김씨 정권의 뿌리 순원왕후가 있었고, 그 아래인 순조의 아들이자 헌종의 아버지인 효명세자의 빈이었던 풍양 조씨 신정왕후가 있었으며, 또 그 아래엔 헌종의 계비 헌정왕후 홍씨가 있었다. 철인왕후는 이렇듯 세 명의 대비를 모셔야 하는 처지였기 때문에 내명부를 다스리는 왕비로서의 존재감은 별로 없었다.

철인왕후 김씨는 성격이 유순하고 예의에 밝은 여인이었다. 그래서 세 명의 대비를 정성을 다해 모셨고, 덕분에 그들과 마찰을 일으키거나 불화하는 일은 거의 없었다.

왕비 김씨는 남편 철종과의 관계도 무난한 편이었다. 하지만 혼인 후 한참동안 아이를 갖지못했고, 그 때문에 철종은 많은 후궁을 들였다. 철종은 많은 후궁을 들여 후사를 보려 했지만 그들에게서 많은 자손을 얻지는 못했고, 자식을 얻은 뒤에도 대부분 일찍 죽었다. 귀인 박씨가 아들을 낳았으나 일찍 죽었고, 귀인 조씨와 귀인 이씨도 아들을 낳았으나 역시 일찍 죽었다. 또 숙의 범씨와 숙의 방씨, 숙의 김씨, 궁인 박씨, 궁인 이씨 등 5명의 후궁들이 여러 옹주를 낳았는데, 이들 옹주들 중에서 살아남은 것은 숙의 범씨가 낳은 영혜옹주(금릉위 박영효의 아내) 하나뿐이었다.

이렇듯 후궁들이 낳은 아이들이 차례로 사망하는 가운데, 왕비 김씨도 마침내 아이를 잉태하여 아들을 낳았다. 바로 원자 융준이 태어난 것이다. 융준이 태어난 것은 혼인 후 7년이 지난 1858년이었는데, 이때 그녀의 나이 22세였다. 그러나 불행하게도 원자 융준은 태어난 지 1년 만에 사망하고 말았다. 그녀가 낳은 유일한 자식 역시 후궁들의 자식들처럼 단명하고 말았던 것이다.

남편의 죽음, 무너지는 친정

철종은 어쩌다 왕위에 오르긴 했지만, 즉위 내내 왕권을 제대로 행사한 적이 거의 없었다. 조정의 모든 권력은 안동 김씨가 독점하였고, 그는 그저 한낱 허수아비에 불과했다. 또한 그를 에워싸고 있는 궁녀와 환관들도 모두 안동 김씨의 지시를 받고 그를 감시하는 자들이었다.

이런 까닭에 철종은 절망과 불안 속에서 살아야 했고, 그 때문에 주색에 빠져 지내기 일쑤였다. 그리고 급기야 건강까지 악화되어 각혈까지 하는 지경에 이르렀고, 결국 1863년 12월에 33세를 일기로 생을 마감했다.

철종이 죽자, 철인왕후는 27세의 젊은 나이로 왕대비가 되어 뒷방으로 물러나야 했다. 그녀가 과부가 되어 중궁전에서 물러날 당시엔 늘 그녀의 뒷배가 되어 주었던 순원왕후는 이미 사망한 상태였고, 왕실에서 가장 높은 어른의 자리는 신정왕후 조씨가 차지하고 있었다.

대왕대비 조씨는 철종이 죽자, 발 빠르게 움직였다. 그녀는 재빨리 흥선군 이하응의 차남 명복을 양자로 삼아 왕위에 앉혔고, 이로써 60년 동안 지속되던 안동 김씨의 세도정치는 막을 내렸다. 동시에 철인왕후 김씨의 영화도 끝이 났다.

그녀는 존재감 없이 뒷방으로 물러앉아 새롭게 왕위에 오른 고종의 아버지 흥선대원군에 의해 철저히 짓밟히는 자기 집안의 몰락을 지켜보아야만 했다. 그리고 아주 조용히 궁궐 뒤쪽에서 숨죽이고 지내던 그녀는 대비 생활 15년 만인 1878년 5월에 창경궁 양화당에서 42세의 나이로 세상을 떠났다.

왕비가 되었을 때부터 줄줄이 위에 버티고 있던 대비들 때문에 존재감이 제대로 없었던 그녀는 더 존재감 없는 생활을 지속하다 그렇게 조용히 궁궐에서 사라졌다. 궁궐 생활 27년 만이었다.

명성황후 민씨, 조선의 운명을 걸머지다

1851~1895년

명성황후 민씨는 1851년 9월 25일 여흥 민씨 치록과 한산 이씨의 1남 3녀 중 막내딸로 태어났다. 민치록은 숙종의 계비였던 인현왕후의 아버지 민유중의 5대손이었다. 민유중의 4대 장손인 이조판서 민기현의 외아들로 태어났던 것이다. 그는 어린 시절에 노론 출신 학자 오희상에게서 학문을 익혔는데, 그 인연으로 그의 딸 오씨와 결혼하였다. 그러나 오씨는 자식을 낳지 못한 채 요절하였다. 그래서 이규년의 딸 한산 이씨와 재혼하여 1남 3녀를 얻었는데, 불행히도 딸 하나만 제외하고 모두 죽었다. 그렇게 민치록의 자녀 중에 유일하게 살아남은 딸이 민자영, 곧 명성황후였다.

여흥 민씨의 종손이었던 민치록은 음서로 벼슬을 얻어 능참봉, 덕천군수, 선혜청 낭청, 영주군수 등을 역임하다 1858년에 병으로 죽었다. 그래서 민자영은 여덟 살 때부터 어머니 이씨 편모슬하偏母膝下에서 자라야 했다. 그러다 보니 어린 시절은 매우 가난하게 자랐다. 그나마 다행인 것은 민치록이 죽기 전에 양자를 들인 일이었다. 그녀의 집이 종가였기 때문에 친척 중에 한 명을 양자로 들여야만 했고, 그래서 선택된 사람이 민승호였다. 민승호는 민치록의 10촌 민치구의 차남이었다.

양자로 들어온 오빠 덕에 왕비가 되다

민승호가 민치록의 양자가 되어 그녀의 오빠로 입적한 것은 그녀로서는 엄청난 행운이 아닐 수 없었다. 민승호는 철종에 이어 왕위에 오른 고종의 모후, 즉 흥선대원군의 부인 민씨의 친동생이었기 때문이다. 바로 이것이 인연이 되어 자영은 편모슬하의 막내딸에서 일약 한 나라의 국모로 신분 상승되는 행운을 잡게 된다.

당시 어린 고종의 섭정이 되어 왕권을 장악하고 있던 흥선대원군 이하응은 뼈대는 있지만 세력은 없는 집안의 여식을 골라 왕비로 간택할 생각이었다. 이하응이 세력 없는 집안 처녀를 택하려한 것은 외척이 권력을 잡는 일이 없게끔 하기 위해서였다. 순조 이후 안동 김씨와 풍양 조씨 등의 외척들이 권력을 독식하는 바람에 나라가 엉망이 되었는데, 이 때문에 대원군은 더는 외척이 득세하지 못하도록 할 심사였다. 그래서 이런 조건을 충족할 며느리를 찾던 중에 고른 여인이 바로 민자영이었다.

대원군은 민자영을 왕비로 삼는다고 해도 그녀의 집안 세력이 득세할 가능성은 없다고 판단했다. 이미 아버지 민치록이 죽은 데다 의지할 곳이라곤 양자로 들인 민승호뿐이었는데, 민승호는 자신의 처남이었기 때문에 견제할 필요도 없는 인물이라고 보았다.

이후 민자영은 입궐하여 1866년 3월에 고종과 혼례를 올렸다. 그때 고종은 왕위에 오른 지 4년 째였고, 나이는 열다섯 살이었다. 그리고 민자영은 한 살 많은 열여섯 살이었다. 당시 풍습으로는 신랑이든 신부든 한 쪽만 열다섯 살이 넘으면 합방을 했기 때문에 두 사람은 초야를 치른 날 합혼례를 병행한 셈이다.

다른 여자만 바라보는 남편

이렇듯 민자영은 보잘것없는 집안 환경 덕분에 대원군의 눈에 들어 왕비가 될 수 있었다. 그때까지만 해도 민자영은 자신 앞에 어떤 운명이 기다리고 있는지 전혀 알지 못했다. 그러나 초야를 치른 다음 날부터 그녀는 예상치도 못한 상황에 놓였고, 이후 그녀의 나날은 전쟁의 연속이었다.

그런데 남편인 고종은 초야를 치른 뒤론 여간해서 민자영을 찾지 않았다. 당시 고종이 문지방이 닳도록 드나든 곳은 첫사랑 이 순아의 처소인 영보당이었다. 영보당의 이름은 이순아였는데, 고 종이 궁궐에 들어오자마자 마음을 빼앗긴 여인이었다. 고종이 영 보당을 처음 만났을 때 나이는 불과 열두 살이었다. 이때 궁녀였던 이순아는 스물한 살이었다. 고종은 어린 나이에 아홉 살이나 많은 연상의 여인을 흠모했다. 이제 갓 사춘기에 든 어린 소년이 성숙한 20대 여인에게 빠졌으니, 헤어 나오기 쉽지 않았다. 게다가 한 여 자에게 콩깍지가 씌어 있는 상황에서 결혼을 했으니, 고종이 민자 영을 외면하는 것은 당연한 일인지도 몰랐다.

어쨌든 민자영은 사랑에 빠진 고종 때문에 찬밥 신세를 면치 못하고 매우 불안한 나날을 보내야만 했다. 설상가상으로 1867년 겨울에 이순아는 아이까지 잉태했고, 이듬해 윤4월에 왕자를 낳 았다. 이때 낳은 아들이 고종의 첫아들 완화군 이선이다.

완화군의 탄생으로 영보당 이씨의 입지는 크게 강화되었고, 반대로 민자영의 처지는 더욱 외롭게 되었다. 사실, 왕실에 왕자가 태어난 것은 실로 오랜만이었다. 철종의 왕비 철인왕후가 왕자를 낳긴 했으나 어린 나이에 잃었고, 이후로 왕자가 태어난 일은 없었 다. 그런 까닭에 완화군의 탄생은 왕실을 흥분시키기에 충분했다. 대왕대비 조씨(신정왕후)는 물론이고, 흥선대원군과 고종까지 몹시 들떴다. 특히 고종은 너무 기쁜 나머지 완화군을 원자로 삼으려고 하였다. 때문에 민자영의 불안은 더욱 가중되었다.

당시 상황을 황현은 《매천야록》에서 이렇게 기록하고 있다.

궁인 이씨가 완화군을 낳자 계季씨 성을 하사했다. 그때 고종은 열일곱 살이었는데, 너무너무 기뻐했다. 고종은 심지어 원자로 책봉하려고까지 했다.

이에 흥선대원군이 충고했다.

"만약 왕비에게서 아들이 태어난다면 장차 어찌 하시렵니까?"

그러면서 서두르지 말라고 하였다.

고종이 일찍이 박유봉을 불러 완화군의 관상을 보게 하였더니, 박유봉이 한참이 있다가 말했다.

"서두르지 마소서."

이에 고종이 몹시 화를 내며 혹 박유봉이 흥선대원군의 사주를 받은 것이 아닌가 의심하였다.

얼마 지나지 않아 박유봉이 죽었다. 구례에 사는 유제관이라는 사람이 무과에 합격하여 한양에서 살았는데, 박유봉과 평소에 왕래가 있었다. 어느 날엔가 유제관이 가서 보니, 박유봉이 데굴데굴 구르며 죽으려 하는데, 아홉 구멍에서 피가 쏟아졌다. 깜짝 놀라 그를 흔드니, 팔을 저으며 대꾸하지 않다가 곧 절명하였다.

어떤 사람이 말하길 사약을 받고 죽었다고 하였다. 유제관이 나에게 직접 말해준 것이다.

《매천야록》에서 보듯 고종은 어떻게 해서든 완화군을 원자로 삼고 싶어 했다. 심지어 완화군의 관상에 대해 부정적인 견해를 드러낼 관상쟁이를 죽일 정도로 그의 의지는 강력했다. 이는 모두 이순아에 대한 그의 애정이 얼마나 대단했는지 보여주는 일이기도 했다. 뭇사내들처럼 그 역시 사랑하는 여인의 아들이 자신의 대를 이어주길 바랐던 것이다.

하지만 고종의 이런 바람은 민자영에겐 크나큰 시련이 아닐 수 없었다. 비록 왕비 자리에 앉아있기 했지만 다른 여인의 아들이 세자가 되면 그녀는 그야말로 빛 좋은 개살구 신세가 되는 것이었다.

세 아이를 낳아 모두 잃다

이런 상황에서 벗어나기 위해서 민자영은 무슨 수단을 써서라도 이순아의 아들이 원자가 되는 일을 막아야만 했다. 하지만 시어머니격인 대왕대비 조씨도 남편의 친부 흥선대원군도 모두 자기 편은 아니었다. 그야말로 주변이 온통 캄캄한 어둠뿐이었다. 그런데도 민자영은 냉철했다. 그리고 어떻게 해야만 이 난국을 타개할지 방도를 구했다. 그리고 그녀가 선택한 것은 확실한 동아줄을 잡는 일이었다.

그녀의 동아줄이 되어 줄 존재는 궁중의 가장 어른인 대왕대비 조씨였다. 그래서 민자영은 조씨에게 온갖 정성을 다하며 신뢰를 얻는 데 주력했다.

이런 민자영의 전략은 매우 성공적이었다. 이순아가 비록 고종의 첫아들을 낳긴 했지만 그녀는 어디까지나 한낱 궁녀 출신의 후궁일 뿐이었다. 대왕대비 조씨는 왕실이 안정되기 위해서는 왕비인 민자영이 아들을 낳는 것이 최선이라고 생각했다. 그런 까닭에 완화군을 원자로 삼는 것도 마땅치 않게 여겼다. 물론 이것은 모두 민자영이 조대비를 지성스럽게 모신 결과였다.

조대비는 어떻게 해서든 왕비가 왕자를 생산하길 바랐고 그래서 고종에게는 왕비와 가까이 지낼 것을 늘 권했다. 고종 또한 조대비의 그런 권고를 무시할 수 없었다. 아직 나이가 어려 친정을 하지도 못한 상황이었기 때문이다.

하지만 사랑이 억지로 될 수는 없는 노릇이었다. 고종은 조대비의 권고도 민자영의 애원도 뿌리치고 여전히 이순아만 찾았다. 덕분에 이순아는 연이어 임신을 했다. 또다시 아들을 낳는다면 민자영의 입지는 더욱 약해질 상황이었다. 민자영은 어떻게 해서든 남편의 마음을 사로잡아야 했다. 그리고 이순아가 임신을 한 그 상황이 기회를 잡을 가장 적기였다. 민자영은 그 기회를 결코 놓치지 않았다. 그리고 남편에 대한 그녀의 애원이 마침내 결실을 보았다.

이순아가 둘째 아이를 임신하고 있던 1870년 여름, 민자영도 아이를 잉태했다. 혼인한 지 4년이 훌쩍 지났고, 그녀의 나이도 이미 이십 대였다. 임신이 더 늦어진다면 남편은 그녀를 더 찬밥으로 만들게 분명했다.

민자영이 임신했을 때, 고종도 아내에 대해 조금씩 애정이 싹

트고 있었다. 거기다 이제 자신의 아이까지 잉태했으니 남모를 정이 생길 만도 했다.

하지만 민자영은 그 귀중한 아이를 놓치고 말았다. 1870년 12월 17일《승정원일기》는 '중궁이 유산하였다'고 쓰고 있다.

이렇게 민자영은 첫 아이를 잃는 고통을 감내해야 했다. 하지만 아이를 잃었다고 해서 남편까지 다 잃은 것은 아니었다. 고종은 민자영이 임신한 때부터 조금씩 그녀에게 곁을 내줬고, 그녀가 유산한 뒤로는 애틋한 시선으로 그녀를 바라보기까지 했다.

민자영이 유산한 이후에 이순아는 아이를 낳았다. 이번에는 딸이었다. 민자영에게는 천만다행이었다. 거기다 민자영은 또다시 임신했다. 다행히 두 번째 아이는 유산되지 않았다. 더구나 아들이었다. 민자영은 마침내 애정전쟁에서 이겼다고 생각했다. 중전인 자신이 아들을 낳았으니, 더는 완화군을 세자로 세우자는 말은 나오지 않을 것이라고 판단했기 때문이다.

그러나 민자영의 불행은 결코 사라지지 않았다. 태어난 아이는 왕자였지만 문제가 있었다. 아이가 항문이 막힌 채 태어난 것이다. 요즘 의술이라면 큰 문제가 되지 않았겠지만 당시 의술로는 해결할 방법이 없었다. 결국, 민자영의 두 번째 아이는 변을 보지 못하여 죽었다.

고종은 왕자의 죽음을 몹시 애통해했다. 또한 그것은 민자영에 대한 애틋함으로 이어졌다. 그래서 그는 두 번이나 아이를 잃은 아내를 달래기 위해 자주 그녀의 방을 찾았다. 그렇다고 그가 첫

사랑 이순아를 완전히 잊었다는 뜻은 아니었다. 고종은 민자영과 이순아를 번갈아 찾았고, 덕분에 이순아와 민자영이 모두 임신을 했다.

사실, 그동안 민자영에게만 불행이 닥친 것은 아니었다. 이순아도 아이를 잃은 슬픔을 겪었다. 딸을 낳았는데, 태어난 지 얼마 되지 않아 죽어버린 것이다. 이렇듯 고종은 두 여인 사이에서 연속으로 자식을 보았으나 태어난 아이들은 계속 죽어나갔다.

그런 가운데 민자영이 1873년 2월 13일에 딸을 낳았다. 고종은 공주를 얻어 매우 기뻐했지만, 그 아이도 역시 명이 길지 않았다. 태어난 지 불과 8개월 만에 죽고 말았던 것이다. 민자영은 이렇듯 세 번이나 연속해서 아이를 잃은 까닭에 매우 절망스러워했다. 그나마 위안이 된 것은 고종이 그런 아내를 불쌍하게 여기고 있다는 사실이었다.

시아버지와 벌인 목숨을 건 정치 투쟁

민자영이 그렇듯 계속해서 아이를 잃자, 시아버지 대원군은 더는 기다릴 수 없다며 완화군을 세자로 세우려 했다. 민자영은 고종과 대왕대비 조씨에게 완화군을 세자로 세워서는 안 된다고 극구 만류했다.

그러던 어느 날 밤, 민자영은 신기한 꿈을 꾸었다. 하늘에서 오색구름이 열리더니, 그 위로 '만 년 동안 태평할 것이다'라는 글자가 새겨졌다. 퍼뜩 깨어난 민자영은 이것이 태몽이 아닐까 싶었다. 아니나 다를까 그녀는 곧 임신했다. 배 속의 아이가 왕자이길 학수고대하던 그녀는 태어날 아이를 위해 새로운 계획을 짰다. 이미 남편 고종이 성년의 나이가 지났는데도 시아버지 흥선대원군은 섭정에서 물러나지 않고 있었다. 민자영은 아이가 태어나기 전에 시아버지를 하야하게 해야 한다고 결심했다. 그래야 자신의 아이가 안심하고 살 수 있을 것이라고 판단했다.

그녀가 그런 생각을 한 것은 시아버지 흥선대원군이 이순아의 아들 완화군을 세자에 책봉하려 했기 때문이다. 그녀는 조대비를 등에 업고 남편을 설득한 끝에 이 일을 저지했지만, 완화군이 사라지지 않는 한 그 불씨는 여전히 남아 있었다. 그녀는 그 불씨를 완전히 없애기 위해서는 일차적으로 흥선대원군을 하야시키고, 다음으로 자신이 왕자를 낳아 세자로 만드는 일이라고 판단했다. 이후 완화군 모자를 멀리 내쫓아 다시는 세자의 자리를 넘보지 못하게 할 계획이었다.

그 무렵, 다행스럽게 최익현이 상소를 올려 흥선대원군의 퇴진을 요구했고, 고종이 이를 수용하면서 흥선대원군이 궁지에 몰렸다. 그런 상황에서 민자영은 극적으로 아들을 낳았다. 1874년 2월이었다. 다행히 아이는 건강했다. 이때 태어난 아이가 민자영의 유일한 아들인 이척, 곧 순종이다. 고종은 곧바로 척을 원자로 지정했다.

이후 고종의 입지는 더욱 강화되었고, 민자영과 민씨 집안에 힘이 쏠렸다. 흥선대원군은 그 힘을 이겨내지 못하고 결국 하야했고, 결국은 운현궁을 떠나 양주의 직동으로 낙향했다. 이렇게 민자영의 계획은 일단 성공했다. 시아버지 흥선대원군과의 첫 싸움에서 그녀가 승리한 셈이다.

하지만 10년 동안 군림한 흥선대원군의 그림자는 쉽게 지워지지 않았다. 그가 직동으로 떠난 지 7개월 남짓 되었을 무렵인 1874년 11월 28일, 민자영의 오빠 민승호의 집에 폭탄 테러가 일어났다. 이 사건으로 민승호는 물론이고 민자영의 친모 감고당 이씨도 죽었다. 세간에서는 흥선대원군의 짓이라는 말이 돌았지만 증거는 없었다.

민자영은 졸지에 어머니와 오빠를 잃고 비통한 심정에 사로잡혔다. 고종은 그녀의 마음을 달래줄 요량인지 아들 이척을 세자로 책봉했다. 그 때 척의 나이는 불과 두 살이었다.

척을 세자로 책봉한 것은 조선 왕실로서는 엄청난 경사가 아닐 수 없었다. 순조의 아들 효명 세자 이후 60여 년 만에 적자를 세자로 책봉하게 되었으니 말이다. 거기다 효명세자는 왕위에 오르지도 못하고 죽지 않았던가? 그러니 척이 왕위를 잇는다면 적자가 왕위를 계승하는 일은 숙종 이후 200여 년 만의 대사건이 될 터였다.

척의 세자 책봉 이후, 중전 민자영의 입지는 한층 강화되었다. 조정의 권력은 순식간에 민자영과 여흥 민씨 집안에게 쏠렸다. 이른바 민씨 외척들의 권력이 하늘을 찌르는 형국이 된 것이다. 이는 흥선대원군이 그토록 막으려 했던 외척의 발호가 다시 시작됐음을 의미했다. 왕비 민자영은 자신의 의도와는 상관없이 그 외척 권력의 중심에 서게 되었다.

남편의 여인들을 제거하다

하지만 시아버지를 밀어냈다고 전쟁이 끝난 것은 아니었다. 남편 고종이 또 다른 여인에게 빠진다면 전쟁은 다시 시작될 것이기 때문이었다. 그래서 민자영은 자신과 아들의 안위를 위해선 무엇보다 먼저 연적을 제거해야 한다고 판단했다.

이후, 그녀의 화살은 곧 고종의 첫사랑 이순아를 향했다. 이순아는 이미 세자의 어머니가 된 민자영에겐 상대도 되지 않는 처지였지만 민자영은 그녀를 철저히 배격했다. 혹여 세자에게 무슨 변고라도 생기면 당장에 이순아의 아들 완화군이 세자의 자리를 치고 들어올 것이고, 그리되면 민자영은 다시 과거처럼 찬밥 신세로 전락할 게 분명했다. 그 때문에 민자영은 어떻게 해서든 이순아를 멀리 밀어내야만 했다.

민자영은 영리하고 치밀한 여자였다. 노골적으로 이순아에 대한 미운 감정을 드러내지 않았다. 대신 이순아 주변에 철저히 장막을 쳤다. 이순아를 고종의 눈에서 멀어지게 만드는 한편, 이순아 주변에 심어놓은 상궁과 궁녀들을 통해 그녀를 철저히 감시했다. 이제 더는 이순아가 남편을 끌어들이지 못하도록 인의 장막을 쳤다. 그 때문에 이순아는 점점 고종의 눈에서 멀어져가야만 했다. 그리고 급기야 그녀를 대궐 밖으로 완전히 밀어내어내는 데 성공했다.

그런데 민자영이 그렇듯 눈을 부릅뜨고 있는 와중에도 고종은 또 다른 여인에게 눈길을 주었다. 그야말로 그는 조금만 틈만 나면 사랑에 빠지곤 했던 것이다.

이번에 고종의 마음을 사로잡은 여인은 궁녀 장씨였다. 어느 틈엔가 고종과 사랑을 속삭인 그녀는 임신을 하였다. 그 사실을 알게 된 민자영은 장씨를 무섭게 몰아세웠고, 결국 장씨가 아이를 낳자마자 궁 밖으로 내쫓았다. 이때 장씨가 낳은 아이가 의친왕 이강이다.

궁궐에서 내쫓긴 장씨는 이강과 함께 사가에서 지내야 했다. 이후로 그녀는 고종을 만날 수도 없었다. 그리고 10년쯤 뒤에 사망했다.

한편, 세월이 흘러 궁 밖으로 쫓겨난 이순아의 아들 완화군은 어느덧 열세 살 소년이 되었는데, 그는 1880년 정월에 갑자기 죽었다. 병명도 분명하지 않았다. 며칠 사이에 병을 얻어 죽은 것이다. 그러자 완화군의 생모 이순아는 그 슬픔을 이기지 못하고 실어증에 걸려 말을 잃고 말았다. 이후로 그녀는 여든 살이 넘은 나이로 죽을 때까지 고종에겐 완전히 잊혀진 여인으로 살아야 했다.

한편, 완화군의 죽음을 두고 세간에는 민자영이 독을 썼다는 풍문이 돌았다. 어쩌면 그녀는 정적 제거 차원에서 사람을 시켜 완화군을 죽였는지도 모른다. 하지만 풍문은 풍문일 뿐이었다. 그런 말들은 바람에 휩쓸리다가 시간의 흐름과 함께 사라질 뿐이었다. 어쨌든 이후로 조정의 권력은 모두 그녀에게서 나왔고, 고종 주변엔 감히 여자들이 얼씬거리지도 못했다.

개화 작업의 선봉에 서다

한편, 흥선대원군이 물러나자 조정은 급격히 세력 변화를 겪었다. 민자영을 중심으로 여흥 민씨 세력이 요직을 독점했던 것이다. 민자영은 처음엔 오빠 민승호에게 크게 기댔다. 하지만 민승호가 폭탄 테러 사건으로 죽자, 민자영은 정치의 비정함을 실감하고 더욱 강해졌다. 스스로 권력의 중심이 되어 친정 세력들을 노골적으로 조정의 요직에 앉히기 시작했다. 별다른 대안이 없던 고종도 민자영을 지지했다.

민자영 주변에 포진한 여흥 민씨 세력의 중심엔 민영익이 있었다. 민영익은 민승호의 양자로 들어온 민태호의 아들이었다. 민자영은 민영익을 매우 총애했고, 덕분에 민영익은 물론이고 그의 친부 민태호와 삼촌 민규호도 덩달아 권세를 누리게 되었다.

민영익이 민승호의 양자가 된 1874년, 그의 나이는 열다섯 살이었다. 당시 스물네 살이던 민자영과는 불과 아홉 살 차이였다. 민자영은 집안의 장손이자 조카가 된 민영익을 친동생처럼 아끼면서 절대적인 신임을 아끼지 않았고, 고종 또한 마찬가지였다. 이후로 민영익의 집은 문전성시를 이뤘다.

하지만 민영익이 친밀하게 지낸 무리는 따로 있었다. 이른바 8학사로 불린 노론 가문의 젊은 유생들로 김옥균, 어윤중, 홍영식, 심상훈, 홍순형, 김흥균, 이중칠, 조동희 등이었다. 이들 대부분은 흥선대원군의 쇄국정책을 반대하고 개방정책을 추진하여 서양의 앞선 문명을 받아들이자는 생각을 가지고 있었다. 민영익은 이들과 어울리며 고종과 왕비 민씨에게 개화의 정당성을 피력했고, 고종 또한 민영익의 의견을 수렴했다.

당시 민영익에게 개화 바람을 불러일으킨 인물은 이동인이었다. 개화승이었던 그를 민영익에게 소개한 인물은 김홍집이었다. 이동인을 만난 민영익은 세상을 읽는 그의 탁견에 감화되었고, 이후 고종과 민자영에게도 그를 소개했다. 덕분에 고종과 민자영은 개화정책에 매우 호의적인 입장이 된 것이다.

이렇듯 조선에서 개화 바람이 불고 있을 무렵, 일본에서는 조선을 정벌할 채비를 하고 있었다. 메이지유신 이후 일본 조정에선 부국강병론이 부상하여 세제 개혁을 통해 재정을 확대하고 서구적 병력 체제를 갖췄으며, 서구식 군함인 철선을 수입하여 해군력을 양성하였다. 또한 이러한 강병론의 명분을 세우기 위해 대만정벌론과 조선정벌론이 대두했고, 급기야 일본 정부는 그 일환으로

1875년에 운요호사건을 일으켰다.

　운요호사건을 일으키는 과정에서 일본은 두 척의 함선을 조선 정부의 허가도 받지 않고 부산포에 입항시켰으며, 조선이 이에 대해 항의하자 함포 사격을 감행하며 무력을 과시했다. 그리고 두 함선 중 하나였던 운요호는 서해안을 거슬러 올라와 여러 대의 보트로 강화도의 초지진에 병력을 상륙시키려 했다. 이에 조선수비병이 일본 보트를 공격하자, 일본군은 기다렸다는 듯 초지진에 대대적인 포격을 가했고, 이어 영종도에 상륙하여 방화와 살육, 약탈을 자행했다.

　이 사건 이후, 일본은 조선 정부에 운요호에 포격한 것을 사죄하고, 더불어 일본 함선이 조선 영해에 자유롭게 항행할 수 있도록 할 것과 강화도 부근 지점을 개항할 것을 요구했다. 이를 강압하기 위해 일본은 6척의 군함을 파견하여 무력시위를 벌였고, 결국 1876년 2월27일에 강화도조약을 통해 자신들의 뜻을 관철시켰다.

　이렇듯 일본의 압박에 의해 쇄국정책을 풀고 개항을 단행했지만, 이후로 조선은 개화에 대한 적극적인 자세를 보였다. 일본의 파견 요청에 따라 1876년과 1880년엔 두 차례에 걸쳐 수신사를 파견하여 일본의 발전 상황을 파악했으며, 1881년에는 수십 명의 신사유람단이 파견되어 74일간 일본에 머무르면서 100권에 달하는 시찰보고서를 만들어 고종에게 제출했다. 이후로 외교 뿐 아니라 정치, 경제, 사회, 문화, 군사 등 전방위적인 개화 작업이 추진되

었고, 고종과 왕비 민씨는 민영익, 민태호, 민겸호 등의 민씨 외척
들을 앞세워 이를 뒷받침했다. 이후로 조선은 순식간에 개화 바람
에 휩싸였다.

구사일생

당시 조선이 가장 먼저 서두른 작업은 군대 혁신이었다. 이미
병인양요와 신미양요를 통해 강력한 서양 무기의 위력을 확인한
만큼 외침을 막기 위해서는 무엇보다는 군대 혁신이 우선이라고
보았던 것이다.

군대 혁신의 1차 목표는 군대를 신식으로 전환하는 것이었다.
이를 위해 별기군이라는 신식군대를 창설하는 한편, 구식군대를
과감하게 줄여나갔다. 하지만 혁신을 서두르는 바람에 치밀함을
잃었다. 이 일을 선두에서 지휘하고 있던 민영익은 아직 애송이였
고, 이를 후원하던 고종과 민자영 역시 정치력이 일천했다. 거기다
국고가 비어 재정 상태도 엉망이었고, 민씨 척족에 대한 불만도 팽
배해 있었다. 권력을 독식하던 민씨 세력들의 부정부패가 만연했
기 때문이다. 설상가상으로 흉년이 지속되었다.

이런 모든 부정적 요소들이 뒤엉켜 마침내 군사반란으로 이어
졌으니, 이것이 곧 1882년 6월에 일어난 임오군란이었다. 1882년
임오년, 4월부터 시작된 가뭄은 6월까지 이어졌고, 이를 해소하기

위해 고종은 여러 차례 기우제를 올렸지만 아무런 효과도 없었다. 그때 구식 군대에 지급해야 할 봉급은 무려 13개월이나 밀려 있었고, 그나마 한 달 치 봉급이라고 나눠준 곡식 속에는 겨가 잔뜩 섞여 있었다. 그것도 구식 군대에 지급한 쌀만 그랬다.

이렇게 되자, 군인들은 병조판서와 선혜청 당상을 겸하고 있던 민겸호가 쌀을 빼돌려 이런 사태가 났다고 생각했다. 민겸호는 민자영의 죽은 오빠인 민승호의 친동생이었다. 민겸호에 대한 불만은 왕비 민자영을 비롯한 민씨 척족들 전체에 대한 원망으로 확대되었다. 그리고 급기야 군인들은 불만에 대한 표출의 일환으로 민겸호의 청지기를 잡아 구타했다. 민겸호는 이에 대한 보복으로 주동자 4명을 잡아들여 감옥에 가두고 곧 사형시키겠다고 공언했다.

그러자 수백 명의 군사들이 구속된 4명의 동료들을 석방할 것을 요구했고, 민겸호가 이를 들어주지 않자, 급기야 민겸호의 집을 습격했다. 하지만 민겸호는 이미 도주하고 없었고, 이에 화난 군인들은 그의 집을 불태우고 한양의 관청들을 습격하기 시작했다. 그 과정에서 신식군대 훈련대장인 일본인 호리모토를 죽이고, 일본 공사관을 습격해 파괴했다.

이렇듯 사태가 급속도로 커지자, 군인들은 흥선대원군에게 몰려갔다. 원인이야 어찌 됐든 군사 반란이었고, 이 일이 제대로 수습되지 않으면 모두 역적으로 몰려 죽을 판이었다. 그래서 대원군을 앞세워 사태를 수습하고 안전을 도모하려는 것이었다.

이후 군인들은 고종이 머물고 있던 창덕궁으로 쳐들어갔다. 군인뿐 아니라 하층민들도 가세한 상태였다. 민씨 척족의 중심 민자영을 찾아내 죽이기 위함이었다. 민자영을 죽이지 않으면 자신들이 결코 무사할 수 없다는 판단에 따른 행위였다.

흥선대원군도 그 대열에 합류했다. 그런 만큼 이제 군인들에겐 정당성도 확보된 셈이었다. 그때 민겸호는 궁궐에 피신해 있었는데, 대원군의 발을 잡고 살려달라고 사정했지만 군인들은 그를 끌고 나가 무자비하게 구타하여 죽여버렸다.

그들은 이제 민자영과 민씨 일족을 척결하기만 하면 모든 것은 해결된다고 믿었다. 하지만 민자영의 행방은 오리무중이었다. 그때 민자영은 이미 궁궐을 빠져나간 뒤였던 것이다.

청나라 군대를 불러들이다

민자영이 궁궐을 빠져나간 경위에 대해선 정확한 기록이 남아있지 않다. 일설에는 흥선대원군과 함께 입궁한 부인 민씨의 배려에 힘입어 탈출할 수 있었다고 한다. 부대부인 민씨는 입궐하자 곧 자신이 타고 온 가마를 민자영에게 내줬고, 민자영은 그것을 타고 궁궐을 빠져나가려 했다. 하지만 그녀가 궁궐을 빠져나가는 과정도 결코 순탄치 않았다. 왕비가 밖으로 나가려는 것을 눈치 챈 궁녀 하나가 고갯짓으로 민자영이 가마에 탔음을 알리자, 군인들이 가마의 휘장을 찢고 그녀를 끌어냈다는 것이다. 이때 가마를 수행하던 홍재희란 무예별감이 나서서 그녀를 상궁으로 있는 자신의 누이라고 둘러댔고, 그 바람에 군인들이 그녀를 놓아주자, 홍재희가 그녀를 들쳐업고 급히 궁문을 빠져나간 덕에 목숨을 구했다는 내용이다. 이때 그녀의 목숨을 구한 홍재희는 뒤에 이름을 홍계훈으로 바꾸고 민자영의 총애에 힘입어 출세가도를 달리게 된다.

어쨌든 민자영은 구사일생으로 궁궐을 빠져나온 뒤, 한양 관광방 화개동에 있던 윤태준이라는 인물의 집에 몸을 숨겼다. 이후 그녀는 곧 측근인 민응식과 이용익을 호출했고, 이어 민응식의 본가가 있던 충주 장호원으로 은신처를 옮겼다.

그 무렵, 민자영을 찾지 못한 흥선대원군은 그녀가 이미 죽었다고 공포하고 장례를 치러버렸다. 이후 조정을 장악한 대원군은 개화정책을 모두 폐기하고, 쇄국정책으로 돌려놓았다.

이에 민씨 세력은 청나라에 사람을 보내 당시 영선사로 그곳에 체류 중이던 김윤식과 어윤중에게 급보를 보냈다. 조선에 반란이 일어났으니, 청나라 군대를 파견해 달라는 요청을 하라는 내용이었다.

이후 청나라는 급히 군대 3,000을 조선에 파병할 것을 결정했다. 그중 선발대 500명이 북양함대 대장 정여창의 지휘 아래 함선 3척을 타고 인천항에 들어왔다. 이때가 1882년 음력 6월 27일이었으니, 군란이 일어난 지 22일 지난 때였다. 그리고 이어서 청군 3,000명 전원이 도착했다.

청군에 이어 이틀 뒤에는 일본군 300명이 인천에 상륙했지만, 청군의 위세에 눌려 별다른 활동을 하지 못했다. 그런 상황에서 청군은 흥선대원군을 초청한다는 명분으로 함대로 유인하여 억류시킨 뒤, 다시 톈진으로 보내버렸다. 이로써 임오군란을 통해 정권을 다시 잡았던 대원군의 천하는 37일 만에 종결되었다.

이후 민자영은 다시 환궁하여 왕비의 자리를 되찾았지만, 조정은 일본과 청나라 사이에서 휘둘려야 했다.

정변의 소용돌이 속으로

임오군란 후 청나라의 내정간섭이 극심해지자, 젊은 관료들을 중심으로 청에 대한 불만이 고조되었다. 특히 개화 세력을 이끌고 있던 김옥균, 박영효, 홍영식 등은 이제 그만 청의 속국에서 벗어나야 할 뿐 아니라 내정 간섭을 중단하도록 해야 한다고 주장했다. 이들은 당시 개화 세력 중 급진파에 속하는 무리였다. 당시 개화파는 급진파와 온건파로 나뉘어 있었는데, 김옥균을 위시한 급진파는 하루라도 빨리 서양의 기술과 사상, 제도 등을 도입해야 한다면서 이를 가로막고 있는 민씨 세력을 타파해야 한다고 주장했고, 김홍집과 김윤식, 어윤중 등의 온건 세력은 현실을 감안하여 점진적인 개혁을 추진하고 민씨 세력과 타협해야 한다고 주장했다. 물론 당시 민씨 세력의 뿌리는 왕비 민자영이었고, 그녀를 떠

받들고 있던 핵심 인물은 민영익이었다. 따라서 급진파는 왕비와 민영익을 제거해야만 개혁과 개방을 이룰 수 있다고 판단했다.

이후 김옥균 등의 급진파는 급기야 정변을 계획했고, 마침내 1884년 음력 10월 17일에 거사를 실행했다. 이날 밤 우정국 낙성 식이 열렸는데, 이를 총괄한 인물은 우정국 총판을 맡고 있던 급 진파의 핵심 홍영식이었다. 이날 개화급진파는 민씨 척족들은 물 론이고 친청 세력들까지 한꺼번에 일망타진할 계획이었다.

거사의 신호탄은 방화였다. 그리고 이윽고 불길이 솟아올랐 다. 이에 우정국 안에 있던 민영익이 상황 파악을 위해 바깥으로 나갔고, 동시에 자객이 그를 덮쳤다. 자객은 민영익의 목을 겨냥했 으나 귀를 자르는 데 거쳤고, 민영익은 자객을 피해 피투성이가 된 채 우정국 안으로 도망쳐왔다. 이후 연회장은 아수라장이 되었다.

그 와중에 정변의 핵심들인 김옥균, 박영효, 홍영식 등은 창덕 궁으로 달려가 고종과 왕비에게 변란이 일어났다며 피할 것을 종 용했다. 이에 고종과 민자영은 그들을 따라 경우궁으로 도피했고, 김옥균은 왕명을 위조하여 경우궁으로 민태호, 민영목, 조영하, 윤 태준 등의 척족 세력들을 불러들였다. 그리고 그들이 당도하자, 고 종과 민자영이 보는 앞에서 죽였다.

그때서야 민자영은 김옥균 등의 급진 개화 세력이 정변을 일 으켰다는 사실을 알았다. 순간적으로 민자영은 어떻게 해서든 경 우궁을 빠져나가야 살 수 있다고 판단했다. 그래서 개화당 지지자 로 위장하고 들어온 심상훈을 만나자, 조카 민영환에게 내부 상황을 알리도록 했다. 또한 전할 말이 있으면 수라상 밑에 편지를 붙여 올리라고 했다.

이후 민영환은 민자영에게 일단 거처를 창덕궁으로 옮기면 반역 세력을 제거하기 쉬울 것 같다는 편지를 올렸다. 당시 정변 세력의 군대가 적어 넓은 곳으로 옮기면 방비가 어려울 것이라는 계산에 따른 것이었다. 그래서 민자영은 곧 경운궁은 좁아서 불편하니, 창덕궁으로 돌아가겠다고 떼를 썼고, 고종은 이 의견을 받아들여 창덕궁으로 옮겨갔다.

김옥균은 창덕궁으로 옮겨가면 방비가 쉽지 않을 것이라 판단하고 반대했지만, 고종의 명령을 어길 수는 없었다. 그런데 막상 창덕궁으로 자리를 옮기자, 우려한 일이 발생했다. 청나라 군대와 조선군이 급습해왔고, 정변 세력은 적은 군대로 그들을 막아낼 수 없는 상황이 된 것이다. 이로써 갑신정변은 실패로 돌아갔고, 민자영은 이번에도 목숨을 부지할 수 있었다.

새로운 연적의 등장

그렇듯 민자영이 황천길 바로 입구에서 살아 돌아왔을 때, 그녀 앞에는 또 하나의 우환거리가 버티고 있었다. 남편 고종이 어느새 새로운 여자에게 정을 주고 있었던 것이다. 그녀는 다름 아닌 민자영이 남편의 이부자리를 돌보라고 대전에 넣은 지밀상궁 엄씨였다.

민자영이 궁녀였던 엄씨를 지밀상궁으로 높여서 고종을 시중들게 한 것은 임오군란 직후였다. 그때 민자영이 여주 생활을 종결하고 3개월 만에 궁궐로 돌아왔을 때, 엄씨는 고종을 지극 정성으로 보살피고 있었다. 민씨는 그런 엄씨를 갸륵하게 여겼고, 그래서 그녀를 신뢰하여 지밀상궁이 되게 한 것이었다.

엄씨는 평민 엄진삼의 딸로 태어나 궁녀가 되었는데, 1882년 당시에 나이가 29세였다. 그때 고종의 나이가 서른이었으니, 둘의 나이 차이는 한 살이었다. 하지만 조선시대에 29세는 이미 처녀 나이로는 환갑 진갑 다 지난 때였다. 그런 나이에 왕의 사랑을 얻었으니, 그녀로서는 일생의 기회를 잡은 셈이었다.

그런데 고종과 엄씨가 채 사랑의 꽃도 피우기 전에 민자영이 궁궐로 돌아왔다. 그리고 자신이 자리를 비운 사이에 엄씨가 고종을 잘 보살폈다는 소리를 듣고, 민자영은 엄씨를 상궁으로 올려 지밀로 배치했다.

사실, 그때까지만 해도 민자영은 엄씨에 대해서 전혀 신경 쓰지 않았다. 엄씨는 키가 작고 통통했으며, 인물은 보잘것없었다. 거기다 이미 상궁이 되었으니, 설사 승은을 입는다고 해도 후궁 첩지를 받을 수 없는 처지가 된다. 그런 점을 믿고 민자영은 대수롭지 않은 마음으로 그녀를 고종에게 보냈던 것이다.

하지만 남자의 마음이란 알 수 없는 법인가보다. 민자영이 보기에 연적이 되리라고는 생각지도 않은 엄씨를 남편 고종이 품은 것이다.

사단은 갑신정변 직후인 1885년에 일어났다. 그런 난리를 겪고 가슴을 쓸어내리며 겨우 안정을 취했나 싶었는데, 믿었던 남편에게 뒷통수를 맞은 격이었다. 32세의 엄상궁이 남편의 승은을 입었다는 사실을 안 민자영은 노발대발했다. 민자영은 배신감에 치를 떨며 당장 엄씨를 대궐에서 내쳐버렸다. 그리고 상궁 자리도 박탈하여 서인으로 전락시켜버렸다. 어찌 됐든 왕의 승은을 입었다면 후궁인 셈인데, 민자영은 조금도 망설이지 않고 그녀를 쫓아내버렸다.

그러자 고종은 서인으로 만드는 것은 너무 가혹하다며 상궁의 직위는 유지하도록 했다. 혹 엄상궁이 궁핍하게 살 것을 염려한 조치였다. 하지만 민자영의 성화에 궁궐 안에 두지는 못했다. 민자영은 혹 엄상궁이 아이라도 임신하면 또 무슨 일이 일어날지 모른다고 판단했던 것이다.

아마도 민자영은 엄씨가 다시는 궁궐로 돌아오지 못할 것이라고 판단했을 것이다. 적어도 민자영이 궁궐에 버티고 있는 동안은 그랬다. 이후로 10년 동안 고종은 엄씨의 치맛자락조차도 보지 못했으니 말이다.

그러나 민자영은 꿈에도 몰랐을 것이다. 훗날 그녀가 을미사변으로 참변을 당한 뒤에 고종이 다시 엄씨를 궁궐로 들여 황귀비로 삼고, 그녀의 아들을 순종의 후계자로 삼을 것이라는 것을.

허송세월한 기회의 시간

어쨌든 갑신정변 후 조선은 제법 평화로운 시기를 보냈다. 우여곡절 끝에 청일 양국의 군대가 물러갔고, 그들 양국은 서로를 견제하며 함부로 내정 간섭을 하지 않았다. 그래서 갑신정변 이후부터 동학농민혁명이 일어날 때까지의 시기를 이른바 '태평 10년'이라고 불렀다.

어쩌면 이 기간이 민자영의 일생에서 가장 조용하고 행복한 나날이었는지 모른다. 남편 고종도 더는 다른 여인을 탐하지 않았고, 외교 관계도 그럭저럭 평탄했다. 영국이 러시아의 남진을 막기 위해 거문도를 점령했다가 물러난 정도였다.

그럼에도 조선 정부는 이 태평 10년 동안 크게 눈에 띄는 개혁 조치를 단행하지 못했고, 독립을 위한 구체적인 대안도 마련하지 못했다. 오히려 조정은 혼탁해지고 지방관의 횡포와 부정부패는 날로 심화되었다. 민자영의 삶은 평화로웠지만 백성들의 삶은 곪아 터지고 있었다. 그리고 급기야 그들의 고름이 터져 대대적인 농민 봉기로 이어졌고, 그와 함께 민자영의 삶도 그 소용돌이 속으로 빨려들어 갔다.

한편, 이 기간 동안 일본은 군사력을 강화하며, 청과의 일전을 준비하고 있었다. 반대로 청은 기강이 무너지고, 군사력은 약화되었으며, 혼란은 가중되고 있었다.

그런 가운데 1894년에 동학농민봉기가 일어났다. 들불처럼 일어난 농민 봉기를 자력으로 막아낼 수 없다고 판단한 조정은 청군에 군대를 요청했고, 청국 군대가 조선으로 향하자, 일본도 양국 중 한쪽이라도 조선에 군대를 보내면 자동으로 다른 쪽도 군대를 보낼 수 있다는 톈진조약의 내용을 들먹이며 일본군을 조선 땅에 진주시켰다.

이후 조선 땅에서 청일전쟁이 발발했다. 전쟁 과정에서 일본은 조선 조정의 허락도 없이 군대를 조선 영토에 진주시켰고, 선전포고도 없이 청국 군함을 급습했다. 그렇게 승기를 잡은 일본은 그 여세를 몰아 전쟁을 승리로 이끌었다. 또한 일본군을 몰아내기 위해 다시 일어선 농민군도 무참히 쓰러졌다.

청일전쟁에서 승리하자, 일본은 마침내 숨겨둔 발톱을 노골적으로 드러내며 조선 조정으로 하여금 개화파 중심의 김홍집 내각을 꾸리게 하고 갑오개혁을 실시토록 했다. 또한 갑신정변의 핵심들에 대한 사면 조치도 단행토록 했다. 우호세력을 본격적으로 키워 일본의 영향력을 빠르게 확대하려는 전술이었다.

하지만 민자영은 이제 이전의 애송이 왕비가 아니었다. 외교 감각도 익혔고, 정치력도 능란했으며, 일본의 속내도 훤히 꿰뚫고 있었다. 그래서 어떻게 일본을 공략해야 하는지도 알고 있었다.

민자영은 이이제이以夷制夷, 적은 적으로 제압하는 수법으로 대응했다. 그녀는 러시아에 손을 내밀었다. 러시아의 힘을 이용하여 일본을 밀어내겠다는 계산이었다. 이미 일본은 러시아의 힘에 밀려 외교전에서 참패를 당한 상황이었다.

1895년에 청일전쟁에서 승리한 일본은 시모노세키 조약을 통해 랴오둥반도와 타이완, 평후제도 등을 할양받기로 했었다. 하지만 랴오둥반도는 러시아, 프랑스, 독일 등의 삼국 간섭에 의해 반환되었다. 이후 러시아가 랴오둥반도로 진출하여 뤼순항에 러시아 함대의 기지를 만들었다. 러시아는 오래전부터 부동항을 찾아 남하정책을 실시하고 있었고, 그 일환으로 한반도와 만주로 영향력을 확대하고 있던 상황이었다. 그런 가운데 일본이 청일전쟁에서 승리하여 만주 지역을 장악하려 하자, 이를 저지하고 오히려 자신들이 조차하는 방식으로 뤼순항과 다롄만을 차지했던 것이다.

을미사변과 비참한 최후

민자영은 러시아의 힘에 굴복한 일본의 현실을 직시했다. 이들의 관계만 잘 활용하면 적어도 조선이 일본의 군홧발에 짓밟히는 상황은 면할 수 있다고 판단했다. 그래서 곧 러시아 공사관에 사람을 보냈다. 러시아의 힘을 이용하여 일본군을 몰아낼 계획이었다.

러시아 공사 베베르는 민자영이 뻗은 손을 냉큼 잡았다. 덕분에 그녀는 친일 내각을 무너뜨리고 친러 내각을 꾸렸다. 이후 조정은 다시 그녀가 장악했다.

하지만 일본은 쉽게 물러나지 않았다. 일본은 이번 기회에 조선을 장악하지 못하면 다시는 조선을 정벌하지 못할 것이라는 위기감에 휩싸였다. 그래서 그들은 민자영을 제거할 음모를 꾸몄다.

음모의 중심엔 일본 공사 미우라가 있었다. 군인 출신인 그는 말로 해결되지 않으면 칼로 해결해야 된다는 입장이었다. 대륙정벌론자였던 그는 중국 대륙을 장악하기 위해서는 반드시 조선을 먼저 삼켜야 한다고 판단했고, 조선을 먹기 위해서는 민자영을 죽여야 한다고 다짐했다.

이후 미우라는 한양에 머물고 있던 낭인들과 조선 정벌에 혈안이 된 자들을 끌어 모아 자객 집단을 형성했다. 그리고 그들에게 민자영의 초상화를 안겨다 주고 그녀의 얼굴을 익히도록 했다. 그로부터 얼마 뒤, 미우라는 마침내 거사에 돌입했다. 작전명은 '여우사냥'이었다.

그날은 1895년 음력 8월 20일, 추석 명절을 지낸 지 불과 5일밖에 되지 않은 때였다. 일군의 일본 낭인들과 일본군이 경복궁을 침입하여 무자비한 살생을 자행했다. 을미사변이었다. 변란 중에 민자영은 사라졌고, 시신조차 없었다. 낭인들이 그녀를 무자비하게 죽인 후 시신을 불태워버렸다는 말이 돌았다. 이후 궁궐 기둥 밑에서 발견된 유골 몇 점으로 장례를 치르고 민자영은 영영 불귀의 객이 되고 말았다. 그녀는 임오군란 때처럼 다시 살아서 돌아오지도 않았고, 갑신정변 때처럼 기지를 발휘하지도 못했다. 그렇게 조선의 운명을 걸머졌던 그녀는 권력 투쟁을 넘어 국운을 바꿔보려고 발버둥 쳤지만, 끝내 감당할 수 없는 시대의 해일에 휩쓸려 사라져야만 했다.

그녀가 그렇듯 시신도 없이 사라진 뒤, 고종은 55일이 지난 뒤에야 국장을 준비했다. 하지만 장례가 진행되던 중에 고종은 러시아 공사관으로 몸을 피신하는 아관파천을 단행했고, 그 바람에 장례는 완수되지 못했다. 이후 그녀의 장례는 고종이 환궁한 뒤인 1897년 4월에 다시 치르기로 했다. 하지만 이번에도 연기되었다. 이 무렵, 고종은 황제에 오를 준비를 하고 있었고, 결국 1897년 10월 12일에 환구단에 나아가 황제로 즉위하고 대한제국을 만방에 선포했다. 그리고 그녀는 황후로 격상되어 장례식과 더불어 홍릉에 묻혔다. 처음 장례식을 준비한 지 무려 2년 2개월이 지난 뒤였다. 살아서 파란만장했던 삶을 살았던 그녀는 죽어서도 우여곡절의 늪에서 벗어나지 못했던 것이다.

제1황후: 순명효황후 민씨, 여흥 민씨 외척 정치의 상징이 되다

1872~1904년

순명효황후는 1872년 10월 20일 여흥 민씨 태호와 진천 송씨의 1남 1녀 중 장녀로 태어났다. 민태호는 숙종의 계비인 인현왕후의 아버지 민유중의 후손인데, 아버지는 민치오이고, 양아버지는 민치삼이며, 명성왕후 민씨와는 먼 친척 관계였다. 그는 1870년에 문과 별시에 합격했는데, 아들 민영익을 민승호의 양자로 입적시키면서 조정의 요직에 올랐다.

그가 아들 민영익을 민승호의 양자로 입적시킨 배경은 이렇다. 1874년에 명성황후 민자영의 양오빠인 민승호가 폭탄에 의해 암살되었는데, 이때 고종의 왕비 민씨는 먼 친척이었던 민태호의 아들 민영익을 민승호의 양자로 들여 대를 잇고자 했다. 당시 민태호에겐 아들이 민영익 한 명뿐이었기 때문에 민태호는 아들을 민승호의 양자로 달라는 왕비 민씨의 제의에 반대했다. 하지만 친동생 민규호의 설득으로 민영익을 민승호의 양자로 입적시키고 대신 민술호의 아들 민영립을 양자로 받아 자신의 대를 잇게 했다.

여흥 민씨의 외척시대를 알리는 신호탄

민태호는 이렇게 아들을 민승호의 양자로 입적시킨 덕분에 승승장구한다. 1875년에는 일약 경기도 관찰사에 임명되었고, 이후 그는 형조, 병조, 예조, 이조판서를 차례로 역임했다. 거기다 딸이 세자빈으로 책봉으로 고종과 왕비 민씨의 세자 이척과 혼인한다.

순명효황후 민씨가 세자 이척과 혼인한 것은 1882년이었고, 이때 그녀의 나이는 열한 살이었으며, 세자 이척의 나이는 그녀보다 두 살 어린 아홉 살이었다.

그녀와 이척의 혼인은 왕비 민씨의 정략적 판단에 의한 것이었다. 왕비 민씨는 김조순이 안동 김씨 집안에서 왕비를 간택한 것처럼 자기 가문 여인을 세자빈으로 세움으로써 외척시대를 다시 열고자 했던 것이다. 말하자면 그녀는 여흥 민씨의 외척시대를 알리는 신호탄 역할을 한 셈이다.

아버지의 사망과 사경을 헤매는 오빠

민태호는 딸이 세자빈이 되자, 통리군국사무아무독판, 총융사, 어영대장, 무위도통사 등을 지내며 조선의 군권을 도맡았다. 또한 그의 친동생 민규호도 요직을 두루 차지하였고, 민승호의 양자로 들어가 왕비 민씨의 조카된 민영익은 젊은 나이에 이조참의, 군무변정기연사당상 등을 맡으며 민씨 외척 정권의 중심이 되어 있었다. 그야말로 조정의 요직은 민태호의 척족들이 독식했다고 해도 과언이 아닌 상황이었다.

하지만 그와 민씨 척족은 권력 장악의 대가를 치러야 했다. 1882년에 일어난 임오군란 때엔 왕비 민씨는 가까스로 목숨을 구해 궁궐을 탈출하는 처지가 되었고, 민영익은 가옥을 습격 당해 하마터면 변을 당할 위기에 놓이기도 했다. 이때 민태호는 강화유수로 있었던 덕에 직접적인 공격은 면했지만 역시 서울에 있던 집이 습격당하여 파손되었다.

이렇듯 민태호는 임오군란 때엔 가까스로 목숨은 부지했지만, 1884년에 일어난 갑신정변 때엔 결국 목숨을 잃고 말았다. 당시 입궐하던 그는 개화당의 당수 김옥균이 보낸 군사들에게 쫓기다가 결국 칼을 맞고 암살되었던 것이다.

거기다 김옥균 일파는 민영익도 그냥 두지 않았다. 민영익은 개화당원의 칼에 맞아 큰 부상을 입고 사경을 헤맸지만, 다행히 독일인 묄렌도르프의 도움으로 구출되어 미국인 의사 알렌의 치료를 받고 가까스로 회복하였다.

　이렇듯 세자빈이었던 민씨는 졸지에 아버지를 잃고 오빠도 큰 부상을 입어 3개월이나 제대로 운신을 못하는 상황을 경험해야 했다. 하지만 그녀는 임오군란 때도 갑신정변 때도 상해를 잃거나 목숨이 위태로운 지경에 처해지지는 않았다. 다만 너무 놀라 마음의 병을 얻었을 뿐이다.

계속되는 고난과 급작스러운 죽음

　하지만 그녀의 고난을 거기서 그치지는 않았다. 우선 세자빈이었지만 후사를 이을 아들을 낳지 못했는데, 이는 세자 이척이 아이를 생산할 능력이 없었기 때문이었다. 또 1895년에 일어난 을미사변 때는 시어머니인 왕비 민씨의 처참한 죽음을 경험해야 했는데, 당시 그녀는 일본 무사들의 무자비한 살육에 너무 놀라 기절을 하고 쓰러지기까지 했다. 1896년엔 시아버지 고종과 남편, 그리고 고종의 귀비 엄씨와 함께 러시아 공사관으로 몸을 피하는 아관파천을 겪어야 했다.

　이후 그녀는 좁디좁은 러시아 공사관에서 남편 세자 이척과 함께 고종을 모시며 지내다가 1년 만에 겨우 환궁했다. 환궁 후 고종이 대한제국으로 국호를 바꾸고 황제에 오르자, 그녀는 황태자비에 책봉되었다.

그렇듯 어린 시절부터 늘 살얼음판 같은 세월을 살며 가까스로 목숨을 부지하던 그녀는 1904년 8월에 기어코 쓰러지고 말았다. 그리고 한 달여 동안 병상에 누워 지내다가 9월에 이르러 숨을 거뒀고. 당시 그녀는 향년 33세의 젊은 나이였고, 1882년 입궁 이후 빈궁 생활만 22년 동안 하다가 왕비의 자리에 오르지 못한 채 짧은 인생을 마감했다.

그녀가 죽고, 3년 뒤에 고종은 헤이그 밀사 사건으로 일본에 의해 강제 퇴위되었다. 그리고 그녀의 남편 순종이 황제에 오르면서 그녀도 순명효황후로 추존되었다.

제2황후: 순정효황후 윤씨, 평민 신분으로 죽은 조선의 마지막 중전

1894~1966년

순정효황후 윤씨는 1894년 음력 8월 20일에 해평 윤씨 택영과 기계 유씨의 2남 1녀 중 장녀로 태어났다. 윤씨의 아버지 윤택영은 조선 선조 때의 정승인 윤두수의 후손이며 윤철구의 아들이다. 윤철구는 윤위선의 아들인데, 탁지부 대신, 내각총리대신 등을 지낸 윤용선의 양자로 들어갔다. 그리고 윤철구에겐 두 명의 아들이 있었는데, 큰아들은 윤덕영이고, 작은 아들이 윤택영이다.

윤택영은 1876년생으로 사위인 순종보다 두 살 어리다. 24세 때인 1899년에 시강원 시종간으로 벼슬살이를 시작하였고, 이후 여러 벼슬을 거쳐 1904년에는 법부 협판이 되었으며, 내장원 총판 시절인 1906년에 딸이 황태자비로 간택되었다.

스무 살 많은 황태자

황태자비로 간택될 당시 순정효황후 윤씨는 열세 살의 소녀였고, 남편인 황태자 이척은 그녀의 아버지 윤택영 보다 두 살 많은 33세였으니, 부부간 나이 차이는 스무 살이나 되었다.

이후 1907년에 고종이 퇴위당하고 남편 순종이 황위에 오르자 그녀도 황후로 책봉되었다. 하지만 당시 조선의 상황은 국권을 유지할 형편이 되지 못했다. 일제는 이미 1905년에 을사늑약을 통해 조선의 외교권을 강탈한 상황이었다. 그리고 1907년에는 순종이 황위에 오르자 한일신협약을 맺고 군대를 해산시켰다. 그리고 마침내 1910년에는 강제합병을 통해 국권을 강탈했다.

한일병합조약을 막아라

이러한 일련의 국권 강탈 과정에서 큰아버지 윤덕영으로 대표되는 그녀의 가문 인사들은 친일인사가 되어 일제에 협조했다. 하지만 그녀는 어떻게 해서든 국권을 지키기 위해 최선을 다했다. 1910년 국권 강탈 과정에서 그녀는 순종으로 하여금 국새 날인을 하지 않게 하려고 치마 속에 국새를 감추기도 했다. 하지만 큰아버지 윤덕영에게 국새를 빼앗기는 바람에 한일병합조약의 날인을 막지는 못했다.

창덕궁 낙선재에서 여생을 보내다

일본에 의한 강제 합병으로 인해 국권이 상실되고 남편 순종이 강제로 퇴위되어 이왕으로 강등됨에 따라 그녀도 이왕비로 강등되었다. 이후 그녀는 계속 창덕궁 대조전에 머물렀으며, 1926년에 순종이 사망하자, 대비로 불렸다. 이후 그녀는 창덕궁 낙선재로 거처를 옮겨 지냈다.

그러다 1945년에 일제가 패망하여 해방이 되자, 1947년에 신적강하 조치가 되어 이왕대비에서 평민으로 신분이 전락하였다. 하지만 계속해서 창덕궁 낙선재에서 생활하였다. 심지어 6·25가 터졌을 때도 피난 가지 않고 그곳에서 지냈다. 하지만 1951년 1·4 후퇴 때에는 피난길에 오르느라 낙선재를 비웠다.

이후 1953년에 휴전이 되었지만, 이승만 대통령은 그녀가 낙선재로 돌아가는 것을 반대했다. 그래서 정릉의 수인재에서 생활해야만 했다. 그리고 1959년에는 불교 신자가 되어 대지월이라는 법명을 받기도 했다.

이런 가운데 1960년에 환궁할 수 있게 되어 다시 낙선재에 거처했으며, 1966년 2월 3일에 73세를 일기로 낙선재 석복헌에서 생을 마감할 때까지 낙선재를 떠나지 않았다. 황태자빈으로 입궁한 그녀는 평민의 신분이 되어 60년의 궁궐 생활을 그렇게 마감했던 것이다. ■